政府创业投资引导基金的
杠杆放大效应研究

张红梅　陈志强　著

科 学 出 版 社

北 京

内 容 简 介

本书以我国政府创业投资引导基金的杠杆放大效应为研究对象，共分为13章，分别对政府创业投资引导基金的国内外研究现状、政府创业投资引导基金的作用及性质、我国政府创业投资引导基金的发展现状及运作模式、政府创业投资引导基金绩效评价指标体系、政府创业投资引导基金的经济学模型、政府创业投资引导基金的资金引导效应及技术创新引导效应、政府创业投资引导基金绩效评价及影响因素、贵州省政府创业投资引导基金的绩效评价、政府创业投资引导基金省域发展规模统计、政府创业投资引导基金七大区域基金类别统计等展开研究，取得相关研究结论，并提出建议。

本书可供管理学、应用经济学等相关学科的高校师生，产融结合及风险管理领域的科研工作者，政府创业投资引导基金管理者，风险投资机构管理者，创新创业企业管理者及对创业投资领域感兴趣的读者阅读参考。

图书在版编目(CIP)数据

政府创业投资引导基金的杠杆放大效应研究 / 张红梅, 陈志强著.
北京：科学出版社，2025.3
　　ISBN 978-7-03-054209-0

　　Ⅰ.①政… Ⅱ.①张… ②陈… Ⅲ.①创业投资基金-研究-中国 Ⅳ.
①F832.2

中国版本图书馆 CIP 数据核字（2017）第 202900 号

责任编辑：莫永国 / 责任校对：彭　映
责任印制：罗　科 / 封面设计：墨创文化

科学出版社 出版
北京东黄城根北街16号
邮政编码：100717
http://www.sciencep.com

成都锦瑞印刷有限责任公司 印刷
科学出版社发行　各地新华书店经销
*
2025 年 3 月第 一 版　　开本：787×1092 1/16
2025 年 3 月第一次印刷　　印张：14
字数：332 000
定价：148.00 元
（如有印装质量问题，我社负责调换）

前　言

政府创业投资引导基金是我国创新驱动发展战略得以顺利实施的重要动力。政府创业投资引导基金又称创业投资引导基金、政府创投引导基金等(后文简称"政府引导基金"),是政府发起并出资设立、社会资本参与,不以营利为目的,通过市场化运作引导资本对创新创业企业进行投资,发挥财政资金的引导效应及杠杆放大效应,在激励新兴产业、扶持高新技术产业的同时调控市场,有效缓解种子期、初创期的中小企业(特别是科技型中小企业)融资困难,从而推动产业结构优化升级而设立的政策性基金。政府引导基金旨在通过政府的引导效应及杠杆放大效应,吸引社会各界资本,与创投机构合作共同投资创新创业领域,通过政策的有效指引,加快发展地方经济,优化资源配置,推动新兴产业、高新技术产业向前发展。随着党的十八大、十九大、二十大的召开,政府引导基金已逐步成为我国推动创新发展和经济建设的主要手段之一。

2015 年我国政府引导基金迎来快速增长势头,新设立的政府引导基金数量和规模分别达到 2014 年的 2.83 倍和 5.24 倍。至 2017 年底,我国政府投资基金(包括创投基金、产投基金、基础设施基金等)共设立 1501 支,总目标规模超过 9.5 万亿元。2019 年政府引导基金进入高速发展阶段,据《2019 年中国政府引导基金发展研究报告》显示,仅上半年共设立 1686 支政府引导基金,基金目标规模总额为 10.12 万亿元。至 2022 年底,我国共设立政府引导基金达 995 支,资金规模接近 6.6 万亿元,单支基金约为 66.32 亿元。回顾 2016~2022 年,我国充分发挥了国家级、省级、地市级以及区县级政府引导基金的作用,带动了社会投资,促进了创业企业的成长。显然,政府引导基金已经成为促进我国创新创业、带动实体经济高质量发展的重要引擎。

一般来说,政府引导基金的级别与基金目标规模有着较强的正相关关系,基金级别越高,所设立的目标规模越大。根据行政级别的不同,政府引导基金目标级别从高到低依次为:国家级、省级、地市级、区县级。以 2019 年上半年为例,国家级政府引导基金平均规模达 637.44 亿元,省级政府引导基金平均规模为 101.57 亿元,而地市级和区县级分别为 39.92 亿元和 26.33 亿元。就基金规模来说,规模超过 100 亿元的 233 支基金,其目标规模达到 8.31 万亿元,即 13.8%的政府引导基金目标总规模占比超过市场 80%,而超八成的政府引导基金的规模在 100 亿元以内。

值得注意的是,2019 年上半年已设立的政府引导基金中披露财政出资金额或出资比例的基金共 839 支,总目标规模达到 4.33 万亿元,其中财政出资金额达 1.35 万亿元,财政出资金额占比为 31.2%。我国早期设立的政府引导基金多为财政全额出资,随着政府引导基金的不断发展,财政不再全额出资,而是按比例出资。通过发挥政府引导基金的引导作用,引入部分社会资本,或通过搭建多级母子基金架构,政府引导基金的运作模式日臻完善，而财政资金的杠杆放大效应也日益显现。另外，就财政资金的杠杆放大效应而言，国家级政府引导基金的杠杆效应比较显著，而地方各级政府引导基金在引入社会资本上优势相对欠缺，水平也参差不齐，杠杆效应相对低于国家级政府引导基金。

本书参照国内外专家学者的相关研究成果，结合我国政府引导基金的实践历程，主要对政府引导基金的杠杆放大效应、绩效评价以及基金分类统计展开深入研究。本书运用理论模型和实证研究检验政府引导基金的引导效应及其杠杆放大效应，在推动政府引导基金健康发展、产业结构优化升级、解决创业投资企业融资难题等方面具有战略指导意义，而对政府引导基金进行绩效评价则是实现其健康成长的有效途径。本书进一步对 2016～2022 年政府引导基金的分类统计进行研究，可以充分验证政府引导基金所产生的杠杆放大效应，精准把握其未来发展趋势。本书的研究在一定程度上弥补了相关学术研究领域的不足，可为学界后续研究和业界实际操作提供参考。

本书主要分析了我国设立政府引导基金的必要性、重要作用、运作模式，借助马科维茨均值-方差模型的研究思路，在理论上论证了政府引导基金的引导效应、杠杆放大效应，并提出其引导效应主要反映在资金引导效应、技术创新引导效应上。本书还进一步借助固定效应模型和混合效应模型，构建资金引导效应模型、技术创新水平促进模型，运用省际面板数据从全国和地区两个层面对我国政府引导基金的资金引导效应、技术创新引导效应进行实证检验。

对于政府引导基金的运行绩效评价研究，本书主要侧重于研究评价指标的优化，构建了包括 4 个一级指标、10 个二级指标、22 个三级指标的绩效评价指标体系，利用因子分析法构建了结构化的基金绩效评价指标体系，使得政府引导基金的运行绩效得以量化评价；进一步运用多元线性回归模型对政府引导基金绩效影响因素进行分析，探明政府引导基金运行效率低下的原因；此外，尝试运用模糊评价法设计出较为科学的绩效评价得分方案，以贵州省政府引导基金绩效评价为例，实现对其运行绩效的综合评分。

对于政府引导基金的分类统计研究，本书利用 2016～2022 年政府引导基金统计数据，分三个层面完成比较分析。第一层面即全国层面，对基金规模、基金数量、基金级别、基金分类、基金组织结构、基金募集状态、基金管理机构性质等进行统计分析；第二层面即省级层面，对我国 31 个省(自治区、直辖市)的政府引导基金规模、数量进行统计分析；第三层面即大区域层面，按照华东、华南、西南、西北、东北、华北和华中七大区域，分别对基金规模、基金级别、基金组织形式和基金管理机构四个指标进行统计分析，获取不同区域政府引导基金的特点及发展趋势。

基于以上研究，本书在政府引导基金的杠杆放大效应、参股支持模式下的绩效评价、模糊评价法下的绩效体系设计、对引导基金的分类别统计研究等方面得出主要研究结论，并从增强政策引导效果、增强经济和价值效果、增强风险控制效果等方面提出相关对策建议。此外，本书以定量研究结合定性研究为主，涉及因子分析、数据包络分析-规模报酬可变(DEA-BCC)模型、模糊评价法、层次分析(analytic hierarchy process，AHP)等综合评价方法以及多元线性回归模型、固定效应模型、混合效应模型等应用统计学模型，使得本书研究结果较为客观、真实，从而拓展了定量分析方法的运用领域。需要说明的是：笔者兼职于贵州科技创新创业投资研究院，从 2014 年开始关注并展开对政府引导基金的研究，至今已十余年。本书实证研究的数据多集中在 2006～2018 年；统计分析的数据多集中在 2016～2022 年。

在本书的撰写过程中，研究生王哲参与完成了第 4、5、9 章，研究生陈志强参与完成了第 6、7、8 章，研究生董建宏、王文彦、唐冰阳参与完成了第 10、11、12 章，研究生叶璎婵、吴子健做了大量的基础性工作，科学出版社对本书的出版给予了大力支持，在此一并表示感谢！由于作者水平有限，书中难免有疏漏，希望广大读者提出宝贵意见，以便进一步修改完善。

目　　录

第1章 绪　　论

1.1　研究背景、研究意义

1.1.1　研究背景

为更好地对政府引导基金的杠杆放大效应展开研究,本节将从以下三个方面简介研究背景。

1. 我国现阶段社会经济发展的需要

随着改革开放的不断深入和经济社会快速发展,国家提出"科技是第一生产力"的战略思想,将科技进步放在国家经济发展的首要位置。伴随着我国经济转型的深入开展,党的十八大明确指出了应以科技创新作为发展核心,以创新驱动发展战略助力经济稳步增长,从而为我国综合国力的提升提供持续动力。在这一进程中,创新成为重要的生产要素,熊彼特(2012)指出,创新是把新的生产要素和条件引入生产体系中,对经济的发展产生了重要的推动作用。新兴产业、高新技术产业以其优质的创新性技术含量满足了当前我国经济改革之需,在自身不断强大的过程中为经济建设提供重要发展动力。

同时,金融监管与交易制度的日臻完善,使得各类金融产品的机会成本和流通成本日益下降,金融市场正在高效、健康地逐步拓展,金融产业也随之蓬勃发展。在此基础上,基金作为金融市场的支柱性产品之一,广泛迎来了市场普及,专业托管以及适中的收益与风险使其获得社会资本的青睐。其中,政府引导基金由中央及各地政府以国家政策为导向制定相关的管理办法而设立,既集合了常规基金特点,又增加了政府政策性出资的可靠性和安全性。其一,在文件条款中明确指出了政府引导基金的性质,将政府引导基金回归市场化操作,从而吸引大量的闲散资本为所扶持领域注入资金,引导社会资金共同参与金融市场运作;其二,政府引导基金的导向性可以加大地方对新兴产业、高新技术产业的扶持力度,且能够为处于种子期、初创期的中小企业(特别是科技型中小企业)提供宝贵的初期资本,从而在一定程度上促进地区经济发展,优化资源配置;其三,创业投资在我国科技创新发展过程中发挥了不可或缺的作用,因此,对创业投资企业的培育和发展显得尤为重要。

创业投资起源于美国,创业投资的兴起为美国硅谷的高新技术产业提供了雄厚的资金支持,创造了一个又一个的奇迹。回顾世界发达国家的发展历程,创业投资源源不断地推动着其科技创新、社会进步,以及国家经济的强盛发展。但在国内,由于创业投资的起步较晚，其发展处于探索阶段，常常面临资金链断裂、资金严重不足的困境。这使得如何发挥政府在创业投资中的导向作用，增强创业投资市场的融资能力，进而促进我国创业投资企业的稳定发展成为当前急需解决的问题。与此同时，政府引导基金的投资标的大部分属于高风险的初创期企业，这些企业大都存在一定程度的不确定性，却又拥有极好的发展前景。所以我国政府发挥自身杠杆作用设立政府引导基金，这种由政府发起、社会资本参与、投资于创新创业企业的引导基金，其运作不以营利为目的，旨在解决单纯通过市场配置资源导致的种子期、初创期企业融资难的问题，从而在激励新兴产业、扶持高新技术产业的同时调控市场，吸引社会资本，扩大项目资金来源渠道，弥补社会资金趋利避险导致的市场失灵。在政府政策的鼓励下着力发展科创类产业企业，促进种子期、初创期的中小企业在早期获得更好的发展机会和足够的资金支持。

2. 我国对政府引导基金的扶持政策

2002 年中关村创业投资引导基金的成立，标志着我国政府引导基金的开端。2005 年国家发展和改革委员会(简称"国家发展改革委")、科学技术部(简称"科技部")等十部委联合颁布了《创业投资企业暂行管理办法》(2005 年第 39 号令)(简称《管理办法》)，第一次对政府引导基金的概念做了较为全面的界定，并指出各级政府可以通过设立政府引导基金的方式来推动地方新兴产业企业、高新技术产业企业的发展。《管理办法》的正式出台，标志着国家以政府文件的形式首次提及设立政府引导基金，明确了促进创业投资的重要性，表明政府引导基金的设立意义重大。2006 年国务院颁布的《实施〈国家中长期科学和技术发展规划纲要(2006—2020)〉的若干配套政策》明确提出"鼓励有关部门和地方政府设立创业风险投资引导基金，引导社会资金流向创业风险投资企业，引导创业风险投资企业投资处于种子期和起步期的创业企业"，并强调了中央及地方政府应当积极推动政府引导基金的发展，推动社会资金以及商业资本对处于种子期、初创期的中小企业(特别是科技型中小企业)的发展予以鼓励和支持。从此揭开了国内政府引导基金设立、发展的序幕，各地纷纷成立政府引导基金助力创业企业成长。

苏州是我国首个设立政府引导基金的地区，其后陆续有杭州市、天津市、西安市、上海市、昆明市、成都市、北京市海淀区等的地方政府纷纷出资设立政府引导基金，一时间各地的工业园区、高新区如雨后春笋般遍布大江南北。然而，此阶段的政府引导基金由于缺乏规范管理，在市场运作中往往倾向于投资经济利益较高且较为可靠的成熟期企业。如此一来，在利益驱动下，政府引导基金不但没有发挥出政府政策导向功能，而且与政府设立政府引导基金的初衷背道而驰，使其引导作用受到局限。因此，2008 年国务院办公厅转发了国家发展改革委、财政部、商务部出台的《关于创业投资引导基金规范设立与运作的指导意见》(国办发〔2008〕116 号，简称《指导意见》)，强调了地方政府公共财政绩效考核应当包含政府引导基金，详细阐明了政府引导基金的概念及主要运作模式，明确了政府引导基金扶持创业投资领域、不参与投资业务、克服单纯通过市场配置创业投资资本的市场失灵问题的运行宗旨以及运作监管方式等，借此对政府引导基金进行规范约束。

2010 年财政部印发《政府性基金管理暂行办法》，进一步规范了政府引导基金的审批、征收、使用和监管等流程。经过逾十年的摸索期，2015 年政府引导基金迎来了快速增长期。时任国务院总理李克强在十二届全国人大三次会议中指出，中央财政要加大对新兴产业、高新技术产业的支持力度，健全市场化运作机制，更好地发挥政府基金引导社会资金进入新兴产业、高新技术产业，缓解种子期、初创期中小企业融资难的问题。同期，财政部出台《政府投资基金暂行管理办法》(财预〔2015〕210 号)，对政府引导基金的设立、运作和风险控制、终止和退出、预算管理、资产管理以及监督管理进行了规范。其一，重点支持四大领域的投资，包括支持创新创业、支持中小企业发展、支持产业转型升级、支持基础设施和公共服务领域；其二，强调政府引导基金应当避免出现的行为以及提出了违规业务范围，可对社会让利，但不得予以承诺；其三，引入否定清单管理，指出不得投资二级市场股票、期货等六大业务，并提出了按年度对政府引导基金进行考核的标准，根据考核结果修正和完善管理措施。随着政府引导基金相关政策文件的日趋完善，2016 年国家发展改革委出台了《政府出资产业投资基金管理暂行办法》(发改财金规〔2016〕2800号)，文件提出了具体建立政府引导基金绩效评价体系的方法，但因为缺少具体综合评价指标，在实践运用过程中困难重重。

3. 我国政府引导基金发展概况

随着一系列政策文件的落地实施，经过逾十年的摸索发展，政府引导基金终于在 2015 年出现了"井喷"式的发展状态。2015 年 1 月国务院常务会议决定设立国家新兴产业创业投资引导基金，总额为 400 亿元；同年 9 月又设立了国家中小企业发展基金，总额为 600 亿元。截至 2015 年底，我国共设立了 780 支政府引导基金，总规模约为 2.18 万亿元，其中，2015 年新设立 297 支政府引导基金，总规模约为 15089.96 亿元。2006～2015 年我国政府引导基金的设立情况如图 1-1 所示。

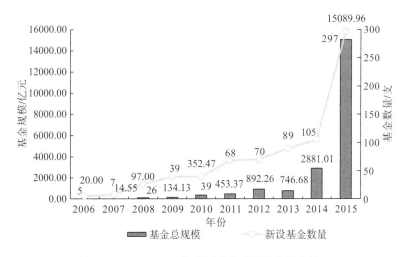

图 1-1　2006～2015 年我国政府引导基金设立情况

其中，2015 年部分新增的政府引导基金成立情况如表 1-1 所示。

表 1-1 2015 年部分新增的政府引导基金成立情况

名称	管理公司	目标规模/亿元	设立时间（年.月.日）
国家新兴产业创业投资引导基金	—	400	2015.1.14
国家中小企业发展基金	—	600	2015.9.1
北京经济技术开发区科技创新投资引导基金	北京亦庄国际产业投资管理有限公司	7.5	2015.8.28
吉林省产业投资引导基金	吉林省股权基金投资有限公司	100	2015.6.2
大连高新区新兴产业创业投资引导基金	—	5	2015.11.6
辽宁省产业(创业)投资引导基金	辽宁省产业(创业)投资引导基金管理委员会	100	2015.10.23
内蒙古自治区新兴产业创业投资引导基金	—	5	2015.11.2
甘肃省战略性新兴产业创业投资引导基金	甘肃省促进战略性新兴产业部分协调会议办公室	5	2015.4.10
新疆维吾尔自治区 PPP 政府引导基金	—	1000	2015.10.19
金华开发区科技创新创业投资引导基金	金华科技园创业服务中心有限公司	0.5	2015.5.28
浙江杭州青山湖科技城创业投资引导基金	浙江省临安经济开发区投资建设有限公司	1	2015.8.3
重庆市天使投资引导基金	重庆市科技金融集团有限公司	10	2015.12.11
深圳市福田区政府投资引导基金	深圳市福田引导基金投资有限公司	100	2015.12.7
湖北省长江经济带产业基金	湖北省长江经济带产业基金管理有限公司	2000	2015.12.18
宜昌市三峡产业引导股权投资基金	宜昌国有资本投资控股集团	100	2015.10.8
湖南省新兴产业发展基金	—	50	2015.10.30
东营市市级政府投资引导基金	东营市产业投资管理有限公司	10	2015.7.5
上海市闵行区创新创业投资引导基金	—	20	2015.11.2
福建省产业股权投资基金	福建省产业股权投资基金有限公司	100	2015.6.5
厦门市产业引导基金	厦门市创业投资有限公司	100	2015.2.1

注：一为 N/A，即 not applicable，不适用。

由图 1-1 可见，自 2014 年开始，我国政府引导基金的规模快速增长，从中央到地方的各级政府越来越重视引导基金在创新创业领域中发挥的推动作用，通过引导基金的设立，政府发挥宏观调控职能，财政资金得以发挥杠杆效应，撬动大量社会闲散资本，为创业企业提供资金支持以助其平稳过渡初创期与成长期，进而为我国经济转型的顺利推进构建有力支撑屏障。清科集团私募通数据库显示：截至 2016 年 12 月底，我国共成立 1013 支政府引导基金，基金总规模达 5.33 万亿元[①]；截至 2018 年 10 月，政府引导基金共有 2041 支，总目标规模达 11.8 万亿元，已到位资金 3.7 万亿元[①]，以上统计数据表明，政府引导基金规模在不到两年的时间里翻了一倍有余。

当前，政府引导基金已经取得了较大的发展，不再局限于撬动社会资本、扩大财政杠杆的作用，而是逐渐转为资金、技术创新，引导作用和杠杆放大效应。政府引导基金不仅要发挥政府的主导作用，还要建立对社会资本的多元化激励机制，在子基金层面广泛吸引社会资本参与，充分发挥财政资金杠杆放大作用。但是，在我国各地区蓬勃发展政府引导

---

① 引自《关于创业投资引导基金规范设立与运作的指导意见》，2008.

基金的同时,也出现了资金引导效应不足、技术创新引导效应不足等问题,如何在政府引导基金如此快速的发展中,建立起一套符合实际、操作性强的综合评价指标体系,对政府引导基金的政策导向效果、经济价值效果、风险控制效果等方面进行绩效考核,已成为重要的研究课题之一。

1.1.2　研究意义

1. 理论意义

政府引导基金在设立初期就以引导更多社会资金投资创新创业领域为根本目的,由于政府引导基金不以营利为目的,但又要保证持续吸引外来资金进入,并且维持自身可持续发展,因此,对政府引导基金的杠杆放大效应进行深入研究具有重要的理论意义。本书参照国内外专家学者的相关研究成果,结合我国政府引导基金的实践历程,主要对政府引导基金的杠杆放大效应、绩效评价以及基金分类统计展开深入研究。本书运用理论模型和实证研究检验政府引导基金的引导效应及其杠杆放大效应,在推动政府引导基金健康发展、产业结构优化升级、解决创业投资企业融资难等方面具有战略指导意义,而对政府引导基金进行绩效评价则是实现其健康成长的有效途径。本书进一步对研究期政府引导基金的分类统计进行研究,可以充分验证政府引导基金所产生的杠杆放大效应,精准把握其未来发展趋势。

尤其是对政府引导基金的杠杆放大效应进行研究,结合以往研究成果,创新性地引入微观经济学中的马科维茨均值-方差模型,建立政府引导基金的资金引导效应的理论模型,分析得出了引导效应、杠杆放大效应的内在作用机理,这在一定程度上弥补了此领域相关学术研究的不足,可为学界后续研究和业界实际操作提供参考。此外,考虑到政府引导基金既是政策资本,应起到宏观调控的导向作用,同时也作为市场参与人需要一定的经济收益作为长期运作资本,构建可以客观反映引导基金绩效的评价指标体系,对政府引导基金的运行绩效进行量化研究。本书的量化研究结果、结论扩宽了以往的研究视角,丰富了量化研究领域的学术成果,为政府监管、督促引导基金发挥作用提供理论支持。

2. 现实意义

随着国家不断加大对政府引导基金的政策引导,各地区纷纷设立政府引导基金,引导风险承受能力相对较低的参与人投资创新创业领域,以期缓解种子期、初创期中小企业融资难的问题,但在现实发展中存在诸多问题,如在政府引导基金的设立过程中存在盲目扩大规模、增加数量的现象。同时,各地区对于政府引导基金设立时政府的出资规模、设立基金后的具体引导效果并没有进行实证检验,存在设立政府引导基金的主观意识太强、随意性较大的现象。以上种种现象对研究政府引导基金的实际引导效果提出了新的要求。

2008 年颁布的《指导意见》虽然就政府引导基金的规范运作提出了"将引导基金纳入公共财政考核评价体系"的要求,将评价体系的构建当作政府引导基金健康高效运作的保障,然而,我国关于公共财政考核体系的研究由于启动相对较晚,存在完整性不足的问题，理论成果尚不足以支撑考核体系在实际投资领域中广泛运用，而指标体系的科学合理性是政府管理、监督政府引导基金发挥政策效应的关键所在，如何在政策引导下兼顾社会效益与经济效益成为研究重点。

经过十余年的发展，我国政府引导基金在推动各地区传统产业升级、科技创新等方面发挥了重要的金融支持功能。政府引导基金为我国创新驱动发展战略保驾护航，而对其进行引导效应研究和绩效评价研究则是实现其健康、规范成长的有效途径。本书一方面对政府引导基金绩效评价进行量化测评，所得结果、结论可以为政府引导基金的效率优化提供参考；另一方面，通过建立政府引导基金的资金引导效应和技术创新引导效应对政府引导基金设立前后的引导效果进行分析和检验，所得结果、结论对指导我国政府引导基金的健康发展具有重要的现实意义。

1.2　国内外研究现状

1.2.1　国外研究现状

由于开展时间较早，国外对于政府引导基金的相关学术研究已具备一定基础，研究内容主要集中于运行模式、减少"市场失灵"、委托代理下的激励机制、绩效评价四个方面。相关文献梳理如下。

1. 运行模式

Hood(2000)通过对比苏格兰创投行业在实施公共性质创业投资项目前后的发展状况发现，该项目对创投行业的发展起到显著的促进作用。Jääskeläinen 等(2007)通过对芬兰产业投资有限公司(Finnish Industry Investment Ltd，FII)引导基金进行研究后指出，芬兰的政府引导基金主要采用股权投资的方式，对基金的运行提出了较大的盈利性要求，使后期的投资盲目追求利润，导致基金后期运行脱离了最初的设立目的，并未发挥基金的引导效应。由此芬兰政府提出，政府引导基金应该采用间接投资的模式，政府机构应该采取更多让利于民的政策措施，以更加优惠的条件吸引更多的私人资本投资科技型中小企业。Cornelius 和 Persson(2006)研究了政府推动创业投资发展的主要措施，分为直接措施和间接措施，其中，直接措施能够通过示范效应来增加创业资本的总供给，从而缓解企业的融资难问题。Humphery-Jenner(2012)认为合理的政府结构可以使风险投资基金刺激创新，从而增加创业投资基金的灵活性。Venckuvienes 和 Snieska(2014)认为政府通过直接和间接的公共措施来推动创业投资基金发展，同时也通过技术创新发展推动了中小企业的发展。

2. 减少"市场失灵"

Rin 等(2006)通过实证分析，证明了创业投资能够为初创期的企业提供资金支持，可以推动新兴产业的健康发展。同时，新兴产业的发展又推动了社会技术的革新，从而产生巨大的生产力。创业投资能够推动企业创新的一个重要原因是,创业投资引导基金的创立,以其独特的管理优势以及信息优势,可以克服信息不对称情况下的"市场失灵"问题。Jääskeläinen 等(2007)对公募基金和私募基金的利润分配及补偿结构进行了深入研究,研究结果显示:政府通过让利的措施能在一定程度上解决"市场失灵"的问题,要想发挥更大的引导作用,只能让市场参与人获得更高的预期收益。Lerner(2010)通过研究发现,创新研究具有较大的外部性,可能导致通过模仿取得其他公司的研究成果,从而削弱创业投资企业的创新热情;而政府引导基金的介入,可以削减外部性导致的损失,从而推动创业投资活动的开展,推动技术创新。Minola 和 Giorgino(2011)指出,处于创业初期的新兴产业,银行信用相对较差,导致获取外部资本的能力相对较弱,然而创业初期由于固定资产、仪器设备以及科研投入较大,对资本的需求也相对较大。政府通过设立政府引导基金的方式可以吸引更多的资金进入新兴产业,缓解该类企业融资难的困境,为该类企业健康发展提供源源不断的资金支持。

3. 委托代理下的激励机制

Lerner(1999)针对美国小企业投资公司(small business investment corporation,SBIC),从吸收流动资本能力的视角分析 SBIC 绩效,结果表明,当政府使用财政资本投资于市场时,采用以投资机构为中介的模式可以有效推进创业企业起步,而当杠杆率为 4 倍时,投资效果最佳。Keuschnigg 和 Nielsen(2001)从风险投资企业家的角度对信息不对称的委托代理问题进行了研究,并指出政府引导基金的设立可以缓解信息不对称下的风险,相应的股权激励可以使政府引导基金发挥更大的杠杆作用。Audretsch 等(2002)运用定性分析方法,从商业活动、创新创业、社会收益及经济利益等方面分析了 SBIC 的影响力度,得出 SBIC 一方面起到了刺激企业积极创新,提高科技成果转化率的作用,另一方面,在宏观层面上推动了社会生产技术变革。Cumming(2005)利用加拿大的相关数据进行研究后指出:在创业企业融资过程中,金融工具呈现多样化形态,投资者在进行证券选择时并未体现出倾向于使用优先股这一特征,进而指出金融工具的混合使用可以使代理问题产生的成本趋向于最小化。Cumming 等(2006)的研究结果显示,完善的外部环境可以在完善融资市场的同时,推动新兴产业的发展,缓解委托代理问题。

4. 绩效评价

国外专家学者对政府引导基金绩效评价的研究较为广泛。Bartzokas 和 Mani(2004)分析以色列的创业投资母基金,即亚泽马(YOZMA)计划对以色列科技进步的贡献,创新性地把政策示范作用与引导功能作为指标构建综合评价体系,其研究结果证明,YOZMA 计划对以色列创业投资引导基金的发展起到良好的推动作用。Munari(2009)在采集 650 余个政府引导基金投资案例的实际数据的基础上,构建绩效评价体系进行实证研究,以此来验证政策成效。

从国外研究使用方法的角度来看,目前国外关于政府引导基金绩效评价指标体系的构建主要采用了以下三种方法。

(1) 宏观法。从国际宏观视角出发，就政府引导基金与市场风投基金间的区别与联系展开论述，进而对政府引导基金进行绩效评价研究。Leleux 和 Surlemont (2003) 针对欧洲资本市场，挑选出 15 支政府引导基金，研究其对所在国经济发展的贡献能力。Cumming 和 Macintosh (2007) 对各个地区创业投资市场的作用程度进行绩效分析。Terttu等 (2013) 以欧洲市场中部分接受基金投资的企业为研究对象，对比政府引导基金与市场中风投基金的扶持力度，结果表明，欧洲市场中风投基金对企业的帮助效果优于政府引导基金。

(2) 主体分析法。以政府引导基金的主体——政府部门与投资机构为重心，在绩效评价中着重考核政策功能的执行情况。Murray (1998) 比较了风投基金和政府引导基金的支持效果，结果表明，风投基金为投资目标带来的收益增效显著高于政府引导基金。Brander等 (2002)、Cumming (2003) 从政府引导基金的政策效应方面对基金业绩进行评价研究。McGlue (2002) 认为，政府应利用政府引导基金构建健康的经济环境，在社会范围内促进创新精神的培养以及创新能力的提升。Cumming 和 Macintosh (2007) 研究加拿大政府LSIFs (Labour Sponsored Investment Funds，即劳动力资助的投资基金，或研究加拿大政府劳动力资助的投资基金) 计划的绩效评价情况，其评价指标体系的重点在于政府引导基金的盈利能力，还将政府引导基金的风险、政府引导基金创投规模、政府引导基金资本状况、政府引导基金管理者素质等作为主要评价指标。Munari 和 Toschi (2015) 通过大范围调查风投企业，分析了英国政府对于风险投资的鼓励力度以及投资方向，政府引导基金所投资的早期企业成功率较高，项目成功退出率也较高。

(3) 客体分析法。注重对政府引导基金投资的客体，即受投资企业的状况进行综合归纳与分析，并将其与其他未接受投资的企业进行横向对比，从而得出政府引导基金的绩效评价结论。Lerner (1999) 在对美国小企业投资公司做绩效评价时指出，吸引社会资金才能更加有效地放大政府引导基金的引导作用，而 SBIC 的有效发展能够促进政府引导基金吸引外来资本，借助政府的正确引导，推动早期企业的发展。Boyns 等 (2003) 对英国企业投资计划以及风险投资信托进行了绩效评价研究，认为评价政府引导基金的绩效水平要衡量政府引导基金产生的积极作用，以及被投资企业的盈利能力、经营状况、管理情况、投资规模等。Bartzokas 和 Mani (2004) 针对创投产业进行研究，着重从企业系统结构调整方向加以评估，在评价指标中成功引入政府引导作用和示范效应指标，评价结果充分说明以色列的 YOZMA 计划促进了当地创新创业企业的发展，整个评价方案为政府引导基金的绩效评价开辟了新的思路。Cumming 和 Macintosh (2007) 认为，澳大利亚的新兴产业中，接受政府引导基金投资的企业会取得较好的表现。Koppel (2008) 在对美国小企业投资基金进行研究后指出，政府是引导基金管理的发起人，绩效评价的分析重点是在政府引导基金的决策管理中，包括项目的决策风控、项目的报告审计、项目的监督控制以及管理者的调配等。Nightingale 等 (2009) 对澳大利亚部分企业做横向对比研究，其中包括 782 家接受政府引导基金投资的企业。研究表明，较之其他企业，这 782 家企业的绩效明显优异，而其表现较优的原因是获得了政府引导基金投资。

1.2.2 国内研究现状

国外专家学者的相关研究表明,政府引导基金可以推动企业发展、技术创新以及创投行业的繁荣,有鉴于此,我国近年来加大力度设立政府引导基金,以期为我国经济建设高质量发展提供助力。随着我国政府引导基金的发展壮大,国内专家学者也纷纷展开研究,从现有文献来看,主要集中于对政府引导基金运行模式、"市场失灵"下的导向作用、激励机制、绩效评价四个方面的研究,相关文献梳理如下。

1. 运行模式

王松奇和徐义国(2002)提出我国应该加强对国外发展创业企业的先进经验的学习,充分发挥政府的主导作用,从而驱动创业投资市场取得良好的发展前景。王松奇(2002)指出,20 世纪末期国内对于政府资金是否介入新兴产业市场出现较大分歧。目前来看,该分歧逐渐统一为支持政府资金进入创业领域,即为了促进创新创业领域的发展,应该充分发挥政府基金的引导作用,引导更多的资金进入新兴产业市场。陈敏灵(2010)指出,设立政府引导基金的主要目的是引导更多的社会资金进入创业投资市场,而不是以营利为目的,政府应该更多让利于民。王利明和王吉林(2010)的研究表明,目前我国政府引导基金主要存在操作主体能力不足以及子基金在具体运作过程中存在投资者预期目标不一致的困境,并指出完善政府引导基金运行模式关键在于投资决策流程、利益分配机制、评价指标体系,以及退出机制的完善。李朝晖(2010)认为,若将政府引导基金完全交由政府部门或国资企业管理将会存在较大弊端,应采用托管模式,由专业的管理机构负责政府引导基金的运作。王燕(2010)对比了国内外政府引导基金的实践情况,认为我国政府应着力打造混合模式的政府引导基金以拓宽投资范围,同时完善政府引导基金的资本退出机制,提升其主动性。与之相反,庞跃华和曾令华(2011)则从降低管理难度与便于专业化管理的角度,提出了我国政府引导基金应采用单一模式运作的观点。李毅辉(2013)对福建省创业投资基金的现状和存在问题进行分析后指出,各地在设立该类基金时,应该结合地方的实际情况,选择多样化的运作模式。此外,还应注意出资比例的设定、投资范围的确定以及激励机制的建立。庞国存(2013)指出,针对我国不同地区、不同投资对象,应选择相应的运行模式以最大化发挥政府引导基金的引导作用。沈琦(2015)对苏州市吴江区政府引导基金的运行模式进行了优化研究,并认为运行模式的选择应与当地产业结构相结合,采取专业机构委托管理的方法可以提升政府引导基金运行效率。

2. "市场失灵"下的导向作用

章彰和傅巧灵(2000)指出"市场失灵"的出现为政府进入该领域提供了有力的理论支持,是设立政府引导基金的现实基础。程国琴(2006)指出政府引导基金相关规则的出台,可以降低投资者参与创业领域的信息不对称风险,从而降低交易成本、投资风险,推动创业投资的发展,促成交易双方在最有利的环境下实现交易。孙悦(2009)在对地方引导基金的研究中指出,由于我国企业技术创新水平较低,科技型中小企业始终成长较慢,对区域技术创新水平的贡献度较低,市场信息的不对称以及道德风险的存在导致地方引导基金难以依靠单一市场发挥其资金导向作用,因此政府要加大引导,由政府主导向政府引导的运行模式转变。陈士俊和柏高原(2010)提出,我国政府引导基金的主要目标是解决"市场失灵"问题。谢燕(2014)在对引导基金协同机制的研究中指出,当前风险投资者主要把资金投资给处于发展中后期的企业,对种子期企业的投资相对较少,从而导致创投市场出现"市场失灵"的现象,而政府引导基金的成立能通过政府协同机制的发挥解决创投市场资金供给不足的问题,因此政府引导基金的成立对创投企业、区域创新、地区发展具有战略意义。郭研等(2016)选取企业层面的面板数据检验了政府引导基金对企业生产率的影响,结果表明:政府引导基金对企业具有显著的事前选择和事后促进作用,并且指出政府的引导对解决风险市场中资金供给不足具有重要意义。郑德琳(2017)指出政府引导基金设立的目的是解决创业投资市场的资金供给不足的问题,但是从目前政府引导基金的运行情况来看,效果并不令人满意,主要原因是政府引导基金的市场化程度不高,因此要从简化审批程序、加大绩效考核等方面进行优化。

3. 激励机制

罗明忠和苏启林(2004)以广东省为例,指出政府介入创业投资活动主要包括直接介入和间接介入两种,在运作模式中积极引入激励机制和让利机制可以更好地发挥基金的引导作用,从而缓解处于初创期的高新技术企业的融资难问题,进而推动地区技术创新水平的提高。钱苹和张帏(2007)指出,为了促进创业投资市场的发展,一方面,政府应该完善外部支持环境;另一方面,在设计政府引导基金运作模式时更应该加强激励机制的设计,建立长效激励机制。刘健钧(2007)指出,为了充分发挥基金的引导效应,必须从多方面降低基金收益分配时的税负,从多个环节给予税收优惠,只有这样才能在提高投资者的预期收益的同时吸引更多社会资金进入创业领域。李洪江(2010)在对政府导向型基金绩效评价指标体系的研究中,通过设立一系列量化指标客观评价政府引导基金的引导效果,促使其发挥更大的政策效应。赵海龙(2011)使用不完全博弈契约理论评价了政府引导基金绩效,通过引入单边道德风险的序贯博弈模型,得出研究结论:政府在可以有效判别投资对象的投资价值时,所提供的政府引导基金将发挥出刺激企业家创业热情,进而加大专业性资本投入量的作用;在不完全信息博弈的前提下,政府的投资有助于化解资源配置效率低下的问题。陈蕾(2011)基于政府引导基金的运作过程,对政府出资资本与社会参与资本之间存在的委托代理关系展开研究,并据此评价政府引导基金绩效,提出使用可转债来辨别政府引导基金的运作成效。李湛和张华(2013)通过委托代理理论,从激励机制和约束监督机制分别对政府引导基金的设立进行了研究,指出要对管理者、社会资本以及子基金的管理者设置激励机制,从而发挥引导基金的资金杠杆放大作用。孟兆辉等(2014)在对政府引导基金的委托管理模式和激励约束机制的研究中指出,委托代理理论同样适用于政府引导基金的分析,委托代理人之间的激励机制对基金引导效应的发挥具有重要意义,因此在设立该类基金时要充分地设立激励机制,从而发挥政府引导基金的引导效应。

4. 绩效评价

李万寿(2005)提出，在发挥政府引导基金引导效应的同时，需要考虑其发挥二次杠杆效应，推动其他基金以及商业资本对政府引导基金早期投资的企业进一步投资，促进各类资金的共同参与，扩大投资规模。于凤坤(2007)就北京市中关村创业投资引导基金的运行情况进行评估，认为政府引导基金的监管离不开绩效评价，而评价方法的合理有效是政府引导基金成功运作的有力保障。刘健钧(2009)表示，绩效评价应当囊括多个方面的内容，如社会资本参与创投的额度，政府引导基金对当地经济发展的影响范围、对创新企业发展的影响程度，以及在让利于民的条件下如何实现可持续化等。梁娟和孔刘柳(2011)指出，在政府引导基金的绩效考核中可适当引入基于公共财政的考核办法，重点突出市场化运作，在绩效评价中应包含社会资金具体状况、政府引导基金的投资标的等。唐瑞(2012)使用层次分析法与模糊综合评价法进行绩效评价。于羽(2013)构建了包括政策目标、政策效果、经营能力3个一级指标和准入机制，数量、投资阶段等9个二级指标的引导基金绩效评价指标体系。石琳(2013)在研究我国政府引导基金绩效评价指标体系时，采用精确值评价法来弥补模糊综合评价法中的不足之处，并对上海市创投引导基金进行案例研究。陈园(2014)运用归纳分析法、德尔菲法、主成分分析法等构建了政府引导基金绩效评价指标体系并进行实证研究。秦智鹏(2014)综合利用定性及定量方法建立绩效评价指标体系，并对我国战略性新兴产业创业投资引导基金展开了评价研究，结果显示，当前我国政府引导基金正面临着分布不均的问题。

朱立群和李朝晖(2015)从政策导向、杠杆效应、社会效益和经济效益四个方面对我国政府引导基金宏观发展情况做出评价。巴茜(2015)基于公共财政理论指导下的考核办法，以及七点绩效指标构建原则，建立政府引导基金绩效评价指标。以精确值确定法得到定量指标的权重值，结合模糊评价对吉林省创投引导基金进行了案例研究。刘春晓等(2015)立足参股基金的实践经验，采用平衡记分卡进行绩效评价研究，以基金投资后期的运营管理为主建立五个维度体系，并运用层次分析法及逼近理想解排序法(technique for order preference by similarity to an ideal solution，TOPSIS)降低数据处理存在的主观特征，对北京新兴产业创投基金进行案例分析。蔡敏(2016)认为，政府引导基金绩效评价的主要方法有案例研究法、运筹决策法以及指标体系法等。Zhang等(2016)构建了政府引导基金绩效评估指标体系，通过选取企业与基金数据，采用DEA-BCC模型进行实证分析，实证结果综合体现了绩效评价水平。贾广超(2016)将政府引导基金的绩效评价指标分为8个，包括投资规模、杠杆效应、基金风险、管理能力4个输入指标，以及被投资企业营业利润、营业收入增长率、申请专利数、技术创新溢出效应4个输出指标，并成功引入风险因素来评价政府引导基金绩效。张增磊(2017)将美国小企投公司基金和欧盟欧洲投资基金(European Investment Fund，EIF)进行对比分析，建议我国对政府引导基金的设立应更多关注科技成果转化领域；建立集中和分散的基金组织管理模式；合理划清政府与市场边界等。夏远林(2017)以宁波市为例，从三个层面设计了一套较为科学合理的绩效评价方案，采用模糊综合评价法测算综合评价值，完成案例研究。

1.2.3　文献简要评述

从文献梳理情况来看，国内外专家学者对于政府引导基金的研究各有侧重点，相关研究主要集中在运营模式、委托代理下的激励机制及绩效评价等方面。对管理方式的研究，学者们一致认为应通过专业托管的方式突破体制上的限制；而对运营模式的选择则众说纷纭，单一模式便于管理操作，混合模式有助于基金管理者做出多样化抉择，可谓各具优点。但就国情而言，由于我国各地经济水平参差不齐、市场建设程度差异较大且创业企业与创业投资行业分布不均，因而各地政府的政策目标也不尽相同，同时不同的运行模式具有不同的适用条件和效果，而因地制宜地选择运行模式可使政府引导基金适应各地环境，进而提升其运行成效。

综合上述分析，目前对政府引导基金的研究成果中，国外专家学者主要是通过设立政府引导基金解决创业市场中信息不对称产生的"市场失灵"问题，因而大部分研究都集中在政府引导基金设立所具有的正外部性，尚未从投资组合理论的角度对政府引导基金的引导效应形成机理进行微观经济学理论研究。而国内专家学者的主要研究集中在评价指标体系的构建、运行模式的选择，以及激励机制的建立等方面，鲜有专家学者采用计量分析方法对政府引导基金的引导效应进行实证分析。此外，在政府引导基金绩效评价方面，国外专家学者重视政府引导基金绩效评价的理论研究、运算方法以及与风投资金的对比，国内专家学者的研究重点为政府引导基金绩效评价的指标选取与模型构建方面，建立考核指标体系进行绩效评价的研究成果较为丰富，为本书的相关研究提供了良好的前期研究基础。

基于以上思考，本书试图对我国政府引导基金的引导效应和绩效评价体系构建进行深入的研究，拟在政府引导基金的引导效应方面，运用微观经济学中的马科维茨均值-方差理论以及固定效应模型、混合效应模型来分析政府引导基金的资金引导效应和技术创新引导效应，从而促进我国政府引导基金的持续运行。本书拟在政府引导基金的绩效评价方面，结合运用 DEA 模型、层次分析法、模糊综合评价法，设计科学合理的绩效评价方案，并运用多元线性回归模型完成实证研究，进而对贵州省政府引导基金进行绩效评价，以期为我国政府引导基金的绩效评价提供有效路径。

1.3　研究思路与研究内容

1. 研究思路

为了对政府引导基金的杠杆放大效应进行全面而深入的研究，本书的主要研究思路大致包括以下方面。

(1)对政府引导基金的国内外研究现状、设立政府引导基金的必要性及其重要作用、我国政府引导基金的运作模式、国内外政府引导基金发展现状展开深入分析。

(2) 结合现有研究成果，探讨政府引导基金绩效评价指标的选取，利用因子分析法，构建结构化的基金绩效评价指标体系。在此基础上，基于 DEA-BCC 模型对我国 41 支政府引导基金投资记录进行绩效评价，完成小样本前测。

(3) 在完成小样本前测的基础上，对政府创业投资引导行为展开经济学理论分析。借助马科维茨均值-方差模型与扩展模型，对比分析设立政府引导基金前后对投资者最优选择、效用以及社会福利的影响。

(4) 对政府引导基金的资金引导效应进行理论分析，运用固定效应模型、混合效应模型构建政府引导基金的资金引导效应模型、杠杆放大效应模型，从全国和区域两个层面对政府引导基金的资金引导效应进行实证研究。

(5) 对能够提高地区技术创新水平的影响因素进行分析，运用固定效应模型、混合效应模型构建政府引导基金技术创新水平促进模型，从全国和区域两个层面对政府引导基金的技术创新引导效应进行实证研究。

(6) 利用多元线性回归模型对政府引导基金运行绩效的影响因素展开研究，进而运用层次分析法为指标赋权，基于模糊评价法构建政府引导基金绩效评价方案，以贵州省政府引导基金绩效评价为例，完成综合评分。

(7) 统计 2016～2022 年的政府引导基金相关数据，对我国 31 个省(自治区、直辖市)的政府引导基金规模、数量进行统计分析，在此基础上，根据区域特性，对七大区域的基金分布类别进行研究。

2. 研究方法

在具体研究中，本书综合采用文献分析法、定性分析法、定量分析法和对比分析方法，对我国政府引导基金的杠杆放大效应、绩效评价、基金分类统计进行较深入的研究。

(1) 文献分析法。通过查阅清科集团以及投中研究院出版的研究报告，充分了解当前国内外政府引导基金的发展状况；通过阅读国家关于政府引导基金的相关政策性文件，了解当前国家对创业投资引导基金的政策导向；通过阅读国内外大量文献，掌握政府引导基金的基本概念、作用、性质等，掌握设立政府引导基金对国家经济发展的重要作用，以及示范效应和杠杆放大效应、绩效评价的相关理论。

(2) 定性分析法。对政府引导基金设立的必要性、概念、运作模式、风险分析进行定性分析；对其引导效应进行经济学行为假设的定性分析；对政府引导基金的绩效评价理论进行定性分析；通过创业投资的准公共产品性质与政府引导基金绩效的影响指标，对其设立的必要性以及评价指标体系的科学性进行定性分析。

(3) 定量分析法。第一，对政府引导基金的引导行为进行经济学的抽象定量分析；以及创业投资市场中参与人的最优选择、社会福利水平进行定量分析；对我国各区域政府引导基金的引导效应运用固定效应模型、混合效应模型进行定量分析。第二，对政府引导基金的绩效评价体系构建进行定量分析；在此基础上，对其绩效评价指标数据进行定量分析；对整个绩效评价方案设计运用定量分析方法进行研究。第三，对政府引导基金的绩效评价实证研究进行定量分析，利用因子分析法构建评价指标体系，并在此基础上使用 DEA 模型与多元线性回归模型进行实证研究。

(4)对比分析法。第一，政府引导基金的引导效应研究。首先，对国内外政府引导基金的发展现状进行对比，分析国外创业市场中的经验以及国内创业市场存在的不足；其次，使用固定效应模型、混合效应模型等方法，实证对比分析创业投资发展成熟地区与相对落后地区的政府引导基金引导效应的地区差异性。第二，政府引导基金的绩效评价方案设计。首先，对比研究国内外对于政府引导基金绩效评价的研究成果，分析国内外的差异和优劣势；其次，在构建绩效评价指标体系时，对比分析指标的实际效率，选取更优的实证指标；再次，使用设计的评价模型，运用到贵州省政府引导基金的绩效评价中，得到母基金绩效评价得分，将此得分与相关文献的绩效评价方法中的案例进行对比分析。第三，政府引导基金省域发展规模统计。首先，收集2016～2022年政府引导基金统计数据进行比较分析；其次，根据区域特性，将国内31个省(自治区、直辖市)分成华东、华南、西南、西北、东北、华北和华中七个地区，分别从基金规模、基金级别、基金组织形式和基金管理机构四个方面进行比较研究。

3. 主要创新点

本书试图为政府引导基金的引导效应研究和绩效评价研究开拓新的研究视角和研究方法，本书的研究丰富了引导效应实证研究和绩效评价量化测评领域的学术研究成果，以期为促进我国政府引导基金的健康持续发展做出有益探索。本书的主要创新点如下。

(1)对政府引导基金的引导效应研究。第一，研究视角方面：通过对创业投资市场中参与人的行为以及最优选择策略进行量化对比分析，在创投市场中引入马科维茨均值-方差模型对政府引导基金的引导效应进行理论分析，为此领域的研究提供了量化视角。第二，研究方法方面：采用了固定效应模型、混合效应模型对我国各地设立政府引导基金的资金引导效应和创新引导效应从全国和地区两个层面进行了实证研究，相关研究结果为各地结合当地实际情况设立政府引导基金提供了一定的参考价值。

(2)对政府引导基金的绩效评价研究。第一，指标选取方面：在参考借鉴国内专家学者相关研究的基础上，分析参股支持运行模式的政府引导基金绩效评价指标选取；第二，量化测评方面：运用因子分析法，对初始指标进行筛选，完成对政府引导基金绩效评价指标体系降维，实现绩效考核的量化测评。

(3)基于模糊评价法的政府引导基金绩效评价方案设计。第一，对比分析方面：在对政府引导基金绩效评价的分析中，对国内外文献绩效评价的启示做出对比，并根据政策性引导、指标体系构建方法和构建原则构建指标，为以后的研究提供了量化的方法。第二，设计方案方面：运用模糊综合评价法对政府创投引导基金绩效评价进行了研究。在原有文献构建绩效评价体系的基础上，对整个指标体系进行模糊综合评价，形成一个新的评价方案，实现对母基金的绩效情况的评价。

(4)基于2016～2022年统计数据对政府引导基金分类别研究。第一，研究视角方面：收集了2016～2022年政府引导基金数据，从全国层面对政府引导基金的基金规模、基金数量、基金级别、基金分类、基金组织结构、基金募集状态、基金管理机构性质等方面进行了统计分析，以实际数据印证了政府引导基金的杠杆放大效应。第二，对比分析方面：一方面，针对31个省(自治区、直辖市)的政府引导基金规模、数量进行了统计分析；另一方面，根据区域特性，将国内 31 个省(自治区、直辖市)分成华东、华南、西南、西北、东北、华北和华中七个地区，分别从基金规模、基金级别、基金组织形式和基金管理机构四个方面进行比较研究。

1.4　本　章　小　结

本章首先阐述了本书的研究背景、研究意义；其次，详细回顾国内外研究现状，并进行简要述评；再次，重点阐述了本书的研究思路与研究内容；最后，简述研究方法与主要创新点，为后续各章展开研究在理论和方法上进行铺垫。

第 2 章　政府引导基金概述

本章首先概述政府引导基金的基本定义及杠杆放大效应，详细讨论政府引导基金的作用，重点阐述政府引导基金的准公共产品性质、正外部性、市场调节性，进而探讨我国政府引导基金在运行管理中面临的潜在风险。

2.1　政府引导基金

2.1.1　政府引导基金定义

目前我国关于政府引导基金的研究文献并不多，大部分专家学者都有自己对政府引导基金的概念界定，但总的方向都是明确政府引导基金是政策导向性的、非营利性的、市场化运作的。2008 年国家发展改革委、财政部、商务部联合出台的《关于创业投资引导基金规范设立与运作的指导意见》指出：政府创业投资引导基金，是指政府作为发起人，风险投资者和一般风险投资者作为参与人，共同出资设立的基金，以市场化方式运作，克服单一市场下的创业投资市场失灵问题，引导社会资金进入创新创业领域特别是种子期、初创期企业，从而扶持新兴产业(特别是高新技术产业)的政策性基金，即引导基金是由政府设立并按市场化方式运作的政策性基金，主要通过扶持创业投资企业的发展，引导社会资金进入创业投资领域。该指导意见赋予了政府引导基金的四层含义。

首先，政府引导基金子基金的参与人主要有三类，即政府(包括各级政府部门)、风险投资者、一般风险投资者。其中，风险投资者的资金主要投资于种子期、初创期这类高风险企业，一般风险投资者的资金主要投资于成熟期、稳定期这类风险相对较小的企业。

其次，政府引导基金以市场化运作为主。市场化运作主要体现在投资企业的选择必须有可投资价值，且符合投资收益与投资风险相匹配的原则。

再次，政府引导基金的设立主要是解决单一市场下创业投资"市场失灵"的问题，政府以较高的信用带动市场，鼓励和扶持新兴产业(特别是高新技术产业)等领域并将发展的子基金委托给专业的管理团队进行市场化运作，通过发挥政府引导基金的示范效应引导社会资金进入创新创业领域，以此促进创业资本的集聚，进而促进地区技术创新能力的提高。

最后，在政府方面，政府引导基金是不以营利为目的的政策性基金，而不是一般的商业基金，旨在长期稳定发展的前提下，发挥政府的带动作用，放大杠杆效应，对市场资本做出引流，使其能够流向种子期、初创期的中小企业，在一定程度上弥补"市场失灵"的缺陷，优化社会资源配置，使政府在投资回报上通过让利于风险投资者和一般风险投资者的方式从而补偿不以营利为目的所带来的损失。

由此可见，我国政府引导基金最为明显的特征是政策导向，政府引导基金充分发挥其引导能力，可以做到让利于市场资本，加快创新创业进程，不对政府引导基金的运作过多地干扰，间接地以市场化的形式结合政策导向领域对需要更多资本供给的创新创业企业投资，从而弥补了市场资本逐利而很少投资于早期创新创业企业的问题。

2.1.2　政府引导基金的杠杆放大效应

自我国首支政府引导基金设立以来，政府引导基金便以其政策出资与专业化托管的特点为创业投资行业的发展提供着持续性助力，其设立的意义表现为政府引导基金解决了创业投资领域的"市场失灵"问题。显然，引导社会资金、放大资本投入是政府引导基金最为重要的作用。在此基础上，引导社会资金流入政策导向领域，扩大创业投资市场的资本供给，充分发挥政府引导基金的杠杆调节作用，从而促进市场资源的有效配置，提高新兴产业(特别是高新技术产业)的技术创新能力，推动地区技术创新水平的进步。

根据政府引导基金的定义和《指导意见》，本章认为政府引导基金首先应该表现其主导作用，即引导社会资金、放大资本投入，各种作用叠加后产生效应，暂且称为杠杆放大效应，即资金引导效应、创新引导效应。具体来说，政府引导基金的杠杆放大效应表现在两方面：一方面，引导基金设立后能够吸引一定的风险资金进入创业领域，特别是种子期、初创期企业，因而政府引导基金的引导效应应该包括资金引导效应；另一方面，政府引导基金的设立目的是引导资金进入创业投资领域从而支持地区的技术创新，进而推动产业结构优化升级，提高新兴产业(特别是高新技术产业)的竞争力，因而政府引导基金的引导效应还应该包括技术创新水平的引导效应。资金引导效应和创新引导效应的产生，必将叠加发挥出政府引导基金的作用，必将体现出财政资本的杠杆放大效应。第 7 章、第 8 章将从全国和地区两个层面对政府引导基金的杠杆放大效应进行实证研究，通过实证研究，检验资金引导效应和创新引导效应的实际效果。

2.2　政府引导基金的作用

2.2.1　扩大创业投资资本供给

我国创业投资市场虽然取得了较大的发展，但是国内创业投资市场的参与者类别仍然较少，主要由社会保险公司、风险投资企业以及专业风险投资者三类投资者组成。由于这三类投资者资金相对稳定，因而为创业投资市场提供的资金相对有限，通过设立政府引导基金可以进一步增加创业投资市场的资本供给。首先，政府引导基金的设立具有直接资本供给的作用，政府通过投入资金直接参与创业投资，直接扩大了创业投资市场的资本供给；其次，设立政府引导基金具有示范效应和杠杆效应，我国政府的高信用条件，及其不以营利为目的、让利于民的机制，提高了参与者的期望收益，从而引导潜在的社会资本投资创业投资市场,特别是种子期、初创期的中小企业。

2.2.2 促进市场资源有效配置

设立政府引导基金的目的是从中小企业(特别是科技型中小企业)的创新创业出发,通过有效地控制创业投资的风险,发挥政府强大的信用保证,吸引社会资金,成功引导社会各类资金涌入创新创业投资领域,促进政府引导基金的发展并推动被投资企业的有效运营,从而促进市场资源的有效配置。

整个资本市场对于创业投资领域的中小创业企业大都持风险极大的观察态度,因为中小创业企业的发展周期较长,盈利情况较不稳定,这些资金自然很难进入创业投资市场,致使资本市场上流入中小创业企业的资金并不多,亦使得资本市场中的闲置资金出现空窗期。此外,单独依靠政府将资金投入到中小创业企业是远远不够的,即使社会上还有很多的风险投资企业,资金仍然没有得到有效地利用。

政府以自身信用设立创业投资母基金,可以较为便利地吸引外来资本。在引导基金的运营过程中,政府并不直接介入,而是委托给专业管理团队进行市场化运作,成功地将不容易进入创业投资领域的资金集聚到被投资企业中来。同时对被投资企业的发展周期进行观察,观察资金是否得到有效利用,是否带来高效率的生产,以及企业经济效益是否有所提升等。政府通过设立政府引导基金,帮助中小创业企业克服融资困难的问题,可有效地降低社会各类资本的投资风险,充分发挥政府引导基金的杠杆调节作用,进一步促进市场资源的有效配置。

2.2.3 引导社会资金流入政策导向领域

引导社会资金、放大资本投入是政府引导基金最为重要的作用,在运作过程中,政府以政策资本出资,吸收通过参股、债权融资等形式注入的社会资本,并在投资阶段将其投入某一特定的产业之中,既壮大了投资资金规模,发挥出财政资本的杠杆效应,又起到了对特定产业领域的政策扶持作用。

政府引导基金是在国家产业发展政策以及地方政府经济发展战略的引领下设立并发展起来的,其设立就是要贯彻政府政策导向,着重支持以科学技术发展为主导的创新创业行业(特别是科技型中小企业),依据地方政府经济发展战略做出优质的引导投资方案,以此提升行业发展水平。处于创业初期的中小企业具有极高的风险性,而市场中投资者风险承受能力又相对较低,导致大部分风险资金主要投资于成熟期、稳定期企业,而对于种子期、初创期企业的投入相对较少。大部分科技型中小企业都会出现筹集不到资金,难以维系自身发展的窘况,这些科技型中小企业中,又有相当一批企业属于政府重点扶持的行业范畴,政府引导基金就此发挥其引导作用。政府引导基金的设立可以在一定程度上改变科技型中小企业筹资难的状况,引导社会资金投向种子期、初创期企业,从而更好地满足科技型中小企业的融资需求,促进科技型中小企业扩大生产规模,提升技术创新水平,迈向创新型企业的发展道路。

　　资金的成功引导成为政府引导基金自身发展的一大关键，私人资本、商业资本及机构投资资本都会选择投入周期较短、收益较为稳定的项目，会尽量避开风险较大、前景不确定的项目。因此，政府作为强有力的信用单位，设立政府引导基金并引导整个社会的可供资源流入政府所要扶持的行业领域，加速资本与产业的有效融合，从而推动扶持领域的向前发展。显然，单一依靠政府的财政资金投入政策导向领域是远远不够的，只有集聚各种社会资本才能真正实现扶持产业的重点发展。政府引导基金可以在实现政府政策导向目标的同时，在一定程度上为民间资本带来更多的惠益，引导更多的社会资金流入政策导向中来。通过有效地平衡社会资本的利益需求和政府引导基金的政策导向要求，实现政府引导基金、政策导向产业以及社会资本之间的"三赢"。

2.2.4　提高高新技术产业创新能力

　　众所周知，国家的发展离不开高新技术的发展，高新技术产业作为新兴产业的重要组成部分，承载着科技兴国的重要使命。现阶段我国的政府引导基金主要是对社会资本进行鼓励和引导，吸引社会资本尽可能流向高新技术产业，从而提高高新技术企业的研发能力、自主创新能力，进一步提高本地区科技创新整体水平。

　　高新技术从研发到真正实现产业化离不开研发经费的投入和研发人才的培养，研发经费不足，将导致整个研发过程受阻，无法实现科技创新；在研发的各个环节中，都有可能存在某些问题致使研发失败，但若不进行研发，那就连创新的机会都没有。政府引导基金的进入可以有效缓解高新技术企业研发经费不足等问题。而资本是企业发展和技术创新的重要因素，政府引导基金可以吸引更多的社会资金投资于高新技术产业，激励高新技术企业进行技术创新，因此通过对高新技术产业的投资，可以提高其技术创新能力，从而提高社会的整体创新水平。

　　无论是在金融市场还是创业投资市场，投资者对于新事物都会持观望态度，并避免高风险带来的经济损失，这类投资者所追逐的经济效益最大化与政府引导基金的非营利性相冲突。而政府引导基金则通过提供担保、风险补助等措施有效降低了机构投资者的风险，引导更多的社会资本流向高新技术产业。对于种子期、初创期的企业而言，研发经费的重要性不言而喻，创业投资企业的进入无疑加快了研发的投入和产出效率，有效促进了高新技术成果的转化，有效提高了高新技术企业的技术创新能力。

　　实际上，整个科技创新领域更是离不开政府引导基金的支持。正是通过政府引导基金，政府以少量财政资本引导、吸引社会资本投资于创新创业企业，才能扩大企业规模，加快创新步伐，提升创新能力和效率，推动我国创新技术的发展并培育高新技术产业成长。此外，政府引导基金通过不同的运作模式将资金引入高新技术产业，不仅能加快高新技术产业结构的优化，还能间接促使本地区经济快速增长。

2.2.5　完善创业投资市场机制

　　对于市场机制，可以通过完善市场制度，制定相关法律，从而维护市场体系，解决"市场失灵"的问题。市场本身存在缺陷，主要是由于市场充分强调微观个体的经济利益，对于社会利益的实现就会出现不足，只能由政府这只"看得见的手"进行干预才能实现市场最优。

在创业投资市场中，投资者出于对利益最大化和收益稳定性的追求，往往更青睐将资本投入较为成熟和稳定的项目，而处于种子期、初创期的中小创业企业由于其较高的经营风险和收益的不确定性往往被投资者忽略。在"市场失灵"状况下，中小创业企业的生存发展存在较大的潜在风险，技术创新为社会带来的正效益也难以全面发挥，在一定程度上阻碍了国家创新驱动发展战略的深入实施。政府引导基金的投资目标正是处于种子期、初创期的中小创业企业，政府引导基金对资本进行不断引导，为中小创业企业带来宝贵的资金供给，在一定程度上解决资源分配问题，进而促进创业投资行业的健康成长。

2.3　政府引导基金的性质

2.3.1　准公共产品界定

随着人类社会的不断发展，社会生产力逐渐提高，物质产品的种类和功能愈加丰富，市场中的消费者对于社会生产所提供的各种产品有着不同的需求。在社会资源有限的条件下，各社会参与人为了获得对产品的支配权需要付出相应的消费代价。从政治经济学的角度出发，以消费者对产品的需求方式为划分条件，休谟(1997)在《人性论》中首创性地提出了"公共产品"的概念，并由 Samuelson(1954)规范。Samuelson 指出，根据物品的竞争性和排他性特征可以把物品分为公共产品、私人产品和混合公共产品三类。其中，公共产品是指全社会成员都可以消费并享受的产品，代表着所有社会参与人的共同利益。例如，一个国家的国防与法律、人民安全保障、严重传染病的治疗与控制、城市绿化植物以及基础设备设施等，其运作必须要有较大的规模经济作为保障，而由于代价过于高昂，公共产品的制造者也不会因为追逐利益而刻意将部分消费者排除在外，即公共产品不需要竞争且不具备排他性，所有的社会成员均在生活中享受其带来的收益。与公共产品相对应的另一类产品为私人产品，消费者为了满足个人消费而需要购买私人产品，通过这种方式获得的利益与效用只属于其自身，也就是说，这种消费行为具有明显的排他性与竞争性，具体表现为消费者对产品的有偿消费。

混合公共产品又称准公共产品，是一种介于私人产品和公共产品之间的特殊产品，一般来说，具有有限的非竞争性或者有限的非排他性，如森林、水流等受益范围局限在某一地区的资源，以及医疗、非义务教育等需要公众付出一定代价才可使用的社会基础设施。有限的非竞争性指的是个人的消费会导致社会中其他人的消费量减少，但这部分较少的消费量没有完全通过价格表示；而有限的非排他性指的是个人的消费会影响他人的消费，通常表现为他人的消费下降。三类产品的关系如图 2-1 所示。

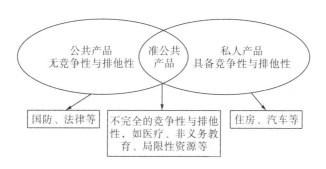

图 2-1　三类产品的关系

　　在社会生活中，某个产品的竞争性、排他性决定了它是否可被社会公众所公益使用。陈其林和韩晓婷(2010)认为，准公共产品与公共产品、私人产品之间可以发生转化，排他技术和公益目标是转化的关键，因其同时具备两类产品的特征，准公共产品的消费既需要社会或政府的管理和干预，同时也需要市场机制的调节作用。陈小安(2002)提出，由于准公共产品具有部分非竞争性和非排他性，其运作应采用混合产权制度，将准公共产品的产权划分为两个部分，一部分是通过政府财政投资并利用税收补偿成本的公共产权，另一部分是类似私人投资的社会资本注入并通过产品收益得到回报，同时政府总是通过直接或间接方式，参与到准公共产品生产的过程之中。

　　在信息技术高速发展的今天，信息传递更加迅速便利。技术创新作为产品很容易被其他企业所模仿和学习，而这种模仿不会带来额外的创新成本，或者说这种成本远小于本企业科研发明的成本，表现为公共产品的性质。但是中小企业发展规模、企业文化以及研发团队都处于弱势，使得中小企业很难模仿大中型企业进行技术创新，这又削弱了中小企业的创新动力，使得技术创新表现出排他性。因此，技术创新作为一种准公共产品需要政府的参与，而政府引导基金作为有着特殊政策目的的金融产品，可以为中小企业的技术创新提供资金支持，培育良好的研发团队，解决中小企业融资难的问题，由此界定：政府引导基金专门投资于准公共产品领域。

2.3.2　准公共产品性质

　　技术创新活动一方面是知识与信息的研发，推动了社会进步并为公众带来收益；另一方面，技术开发者也需要有一定的回报作为研发活动的经济利益，其所具备的准公共产品性质已经经过了许多经济学家与相关学者的研究与证实。Arrow(1962)曾指出，技术创新活动的本质是生产技术知识或信息的探索与创新开发，而就信息而言，其所具备的公共产品属性使得信息开发者无法完全占有开发收益；Romer(1990)曾提出，技术作为一种产品，与一般商品最显著的区别在于具备不完全的竞争性与排他性。同时，技术创新呈现出外部溢出效应[参考 Romer(1990)提出的内生增长理论]，技术开发者的创新成果会吸引同行业内其他市场参与者模仿，创新产出被复制，导致创新企业的经济利益受到损失。因此，技术创新的不完全竞争、排他性质以及外部溢出效应使得创新产品易被"搭便车"使用，单纯依靠私人部门的运作与管理无法满足技术开发者的利益需要，长此以往势必导致宏观层面上社会整体科技研发热情的削减，进而引起技术创新活动的"市场失灵"问题。由此可见，政府引导基金不仅可以为中小企业的技术创新提供资金支持，还可以在一定程度上解决技术创新市场中的"市场失灵"问题。

与之相对应的是创业投资行为的准公共产品性质，卢慧颖（2008）指出，创业投资在公共产品方面表现为：投资者通过对创业企业进行投资以促进创新技术的培育，为生产技术知识与信息的开发提供了资金支持，给社会带来了正面效益；从私人角度而言，投资者的目的是在承担风险的同时获得经济收益。在这一过程中，创业投资行为表现出准公共产品的性质，而社会对技术创新的需要和投资者对利益的需求相交叉所产生的矛盾导致了创业投资市场的失灵。具体表现在，由于创业企业的高风险性，投资者只有在预期收益为正值时才会进行投资，而即使是负收益的项目也往往会为社会带来技术创新的正效益。因而在纯价值规律下，投资者所做出的选择可能不利于社会总体效益的增长。

2.3.3 正外部性

正外部性指的是在一项经济活动中，经济主体不仅使自身获得效益，也使其他未付出经济成本的经济主体获得额外的经济利益，而额外的这部分经济利益没有在交易价格中反映。作为风险投资的投资对象，创新创业企业大部分有着高新技术、经营风险较大的特征，其吸引风险投资的关键是通过这些企业对高新技术的研发并且上市实现超额收益。由于作为实现创业投资企业快速发展的研发活动具有正外部性，很容易出现"市场失灵"的问题。市场中其他创新创业企业若通过非研发活动获得收益的成本小于通过研发活动获得收益的成本，那么理性的企业将会放弃研发活动。例如，创业投资企业通过版权转让的方式合法获得使用高新技术、版权权利的成本小于研发的成本，会出现类似于"柠檬市场"的现象。

图 2-2 为创业投资企业科研成果正外部性分析，纵轴为科研产品的价格，横轴为科研产品的供应量，并且假定科研产品为正常商品，且科研市场为完全竞争市场，因此社会需求线为 MSB，个人需求线为 MPB，D 为科研产品需求量（社会需求高于个人需求），MC 为边际成本，MEB 为边际外部收益，这部分是由正外部性所产生的，其中社会需求线等于个人需求线与边际外部收益之和。图 2-2 显示，当科研成果存在外部性时，社会对科研成果的需求为 Q_1，在该价格水平下，社会能够提供的供给为 Q_2。由于 $Q_1 > Q_2$，科技创新成果出现供给不足的现象，市场出现"失灵"。由图 2-2 可知，正外部性的存在导致创新创业活动中经常出现"市场失灵"问题，这使得充分发挥政府这只"看得见的手"的作用显得尤其重要。

制度经济学理论指出，当市场因外部性导致"市场失灵"时，可以通过经济、行政、法律手段来矫正。政府可以通过调整税收、为提供正外部性的企业予以经济补贴，从而激励企业继续完成科技创新。政府引导基金设立后以市场化模式运作，政府通过投资与创业投资机构组成基金，从而降低了创投机构的投资风险，同时，政府通过让利于民的机制，在政府引导基金退出以及创业投资企业产生收益时，将政府投资所获得的大部分收益让利于创投机构。政府引导基金这种降低风险、提高创投机构预期收益的驱动机制引导了更多的创业资本进入创投市场，在一定程度上解决了创业投资企业的融资难问题。

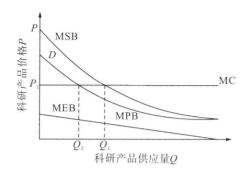

图 2-2　创业投资企业科研成果正外部性分析

2.3.4　市场调节性

政府引导基金通过其市场调节性大致可以缓解以下两个层面的问题：首先解决种子期和初创期企业融资难的问题，其次解决我国风险资金投资产业、地区分布不均衡的问题。Lerner(2010)通过研究发现，处于种子期、初创期的企业出现融资难的问题最为突出，这主要是取决于种子期、初创期企业一方面风险较大，另一方面风险投资期限较长导致的资金变现能力、流动性较差。我国创业投资法律的建立健全，表明了国家对中小创业企业(特别是科技型中小企业)发展的高度重视，创业投资在全国范围内纷纷呈现增长态势，这在一定程度上缓解了种子期、初创期企业融资难的问题。同时各级政府在设立引导基金时均严格设置了最低投资比例，通过政府的行政引导，发挥政府引导基金的调节性，种子期、初创期企业融资难的问题正在逐步缓解。

由于我国东部、中部、西部地区经济发展水平存在差距，政府引导基金主要集中在东部沿海地区，又由于市场经济的逐利性，某些发展不太成熟的产业存在规模不经济，产业发展缺乏风险投资的现象。这些都说明我国风险投资的发展处于起步阶段，缺乏相关的规范化法律制度环境，同时又缺乏合格的专业风险投资人才，更加缺乏风险投资经验，所以存在着各式各样的问题，这造就了我国风险投资的特殊性，也造成了我国政府引导基金的特殊性。

2.4　政府引导基金的风险分析

(1)运作风险。政府引导基金在运作过程中存在着大量的潜在风险，包括整个评审流程、运作方向、管理方式等。运作中出现的种种不确定性会导致原本不以营利为目的的政府引导基金不能够持续良好地发展。政府引导基金要实现自身的引导作用和杠杆放大效应，吸引各种社会资本的流入，需要协调好其他资本与政府财政资金不同的投资目的，有效分析投资需求、投资偏好、风险承受能力等，以达成互补协同效应。政府引导基金是以政府的名义发起和设立的，要做到不与其他资金争利，旨在维持政府引导基金保值增值的情况下，促进地区新兴产业(特别是高新技术产业)的健康发展。政府引导基金所吸纳的社会资金如何有效稳定地投资到种子期、初创期企业中，而不是出现资金不到位、资金池大量资金滞留于账户中这类状况，包括没有真正实现财政资金的放大、没有有效地做出投资规划、缺乏专业的管理团队进行管理等问题，均是政府引导基金风险管理的主要内容。因此，政府引导基金的运作过程必须接受有效的监管，实时控制运作风险的发生，才能确保其稳定发展。

(2)违规风险。由于我国政府引导基金起步较晚，法律法规不够完善，违规问题时有发生。国家明文规定：禁止政府引导基金中的资金出现投资于股票、期货及房地产等标的，只能为促进当地创新型产业企业发展并投资于种子型、初创期企业，但基金管理团队往往为了实现政府引导基金的利润增长，实现社会资本的盈利需求，可能会出现违规投资其他标的的情况。同时，政府引导基金在决策投资项目、披露相关信息时，可能出现信息披露不真实、不完整的情况。目前，全国各地纷纷设立了政府引导基金，这也就更加需要重视对政府引导基金的监管，将违规事件扼杀在摇篮之中。通过对政府引导基金可能存在的违规风险进行分析可知，潜在违规风险的存在对政府引导基金管理者提出了更高的要求，基金管理团队应当科学合理地安排政府引导基金，才能降低上述潜在风险。

(3)退出风险。利用政府引导基金的引导效应、杠杆放大效应成功吸纳到各种社会资金，扩大政府引导基金资金池，设立子基金，并成功投资于符合条件的创业企业虽然是政府引导基金较为重要的管控环节，但是如何成功地退出被投资企业，将资金再有效利用显得尤为关键。没有成功的退出机制，就无法实现政府引导基金的保值增值以及可持续发展，带来的只会是双面损失。政府引导基金往往通过首次公开发行(initial public offering, IPO)退出，买壳上市退出(即通过定向增发或直接置换上市壳公司股权而退出)、股权转让、管理层收购(management buy-outs, MBO)、资产证券化(即将项目资产打包发行证券变现)等方式来完成资金的回收。那么，上述这些渠道能否在合理的时间范围内达到政府引导基金的退出目的，能否有效地实现政府引导基金的成功退出都属于潜在风险。我国的政府引导基金规模还在不断地扩张，退出要求也会逐渐趋于严格，通过交易所的退出并不一定成功，这就要求政府引导基金以多渠道、多阶段的方式来退出，尽量降低退出风险。

2.5　本　章　小　结

本章首先概述了政府引导基金的基本定义及杠杆放大效应，详细讨论了政府引导基金的作用，着重阐述了政府引导基金的准公共产品性质、正外部性、市场调节性，进而探讨了我国政府引导基金在运行管理中面临的潜在风险。本章研究认为：政府引导基金的引导效应和杠杆放大效应集中体现为资金引导效应和创新引导效应，而引导社会资金、放大资本投入是政府引导基金最为重要的作用，叠加发挥政府引导基金的各种作用，必将体现出财政资本的杠杆放大效应。在我国政府引导基金的发展中，不仅要注重协调好社会资本与政府目标的利益关系，还应当重点控制政府引导基金所面临的风险，才能确保政府引导基金健康持续发展，并促进当地企业乃至行业的可持续发展。

科技创新领域的发展离不开政府引导基金的支持。正是通过政府引导基金的运作，政府以少量财政资本引导，吸引社会资本投资于创新型企业，才能扩大企业规模，加快创新步伐，进一步提升创新能力与创新效率，推动我国创新技术的发展并培育高新技术产业成长，进而为我国深入实施创新驱动发展战略提供重要动力。

第3章　政府引导基金发展现状

本章就政府引导基金的国内外发展现状进行简单回顾,并针对国内外政府引导基金绩效评价现状进行比较研究,为后续构建我国政府引导基金绩效评价指标体系进行铺垫。

3.1　国外政府引导基金的运作情况

3.1.1　发展现状

1. 美国的 SBIC 计划

美国是最先发展政府引导基金的国家,美国于 1958 年制定了小企业投资公司(SBIC)计划。这一计划的依据是,波士顿联邦银行通过研究发现,小企业由于发展的需要,通常以企业的资产进行抵押融资,这部分企业面临着融资难的困境。美国政府为了解决这一"市场失灵"问题,于 1958 年正式提出了 SBIC 计划,通过设立政府引导基金的方式,为小企业提供融资担保,从而为风险投资提供长期的资金支持,进而满足小企业种子期的融资需求,这也就开启了美国对政府引导基金绩效评价研究之路。早期的 SBIC 并不太成功,在全美有一半以上的此类公司都失败了,并造成了较大规模的债务损失。但从整个创业投资领域的发展来看,SBIC 计划投资到小企业的资金额度占美国创投领域的 1/7 左右,美国的 SBIC 计划旨在通过较小的资金池,让政府提供融资担保,以提高杠杆调节作用,从而获得投向小企业的资金,并且取得较高的收益率。

在具体运作过程中,为了发挥政府引导基金的引导作用,小企业必须根据美国小企业管理局(The U.S. Small Business Administration,SBA)的批准,按照相关规定设立企业的投资行业和规模,小企业获得 SBIC 的认可后,可以以低于市场利率的初始投资额 3 倍的金额进行融资,同时为了体现政府支持性,政府部门对这类企业通常有税收减免计划。SBIC 计划的实施,不仅为美国的小企业发展提供了源源不断的资金支持,还带动了私人资本投资于创业投资领域的热潮。1994 年美国的 SBIC 计划吸引私人资本 29.3 亿美元,经过短暂的六年时间,到 2000 年这一数字竟然达到了 104.1 亿美元。据统计,截至 2001 年,SBIC 计划累计投资 400 多亿元,扶持了美国境内 9 万家小企业的近 14 万个项目。

2. 芬兰的 FII 计划

为了促进中小企业的发展,解决中小企业股权融资不足的困境,芬兰政府于 1995 年成立了 FII。FII 主要采取两种方式设立政府引导基金：与私人投资者共同设立混合基金或共同投资于目标企业。在投资策略上，FII 通过设立共同基金以及共同投资的方式投资于中小企业。为了防止政府过多干预基金运行，芬兰政府规定：在具体项目中，政府出资比例必须小于 50%；同时 FII 规定：设立的基金应满足一定的盈利性，且政府有同等的收益分配权利。

芬兰政府没有对混合基金运作提出如投资标准、投资阶段等政策规定，却又对政府引导基金作出了盈利性要求，导致很多 FII 计划并未对投资标准以及对种子期、初创期企业的投资进行扶持，大部分参与设立的混合基金将资金投资于处于中后期的企业(即成长期、成熟期企业)，而没有将资金投资于处于发展初期的创业企业。截至 2003 年，FII 对种子期、初创期企业的投资仅有 17%，然而对投资于成长期、成熟期企业的资金达到 57%。就该计划的具体运行来看，芬兰的政府引导基金不仅没有缓解中小企业融资难的问题，反而产生了较大的挤出效应。

3. 以色列的 YOZMA 计划

为了解决 20 世纪 80 年代末由于缺乏资金和管理经验出现的科技型企业(特别是中小企业)大量破产并严重影响国民经济运行的问题，1993 年以色列政府启动了 YOZMA 计划。以色列政府出资 1 亿美元，创建了基金，试图引导私有资本投资于科技型企业(特别是中小企业)，从而推动以色列科学技术的发展。以色列的科技发展如此之快，YOZMA 计划起到了至关重要的作用。以色列以政府作为主体，向社会公众乃至国际市场募集科技支持资金，政府与知名的投资机构进行合作设立子基金，子基金的发展主要通过高效的市场化运作以及优质的团队管理来实现，旨在投向种子期的科技型企业，对外的公开募集和吸引外资不仅增大了以色列国内的科技资金供给，与还带来了世界先进的管理经验与科学技术。

YOZMA 计划通过市场化的运作模式，规定政府的出资比例不能超过 40%，不干预基金的日常经营决策，并且严格要求基金投资于种子期的科技型企业。YOZMA 计划的这一硬性规定，使以色列的高科技得到了飞速发展。1997 年，在 YOZMA 计划的推动下，以色列高科技企业在欧美上市超过 25 家。1998 年累计有 90 多家政府引导基金成立并投资于高科技产业，投资规模已高达 35 亿美元。到 2006 年以色列的创业投资规模更是达到了 100 亿美元，这为创业投资企业的发展提供了强有力的资金支持。出于引导效果的显现，后期 YOZMA 计划通过股权转让，政府资金于 2000 年全部退出创业投资领域。

4. 澳大利亚的创新创业基金 IIF

澳大利亚的创新创业基金 IIF 与以色列的 YOZMA 计划类似，也是通过发挥政府的作用吸引社会资金加入创业投资行业中来，政府并不直接介入其经营发展，而是通过不断地引导社会资金，促进社会资金的利益有效化。为了引导更多的社会资金进入种子期企业，1997 年澳大利亚总理宣布设立创新创业基金，即 IIF 基金。IIF 基金的总规模为 2.21 亿美元。1998 年澳大利亚的相关政府部门通过 IIF 基金与社会资金合作成立子基金的方式提供了 1.3 亿美元的资金，并且成功地吸引 0.7 亿美元的社会资金。澳大利亚的 IIF 基金要求政府与私人投资在出资比例上不能超过 2∶1，参股基金的目的是投向种子期企业，并设有专业的基金管理团队来独立完成经营管理及投资决策。

2001 年，在前期创业投资引导基金取得实践经验的基础上，澳大利亚政府又出资 0.91 亿美元，与社会资金共同成立 4 家子基金。为了更好地发挥政府引导基金的资金引导作用，政府采用了让利于民的机制，即在保持社会资本参与创业投资的风险相对不提高的基础上，在收益分配上让利于民。具体操作：政府与社会资本的比率为 2∶1，收益分配的比率为 1∶9，同时为了减少违约代理问题带来的额外成本，将政府让利出来的部分，20%归属于基金管理者，80%归属于社会资本。在良好的示范效应下，澳大利亚的创业投资引导基金取得了飞速发展。截至 2002 年 6 月，澳大利亚共设立了 162 支创业投资引导基金，共投资了 839 家新兴企业，同比增长了 4.1%。在 2000 年下半年至 2001 年上半年，当地的创业投资总额为 69 亿澳元，同比增长 21%。澳大利亚的创新投资计划不仅体现了政策性基金的让利于民，市场化的运作机制也体现了资金引导作用的特性。政府的有效介入和合理安排，一定程度上降低了社会资本参与创业投资的风险，同时又有效地提高了收益，达到了商业资本追逐盈利的目的，推动了当地创业投资市场和创业投资企业的发展。

5. 英国的创新投资计划

1998 年英国的创新投资计划宣布设立区域小企业投资基金，初始规模为 1 亿英镑，截止本书成稿时已形成 5.4 亿英镑规模。该创新投资计划最先由英国贸工部下属机构负责运营，2000 年起交接给新组建的小企业服务局进行管理。英国的创新投资计划的运作模式多样化，通过参股模式、保证金模式等给予机构投资者或个人投资者一定程度上的资金保障和优惠，政府以一定的出资比例融入创新投资计划，从而吸引更多的各类社会资本进入创新投资计划。

英国的政府引导基金注重资本利益之间的协调，在规范操作的基础上尽可能让投资者获得更高的收益，以便使整个社会的资本迅速流入到创投领域中来，从而促进了中小企业的快速发展。经过多年的发展，英国政府通过政府引导基金已经有效地推动各地区民间资金成立创投基金。目前，英国已成为欧洲乃至全球创投业发展最蓬勃的地区之一，其可控创投资本已超整个欧洲的一半，且英国国内各地区创投行业也都得到了不同程度的发展。

3.1.2　借鉴意义

1. 明确政府的定位

以色列的 YOZMA 计划，通过政府参股但不控股的方式，采取让利于民、市场化运作的机制，使本国的科技型企业取得了巨大的发展。由此可见，明确政府定位，明确政府的资金导向和政策导向，在设立政府引导基金之初，显得尤为重要。当前我国正处于科技亟待发展的阶段，首先要充分实现政府引导基金的导向作用，缓解创业投资企业尤其是种子期、初创期企业的融资难问题；其次要发挥投资领域的资金优势，通过税收补贴、政策支持等一系列的措施，引导社会资金源源不断地进入科技创新企业。基于上述考虑，政府应明确自身的定位，既要发挥引导作用，又要体现市场化运行的机制，减少对基金日常经营的干预。从国外政府引导基金的运营情况可知，为了保证市场化运行，政府的出资比例最好控制在 50%以下。

2．采取因地制宜的运作方式

各个国家和地区的政府引导基金运行模式都是由其不同的地方特点发展而来，结合各国特色形成了具有代表性的政府引导基金运行模式（William，1990）。从国外政府引导基金的运作模式来看，各国有各自的方式，并且均取得了较大的发展。例如，美国由于本身的信用体系比较完善，金融机构相对发达，在设立政府引导基金时采用的是融资担保模式。相比之下，以色列的 YOZMA 计划，由于本国信用体系相对落后，为了防止信用风险的发生，采用的是参股支持模式。通过参股和收益共享机制，以及退出机制，YOZMA 计划成功地发挥了引导作用，极大地促进了该国创业投资企业的发展。因此，我国在选择政府引导基金的运作模式时，要结合本地区特点，因地制宜，采取相应的运作模式。例如，对于东部沿海地区，由于经济发展水平较高，信用体系较完善，可以采取融资担保模式；对于中部地区，经济取得了一定的发展，但是信用体系相对不完善，为了激励社会资本进入创业投资市场，可以采取参股支持模式；对于西部地区，经济发展较为落后，信用体系不完善，可以采取风险补助模式与其他模式相结合，构造复合投资模式。

3．完善的让利机制

从国际上成功的经验来看，美国的 SBIC 计划、以色列的 YOZMA 计划、澳大利亚的 IIF 基金，都采取了让利于民的方式。为了吸引社会资金进入高风险的创业投资企业，政府通过提供融资担保或者在保证风险投资者的风险不被提高的基础上，通过让利于民，体现政府引导基金的政策性，提高风险投资者的收益，从而吸引更多的社会资金进入风险投资领域。因此，我国在设立政府引导基金时，应借鉴国外成功经验，采取让利于民的收益分享机制。

3.2 我国政府引导基金的发展现状

3.2.1 发展历程

沈琦（2015）指出，我国政府引导基金经过十多年的发展，已逐渐步入规范化运作轨道，而这一过程大致可分为五个阶段，包括探索起步阶段、逐步试点阶段、规范运作阶段、全面发展阶段、积极转型阶段。

1. 探索起步阶段

20 世纪 80 年代初至 20 世纪初,随着市场经济体制改革的推进,我国开始引入国外的先进经验,摸索符合我国国情的创业投资发展道路。1998 年 8 月上海创业投资有限公司成立,这标志着我国创业投资市场开始萌芽,是我国政府参与创业投资市场的早期探索。2002 年 1 月,中关村创业投资引导基金是我国第一支政府引导基金,设立地点为北京市中关村科技园,其成立是我国政府以基金名义参与创业投资市场的伟大尝试。

在当时国内没有任何先例的情况下,管理部门参考以色列的政府引导基金成功模式,将政府引导基金这一创新性理念引入国内,开启了国内对政府引导基金的探索。此后,上海、江苏等地也将政府引导基金引入本地区的创新创业领域或扶持领域中,试图以这一先进的金融工具助力地区产业结构升级。例如,位于我国东部地区的无锡、上海浦东以及苏州等地纷纷设立了政府引导基金,为当地工业园区等新兴产业聚集地提供资金支持。在探索起步阶段,我国设立了 5 支政府引导基金,资本总额为 35 亿元,为我国政府引导基金的发展奠定了基础,积累了宝贵的实践经验。

2. 逐步试点阶段

2005～2007 年是我国政府引导基金的试点阶段。随着 2005 年"十一五"规划出台以及以"自主创新"为核心的指导思想的提出,我国创业投资基金市场取得较大的发展。同年,十部委联合发布了《创业投资企业管理暂行办法》,第一次对我国创业投资引导基金的内涵进行了详细的界定,为新兴产业政府引导基金的设立提供了制度保障。赵建刚(2016)指出,2007 年苏州工业园政府引导基金的成立对引导基金的发展具有重要意义,标志着国有政策性银行参与政府引导基金的模式由理论转为实践。为了引导更多的社会资金进入种子期或初创期企业,财政部、科技部联合印发了《科技型中小企业创业投资引导基金管理暂行办法》,对基金的投资领域进行了限定,并规定基金必须投资于种子期或初创期企业。2007 年,为了支持科技型中小企业的发展,第一支规模为 1 亿元的国家级创业投资引导基金成立。

2007～2008 年,我国创业投资行业整体发展势头强劲,政府引导基金经历了起步之后的第一个发展高峰期,尤其是在科技部的支持下,科技型中小企业政府引导基金发展最为迅速。同时,各地区政府响应号召,大力推进地方政府引导基金的构建设立或进程规划。在大环境的积极推动下,政府引导基金如雨后春笋般出现在我国各大省市。同期,越来越多的专家学者也把目光转移到了政府引导基金上,各类学术论坛与会议纷纷以政府引导基金为主题开展学术研讨,一大批研究成果的出现为后续政府引导基金的稳步发展奠定了理论基础。

3. 规范运作阶段

2008～2009 年,政府引导基金逐步进入规范化运作,这两年为我国政府引导基金的规范运作阶段。在此之前的发展阶段中,由于监管手段的缺乏,我国政府引导基金在具备一定规模后出现了运作分散、投资不均匀、投资目标选择主观性较强等问题，严重影响其引导作用的有效发挥，甚至部分政府引导基金在成立后由于规范化指导的缺位而无法正常运作，进而为财政资本带来了操作风险。2008 年 10 月国家发展改革委、财政部、商务部正式颁布了《关于创业投资引导基金规范设立与运作的指导意见》，对政府引导基金的设立进行了规范指导。该意见指出：政府引导基金设立的宗旨是通过一系列的制度安排、优惠措施，吸引社会资金进入创业投资领域，特别是处于发展初期的科技型中小企业，从而解决市场经济下创业投资"市场失灵"的问题。

以该《指导意见》为准则，各地方政府针对市场中存在的问题迅速作出反应，在明确引导基金宗旨的基础上提出具体规范细则，有效地解决诸多实际问题，同时，各地方政府也纷纷设立政府引导基金，政府引导基金进入发展高峰期。截至 2008 年底，我国的政府引导基金总数已经超过 25 支，资本总额超过 110 亿元。相比 2006 年底，政府引导基金总数与规模均实现了翻两番的发展态势。特别指出，2009 年为了解决创业企业融资难的问题，创业板正式成立，为创业投资机构退出创业企业提供了新的可能。同年 10 月，国家发展改革委、财政部和七省市政府共同设立了 20 支政府引导基金，进一步起到了政府引导基金的示范效应。

4. 全面发展阶段

2011 年我国政府引导基金进入全面发展阶段。国家发展改革委联合财政部于 2011 年 8 月出台了《新兴产业创投计划参股创业投资基金管理暂行办法》，指出国家级创业投资基金应集中投资于战略性新兴产业和高新技术产业上，吸引社会资金流入国家经济转型升级关键领域。该办法对政府引导基金的投资范围进行了更为全面的界定，直接促进了传统产业向战略性新兴产业和高新技术产业的转型与升级。

5. 积极转型阶段

2014 年以后为我国政府引导基金的转型阶段，在此阶段，政府引导基金逐渐转向市场化的运行模式。2014 年 5 月 21 日，时任国务院总理李克强指出，要充分发挥中央财政引导资金"四两拨千斤"的功能，成倍扩大政府引导基金的融资规模，加快完善市场化运作机制，从而解决中小企业融资难的问题，进而推动国家和地区的经济转型升级。同年 12 月，国务院公布了《国务院关于清理规范税收等优惠政策的通知》，使得原来各地支持政府引导基金的税收补贴政策等直接支持模式不再可行，这进一步规范了我国创业投资市场的运作模式。

自此，我国政府引导基金正式步入积极转型阶段。随着国家经济转型、创新驱动发展战略的提出，政府引导基金迎来了第二次高速推广时期，截至 2015 年底，我国政府引导基金，总资本规模约为 2.18 万亿元。同期，我国政府引导基金的设立形成了以长三角、环渤海为聚集区域的特点，我国政府引导基金地域分布见图 3-1[①]。

---

① 数据来自清科集团私募通统计公布。

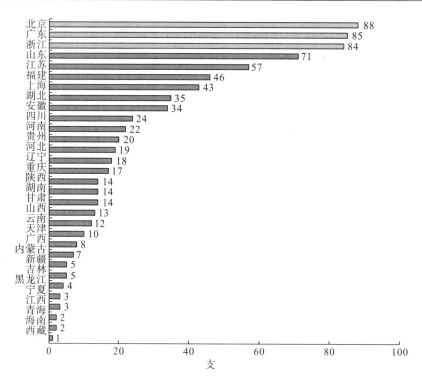

图 3-1　我国政府引导基金地域分布

3.2.2　设立情况

　　随着我国"双创"政策的实施,我国政府引导基金出现了空前的发展。清科集团《2016年中国政府引导基金发展研究报告》(倪正东,2016)显示:截至 2016 年 12 月 31 日,国内共成立政府引导基金 1013 支,规模为 53316.50 亿元,仅 2016 年新设立的政府引导基金就达到 384 支,披露的总目标规模超过 31000 亿元。截至 2015 年底,省级基金有 226支,基金规模为 9980.37 亿元,占总规模的 45.7%;省级以下的基金共有 417 支,规模为8243 亿元。2015 年新设基金 297 支,规模为 15089.96 亿元,新设基金数量和规模分别是2014 年的 2.83 倍和 5.24 倍(倪正东,2016)。图 3-2 为我国 2006～2016 年政府引导基金的发展情况[①]。

　　图 3-2 显示:经历了 2006～2012 年的缓慢增长后,我国政府引导基金数量在 2013 年开始迅速增多,2014～2015 年政府引导基金呈现出爆发性增长的态势。从国家层面来看,2015 年设立了两大基金:一是总规模为 400 亿元的国家新兴产业创业投资引导基金,该基金成功地撬动了社会资本 1800 亿元,极大地发挥了资金引导作用;二是总规模为 600亿元的国家中小企业发展基金,吸引社会资本 1000 多亿元(倪正东,2016)。在中央政府的支持下,各类政府引导基金呈现出快速发展的态势,其中部分国家级引导基金的成立情况如表 3-1 所示[②]。

---

① 数据来自清科集团私募通统计公布。
② 根据清科集团私募通统计公布数据整理所得。

图 3-2　2006～2016 年政府引导基金的发展情况

表 3-1　部分国家级政府引导基金设立情况

基金名称	成立时间 (年. 月)	规模/亿元	投资方向
科技型中小企业创投引导基金	2007.7	500	主要支持科技型中小企业
国家科技成果转化引导基金	2011.7	247.2	主要用于支持转化利用财政资金形成的科技成果
中小企业发展基金	2012.1	150	主要用于扶持初创小型微型企业发展
国家集成电路产业投资基金	2014.9	1387	主要投资于芯片制造等重点产业
国家新兴产业创业投资引导基金	2015.1	400	主要投向新兴产业早中期、初创期创新型企业
国家中小企业发展基金	2015.9	600	重点对种子期、初创期中小企业给予支持,降低中小企业 融资成本,切实激励创业创新

3.2.3　分布情况

1. 地域分布

为了更好地对政府引导基金进行区域差异研究,以及后续深入研究引导效应的地区差异情况,根据地理上的区位分布把我国大致划分为 7 个地理区域(邓绍鸿,2016),具体为东北地区、华东地区、西北地区、西南地区、华中地区、华东地区、华南地区。根据 CVSource 数据库查询,截至 2016 年,7 个区域发展政府引导基金呈现出规模巨大、地区差异巨大等特征。同时,随着国家政策的不断倾斜,西部地区政府引导基金的规模呈现出飞速发展的态势(邓绍鸿,2016)。

2. 级别分布

随着各地支持政策的不断出台,地方政府结合当地产业状况纷纷成立相应的政策性基金，其设立主体也逐渐由省级转为地市级、区县级的区域发展格局。倪正东(2016)根据私募通数据统计，截至 2016 年 12 月，我国共成立 1013 支政府引导基金，基金规模超过 53000 亿元。在基金规模和基金数量上我国省级、地市级、区县级出现明显差异，其中省级成立 226 支，地市级成立 417 支，基金规模分别为 9980.37 亿元、8243 亿元，如图 3-3 所示。

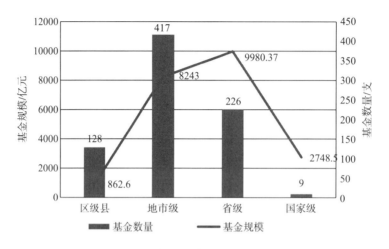

图 3-3　2006～2016 年我国政府引导基金设立级别情况

3.3　国内外政府引导基金绩效评价现状

3.3.1　国外绩效评价现状

国外的政府引导基金的发展及运作较为成熟，但对于政府引导基金进行绩效评价并没有形成统一的评价体系，而是各具特色。国外对政府引导基金绩效评价较为成功的当属美国的 SBIC 计划，美国的 SBIC 计划在绩效评价中着重考虑了资金的杠杆调节作用，投入小企业的资金比例，实现政府引导基金的保值增值，以政策发展为导向进行目标实现。此外，在政府引导基金发展领域做出较大贡献的还有以色列的 YOZMA 计划，该计划在绩效评价的过程中着重考虑了政府的成功退出、资金的规模效应、科技型企业的上市比例以及基金管理的优质情况等。英国的创新投资计划在绩效评价上主要考虑的因素是政府引导基金的盈利情况、被投资企业的各项发展状况，以及对社会的贡献程度等。与以色列 YOZMA 计划类似的还有澳大利亚的创新创业基金 IIF，在基金的绩效评价中重点考虑了被投资企业的整个发展过程、从初期到成功退出的阶段，以及政府发挥的杠杆调节作用等。

3.3.2　国内绩效评价现状

与国外不同，我国政府引导基金的发展较为滞后，主要还是由于一开始对于创业投资的重视程度不够。最早的引导基金是苏州、深圳等地的创投企业，由于市场原因，政策制度没有充分支持，这些引导基金失去了持续发展的活力。如今国家对整个市场化的政府引导基金运作尤为支持，通过政策导向加以扶持和引导，促使各级政府大力发展政府引导基金，因此，对政府引导基金进行绩效评价研究显得越来越重要。政府引导基金运作模式上需要进一步完善，缺少符合我国经济社会发展以及地方经济发展特色的运行模式；缺少一套完整的绩效评价指标体系对政府引导基金进行综合评价，且评价标准流于表面，这也使得国内专家学者开展对政府引导基金绩效评价的深入研究，提出了一系列可供参考的绩效评价指标体系。其中，考虑得比较多的绩效评价因素在于政府引导基金的杠杆作用、引导基金投资占比、引导基金管理情况等。

3.3.3　绩效评价的必要性

纵观国外成功的政府引导基金发展案例，也有较为成功的政府引导基金绩效评价成果，参考国内现有的绩效评价研究现状，本章认为对我国政府引导基金的绩效评价缺乏一定的实践经验，缺少较为完整、科学的绩效评价指标体系，因此借鉴国外政府引导基金的成功做法，结合我国经济发展实际，迫切需要对政府引导基金的绩效评价展开研究。

首先，设立政府引导基金的目的是鼓励和扶持重点产业，充分发挥政府政策的导向作用，吸引社会、民间资本进入整个投资领域中来，并不将盈利纳入基本要求，但要保证政府引导基金的保值。只有充分发挥政府资金的杠杆作用，才能有效解决种子期、初创期的中小企业融资难的问题，投资充分才能使得处于种子期、初创期的中小企业更好地起步和发展。

其次，政府引导基金运行过程需要以市场化的形式来调节，市场化是政府引导基金在运作过程中的重要环节。被投资企业经过一段时间的发展后，需要制定出相对合理、科学的政府引导基金绩效评价体系，不仅对政府引导基金进行评价，还要对创投机构做出评价，只有做好了环环相扣的绩效评价，才能更加真实地反映出政府引导基金的绩效水平。

再次，目前我国的政府引导基金运作模式中，较为常用的是参股投资和跟进投资，而融资担保和风险补助等模式占比较少，但在国外成功的政府引导基金发展案例中，融资担保成为重点运作模式。我国应借鉴国外成功的运作模式，结合我国实际情况，提高融资担保模式的比例。融资担保比例的提高有助于被投资企业获得更多的融资资本，提高政府引导基金的引导作用，放大杠杆效应，并在一定程度上分散风险。

最后，对政府引导基金绩效评价指标体系的构建尤为重要，如何反映整个运作过程的状态，如何体现政策效益、社会效益、经济效益，如何既维持政府引导基金的持续发展，又促进被投资企业的发展，关键就是做好政府引导基金的绩效评价。政府引导基金绩效评价决定了未来政府引导基金、创投机构、被投企业的发展，要在反复的实践中构建出一套完整、科学、符合实际情况的绩效评价体系。因此，应充分结合我国及各地区的实际情况，借鉴国外完善的绩效评价指标体系，建立具有自身特色的、较为完整的政府引导基金绩效评价指标体系并加以现实运用，在运用过程中逐步进行优化，提高评价质量。

3.4 本 章 小 结

本章介绍了国外政府引导基金的运作情况，重点研究了美国的 SBIC 计划、芬兰的 FII 计划、以色列的 YOZMA 计划、澳大利亚的创新创业基金 IIF、英国的创新投资计划，并从发展历程、设立情况、分布情况等方面详细分析了我国政府引导基金的发展历程，在此基础上，分别对国内外成功的政府引导基金绩效评价经验进行总结，为后续构建政府引导基金绩效评价指标体系进行铺垫。

通过本章的研究，不难发现我国政府引导基金的运作还缺乏一定的实践经验，还缺少较为完整、科学的政府引导基金绩效评价体系。在实践中，应更多地借鉴国外政府引导基金管理的成功经验，建立适合我国国情的、具有自身特色的政府引导基金绩效评价体系，才能充分发挥政府引导基金的引导作用以及杠杆放大效应，进一步优化市场资源资金配置，促进本地区产业升级，推动本地区科技进步。

第4章 政府引导基金的运作模式

政府引导基金作为国家财政资金支持新兴产业、扶持高新技术产业发展的金融工具，在运作模式上以政府出资设立母基金，以股权形式投资于基金进而投资于新兴产业、高新技术产业的方式为主。我国在借鉴国外发达国家发展政府引导基金的相关经验后，结合自身实际，形成了具有中国特色的运作模式，本章拟对政府引导基金的运作模式展开全面解析。

4.1 政府引导基金的设立主体

2008年出台的《指导意见》规定，中央政府及地方各级政府可以根据本地区经济发展的需要设立政府引导基金，进而促进本地区技术创新能力的提高。因此，政府引导基金的设立主体为各级政府部门；在设立程序上，我国采取的是核准制，拟设立的政府引导基金经过可行性分析后，提交当地政府，由当地政府部门审批，批准后即可设立政府引导基金，这体现了设立程序的简单和方便，有利于政府引导基金的快速成立；为了保证政府引导基金的市场化运作，但又区别于商业性基金，我国对政府引导基金的组织形式采取的是独立事业法人。

4.2 政府引导基金的资金来源

根据政府引导基金定义，其资金来源主要包括以下三类：各地区为促进本区域产业发展的财政性专项资金、投资收益与担保收益、社会无偿赠予的资金等。目前我国设立的政府引导基金大部分由政府通过财政出资，只有少部分由政府与政策性银行联合出资设立。例如，谢燕(2014)指出，地方政府与政策性银行联合出资的典型例子有苏州工业园政府引导基金、天津滨海新区政府引导基金、重庆市科技创业投资政府引导基金。此外，对于子基金的资金来源还包括风险资本。

4.3 政府引导基金的管理模式

通常情况下，政府部门会成立一个决策机构来行使基金的管理职责，但是该机构并不干预基金的日常投资决策。目前，政府引导基金的管理模式主要有：成立独立的事业法人、委托地方国有资产经营公司、委托地方国有创业投资企业、成立专门的基金公司以及委托第三方专业管理机构对政府引导基金进行管理。为了体现让利于民、政策性基金的性质，政府引导基金一般没有盈利性要求，但是每年基金管理机构会得到 2%左右的管理费用。在资金管理上，我国通常的做法是委托境内的商业银行负责基金的保管、拨付和清算工作。政府引导基金管理模式如图 4-1 所示。

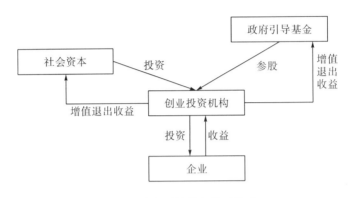

图 4-1　政府引导基金管理模式

4.4　政府创业投资引导基金的投资模式

政府引导基金在发展过程中产生了多种多样的运行模式，各种运行模式之间存在较大的区别，用于满足不同情况下管理者对政府引导基金的差别化管理需要。从国外专家学者的研究中可以发现，不同运行模式下的政府引导基金绩效评价指标体系也不尽相同。而国内专家学者的相关研究也提出了相似的观点，施钰（2013）、于羽（2013）和刘春晓等（2015）均指出，在对政府引导基金进行绩效评价时，应根据政府引导基金的运行模式构建相应的评价指标体系。据此，对我国政府引导基金的主要运行模式展开分析。

2008 年颁发的《指导意见》中指出，政府引导基金的投资模式主要包括以下三种类型：第一类为参股投资，政府和风险投资者共同出资成立政府引导基金，以股权形式投资于创新创业企业的运作模式；第二类为融资担保，政府引导基金管理机构根据权威机构对创业投资企业的信用评级情况对其进行融资担保，通过担保的方式增强创业投资企业的融资能力；第三类为跟进投资及其他方式，《指导意见》同时指出，个别地区为了扶持地区特色产业而设立的政府引导基金，可以尝试采用跟进投资或设立风险补偿的方式进行政策支持。为了防止政府引导基金参与创业投资企业的日常运作，对于跟进投资的方式只允许投资于种子期的企业以及高新技术产业。

关于政府引导基金运行模式的探索，国内外专家学者现已取得了较为丰富的研究成果与实践经验。沈琦（2015）指出，我国专家学者通过近年来的探索研究，政府引导基金也产生了被部分专家学者称为"北京模式""上海模式""天津模式""深圳模式"的多种运行模式。虽然国内外各地区之间不同运行模式的产生源自各地不同的基金运行特色,代表着各地主管部门与相关专家学者来自实践的探索,但究其本质,不同地区的运行模式在主体方面都有相同之处(陈敏灵,2010;庞跃华和曾令华,2011;庞国存,2013)。在具体实践中,更应该关注政府引导基金如何发挥引导作用及杠杆放大效应,如何参与投资政策导向的领域,应当采取怎样的运行模式进行投资等问题。国外在政府引导基金的运作模式中主要是采用参股投资、融资担保等模式,成功的案例有以色列的 YOZMA 计划、美国的 SBIC 计划。国内的政府引导基金除了运用较为广泛的参股投资、融资担保和跟进投资模式以外,还包括在运作中占比较小的风险补偿、投资保障、复合型运行模式等。显而易见,每种投资模式都有其自身的优点,而在不同的运行投资模式下,将会产生不同的绩效评价标准。

综上所述,我国各地政府所采用的政府引导基金运行模式大致包括参股投资、融资担保、跟进投资以及其他模式,各种运行模式特征归纳如下。

4.4.1 参股投资

参股投资在我国政府引导基金的运作模式中占比较大。参股投资主要指政府引导基金将自有财政资金投入创业投资领域中,但是这部分财政资金不会直接参与创业企业,而是通过股份持有的形式设立创业投资机构,据此以政府政策以及政府信任度向社会募集更多的资金,吸引社会资本、各类闲散资金、商业性资本纷纷流向创业投资机构,从而建立起政府引导基金子基金。设立的政府引导基金子基金还可以进一步设立下属子基金,这些子基金都会委托给专业的管理团队进行市场化运作,投资到需要资金支持的创新创业领域或政策扶持的产业中。由此可见,参股投资模式所吸引的社会总资本通过市场化的运作方式投入种子期、初创期的各类中小企业,参股投资模式充分发挥了政府引导基金的引导作用和杠杆放大效应,激活了资本市场中的各类资金。

在参股投资模式下,政府对于子基金的管理便交给市场化的专业团队,更多的是派遣观察员关注子基金的实际运行情况,督促引导基金的市场化发展。在参股投资运行模式中,创业投资母基金与社会各大资本共同设立创业投资子基金,并通过协议等方式约定政府引导基金的参股比例内容、期限内容、转让内容、回报内容等,并不会干预子基金的运作、项目决策等。参股投资模式下的政府引导基金不以营利为目的,要充分发挥其引导作用,它会在既促进市场发展又为社会资本带来收益的前提下成功退出,通过这种运行模式尽可能地促使社会资金流向资金缺乏的种子期、初创期的中小企业。对于国外的参股投资模式,较为成功的便是以色列的 YOZMA 计划,该计划充分调动社会资金,政府不参与决策,采取市场化运作,收益尽可能回报给社会资本。参股投资模式如图 4-2 所示。

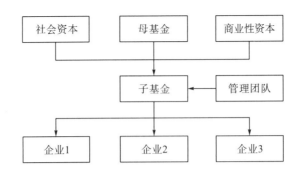

图 4-2 参股投资模式

参股投资模式的运作过程：首先，政府使用财政资金出资发起政府引导基金的设立。其次，将这部分资本作为募集社会资本的垫底初始资金，采用股份制的方式吸收更多的社会闲散资本注入，社会中个体出于对政府信誉以及财政资金的信任将资本入股；在此基础上，政府通过建立股份制的投资机构发起子基金的设立，对基金进行专业化的管理及投资运营，由该组织或企业独立对本地区创新创业领域或政策扶持的产业进行投资。第一类投资目标为基础良好、具有科技创新能力、尚处在种子期和初创期的科技型中小企业；第二类投资目标为地区经济发展需要扶持产业的处于发展初期的科技型中小企业。最后，对于基金投资回报，政府及社会出资者根据股份比例进行利润分配。参股投资模式运行流程如图 4-3 所示。

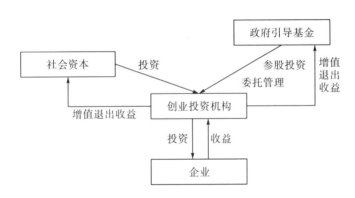

图 4-3 参股投资模式运行流程

除上述内容之外，参股投资模式又称为阶段性参股，是指子基金通过股权投资的方式投资种子期和初创期企业，在投资期限结束后通过股权转让的方式退出创业投资企业。我国对政府引导基金的投资比例有一定的限制，通常规定为项目总金额的 20%～30%。此外，为了充分体现政府引导基金的政策导向作用，鼓励该类基金服务于本地区种子期和初创期企业，各地对基金的投资范围做出相应的限制性规定，对我国各省(自治区、直辖市)政府引导基金具体投资限定情况如表 4-1 所示[①]。

---

① 数据来源：根据各省(自治区、直辖市)政府引导基金管理办法整理所得。西藏、香港、澳门及台湾的数据缺失。

表 4-1　我国各省(自治区、直辖市)政府引导基金具体投资限定情况

地区	投资于本区域的比例	投资于种子期企业的比例	投资期限
广东省	不低于实收资本的 60%	不低于实收资本的 60%	—
北京市	不低于实收资本的 50%	不低于实收资本的 50%	—
浙江省	不低于实收资本的 60%	不低于实收资本的 50%	—
山东省	不低于实收资本的 70%	不低于实收资本的 50%或政府引导基金出资额的 2 倍	—
江苏省	不低于实收资本的 70%	不低于实收资本的 30%	—
上海市	优先投资	重点投资	不限
福建省	不低于实收资本的 80%	不限	10 年左右
湖北省	不低于实收资本的 60%	不低于实收资本的 60%	总存续期限不得超过 10 年
安徽省	不低于实收资本的 50%	不低于实收资本的 50%	不限
四川省	不低于实收资本的 60%	不限	—
河南省	不低于实收资本的 80%	不限	—
河北省	不低于实收资本的 60%	不低于实收资本的 60%	原则上不超过 5 年(最长 7 年)
重庆市	不低于实收资本的 80%	不低于政府引导基金出资额的 2 倍	原则上不超过 5 年(最长 7 年)
江西省	不低于实收资本的 60%或大于政府引导基金出资额的 2 倍	不限	—
辽宁省	不低于实收资本的 60%	不低于政府引导基金出资额的 2 倍	—
陕西省	不低于实收资本的 70%	不低于实收资本的 30%	—
湖南省	不低于实收资本的 70%	不限	—
贵州省	优先投资	重点扶持	不限
山西省	优先投资	不低于政府引导基金出资额的 2 倍	不限
甘肃省	100%	不低于政府引导基金出资额的 3 倍	—
广西壮族自治区	优先投资	不低于政府引导基金出资额的 2 倍	原则上不超过 7 年
云南省	不低于实收资本的 70%	不限	—
天津市	不低于实际出资额的两倍	不限	—
内蒙古自治区	不低于可投资额的 80%	重点扶持	—
黑龙江省	100%	不低于资金总规模的 10%	—
青海省	100%	重点扶持	—
新疆维吾尔自治区	100%	不限	—
海南省	不低于政府引导基金出资额的 1.5 倍	不低于全部投资额的 30%	原则上不超过 7 年
吉林省	不低于子基金总额的 70%	不限	不超过 8 年
宁夏回族自治区	不低于子基金注册资本或承诺出资额的 60%	不限	原则上为 5~7 年

　　分析表 4-1 可知,①我国各省(自治区、直辖市)为了促进创新创业企业的发展,在进行参股基金的条例设置中都会以促进本地区发展为先,着重对种子期、初创期企业进行扶

持。投资于本地区企业的资金规模都大于政府引导基金实收资本的50%，特别是黑龙江、青海、新疆等地要求政府引导基金全部投资于本地区的企业。②为了促进种子期、初创期企业的发展，各地对于种子期、初创期企业的投资额大部分要求不低于实收资本的50%或政府引导基金出资额的2倍，只有少部分地区，如福建、四川、河南等地未作要求。③为了防范风险，完善退出机制，各地对投资期限也做了相应的规定，退出期限都设置在10年以内，只有上海、安徽、贵州、山西等地未作详细的规定。参股投资模式资金运行如图4-4所示。

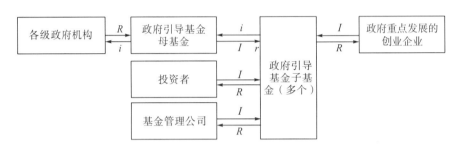

图 4-4　参股投资模式资金运行

注：r 表示少部分收益；i 表示少部分投资；R 表示投资收益；I 表示大部分资金。

4.4.2　融资担保

融资担保主要指相关部门根据专业的信用评级机构对创业企业的评级报告，依据本地区创业企业的信用状况对其债务融资提供担保的一种模式。各地政府引导基金通过分析创业投资企业的信用状况，通过债权融资的方式为创投企业提供担保，此投资模式一般有两种情况：一种情况是以历史信用记录为基础，政府引导基金利用较少的资本投入，直接对创投企业提供担保；另一种情况是由担保机构来对创投企业进行担保，而政府引导基金对担保创投企业的机构提供一定的补贴形式。融资担保模式使得创投企业只需在约定期限内按期支付利息即可，但通过资金的运作还可获得更高的收益，对于政府引导基金而言，不仅降低了投资风险，同时还提升了杠杆效应。

在国外，较为成功的融资担保模式是美国的 SBIC 计划，其较为完善的信用制度体系是政府引导基金运用融资担保模式的良好基础。由于这种模式要求本地区信用评价体系相对完善，故主要适用于我国经济发达的地区，在中西部地区较少采用此模式。融资担保模式资金运行如图4-5所示。

融资担保模式的运作原理与参股支持模式的前两步比较类似，两者都是由政府首先出资设立政府引导基金，募集社会资本的参与，而区别在于融资担保模式在创立投资机构、发起子基金设立时，采用商业化的债权融资方式将资本注入，再由投资机构进行市场投资。融资担保模式较之参股支持模式而言，利用了债权融资替换参股的注资方式，由于债权具有安全性的特征，因此在融资担保模式下，政府引导基金一方面负担有所降低，有利于进一步激发社会资本的参与热情；另一方面，对新兴产业(特别是高新技术产业)的投资更为长期化,在债权债务存续期限内,受投资企业有充足的成长时间。同时,投资机构在债权融资期限内只需每期支付约定的利息,因而可获得更高的收益。融资担保模式的运行流程如图4-6所示。

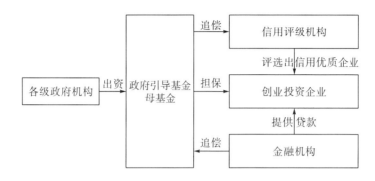

图 4-5　融资担保模式资金运行

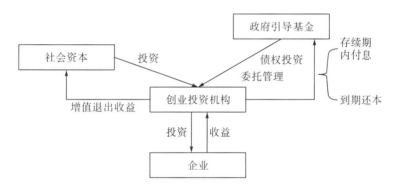

图 4-6　融资担保模式运行流程

4.4.3　跟进投资

跟进投资是一种直接投资企业的方式,在政府引导基金领域被广泛运用。跟进投资指的是政府为了引导本地区创新企业的发展,与风险投资者约定对企业的投资项目采用相同的投资条件进行投资选择。在这种模式下,政府可以直接参与企业的投资,和创投机构共同投资到政策导向产业中的企业,尤其是种子期、初创期的企业。具体操作中,主要包括项目跟进和平行基金投资这两种投资方式。这两种投资方式是指政府引导基金对企业所选的项目按照合伙人的规定比例进行股权投资,并以创业投资企业投资金额的一定比例进行股权投资。政府的直接投资方式可以有效地改善"市场失灵"导致的资金缺乏,将资金引入政策导向的发展领域,间接性降低了创投机构投资企业的风险。

但在实际运行中,政府引导基金往往出资比例较小,根据创投机构的投资力度,按照一定比例进行股权投资,以和创投机构相同的条件对被投资企业进行投资。此种投资模式在一定程度上促进了社会资金流向政策导向产业中的企业,尤其是种子期、初创期的企业,为创投机构分担了风险,对于市场的发展给予了充足的支撑;但由于跟进投资往往是在创投机构投资企业一定时期后的继续跟进，可能会出现投资滞后的种种问题。当政府引导基金选择退出时，可将所持有的股份转让给投资机构或者大股东，这样一来，还可以形成企业的长期资本供给，促进企业更加健康地发展。跟进投资模式如图 4-7 所示。

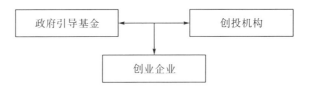

图 4-7　跟进投资模式

跟进投资模式的作用比较直接，相较于上述两种模式，其运作原理较为特殊。在这一模式下，政府引导基金不参与投资机构的注资，而是采取双方直接合作的模式对同一个目标进行投资，进而起到加大政府扶持产业领域资本供给的作用。

跟进投资模式的运行过程：首先，政府引导基金管理者根据政策需要与投资机构协商明确某一共同的投资目标，通常为政策扶持领域中的企业；其次，由投资机构先行投入资本，政府引导基金按照双方约定的比例跟进投资，且这一比例一般不低于 100%；双方的投资以股权形式进入受投资企业中，而政府引导基金的资本一般会在五年内退出，在退出时，政府引导基金的这部分股权由受投资企业的其他股东认购。

跟进投资模式一方面起到了引导社会资本投资方向的作用，政府主管部门通过与投资机构协商，将投资机构资金引入政策扶持领域之中，发挥政策导向功能；另一方面，为受投资企业的发展带来长期动力，因为跟进投资模式下，政府引导基金将资本直接投入企业转变为投资企业的股份，在基金退出时，这部分股份将由其他股东或者投资机构负责认购，从而对企业形成长期的资本供给，为扶持领域的发展提供长期动力。跟进投资模式运行流程如图 4-8 所示。

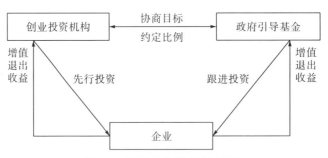

图 4-8　跟进投资模式运行流程

跟进投资模式的主要优点是可以充分发挥政府的导向作用，可以克服市场中单一市场下的“市场失灵”问题，从而更好地推动本地区的产业政策，促进创业投资企业发展。但在具体操作中，一般规定跟进投资额不高于实收资本的 50%，从而很可能出现与政府设立规则相违背的现象，容易出现管理过多，致使企业错失最优投资时机的缺点。跟进投资模式资金运行如图 4-9 所示。

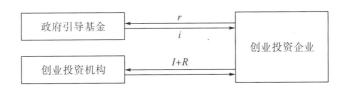

图 4-9 跟进投资模式资金运行

注：r 表示少部分收益；i 表示少部分投资；R 表示投资收益；I 表示大部分资金。

4.4.4 其他模式

除了运用较为广泛的参股投资、融资担保和跟进投资模式以外，政府引导基金还包括风险补偿、投资保障、复合型运行模式等投资模式。在实际运用中，政府往往将政府引导基金的各种模式混合使用，形成复合型运行模式，为扶持新兴产业、高新技术产业，尤其是科技型中小企业的发展提供较为全面可靠的资金供给。

此外，还可以利用分步运作的模式，将政府引导基金分为多批次、间断性供给而形成补偿基金。补偿基金运行模式描述为：首先，将一部分资金从政府引导基金总额中提取出来，吸引社会闲散资本成立投资机构，并将剩余的部分组成补偿基金；其次，由投资机构负责对投资目标的筛选分析，从众多创业企业中挑选出潜力出众的企业，并以股权的方式投资到企业中；再次，由投资机构对企业运行状况进行追踪评测，针对运行绩效较为优良的对象，可使用补偿基金作为向银行融资的担保资金来筹备贷款，给企业的发展提供后续支持，若企业后续运营成绩下滑无力偿还贷款，则由补偿基金代为偿还。补偿模式的运用为新兴产业的发展起到了长效的支持，对其中表现优秀的企业提供资金保障以解决其贷款经营的后顾之忧，同时也优化了政府引导基金的分配方式。

补偿基金中较为典型的有风险补偿模式(风险补助)，这一模式是针对投资机构可能面临的风险而进行的无偿补助模式，指的是政府在设立政府引导基金时每年按照收益的一定比例提取相应的风险补偿金，在创业企业发生亏损时优先以风险补偿金进行弥补，起到对投资机构的激励作用，从而提高企业的社会信用，增强其在资本市场融资的优势，降低融资成本，提高融资竞争力。此外，类似的还有投资保障模式，投资保障是指对基金投资的具体企业进行资助，通过财政补贴和政府专项资金资助的方式直接进行扶持，从而提高其收益率，吸引更多的社会资金投资于创业企业。在实践中，地方政府尤其要深入调研，确定相应的补助标准，以及补助后的监督手段，从而防止所扶持企业骗取国家补贴的事件发生。

风险补偿模式和投资保障模式在政府引导基金的运作中占比较小，两者都属于无偿资助类型。这两种模式都是按照一定比例补贴给创投机构，可以有效地帮助创投机构降低投资于创新性企业的风险，减少投资损失。两种模式一般都是结合其他几种常用模式共同构造复合投资模式，辅助其他模式发挥政府引导基金的作用。一定的补贴和保障，可以促进市场和创投企业投向政策导向的领域和风险相对较大的初创期企业，为其发展早期阶段提供充足的资金支持。

4.4.5 参股投资下存在的风险分析

由于参股投资模式是我国政府引导基金的主要投资模式，因此有必要对参股投资模式下存在的风险进行分析。政府引导基金的运作是由政府发起，由社会资本参与，并通过创投机构进行专业化投资与管理，其运作过程包含多个环节，涉及多方主体，而各主体的利益及目标不尽相同，对政府引导基金寄予不同的价值期望。因此，运行流程的相对复杂和各主体的诉求摩擦使得政府引导基金在运作中面临着各类风险。

曾媛（2010）通过研究重庆市政府引导基金的运行状况，提出政府引导基金的风险主要表现在政府政策目标与创投机构盈利目标间矛盾所导致的冲突风险、创投机构经营能力导致的管理风险以及财务风险等方面，柏榆芳（2013）、陈晓君（2014）等均指出，政府引导基金还面临着参与主体诚信不足导致的信用风险；此外，张勇（2012）认为，政府引导基金在财政体系下表现出固有的行政管理色彩，易被别有用心的管理者当作"寻租"工具（戈登·塔洛克，2001），因而寻租风险也是政府引导基金存在的主要风险之一。韦孟（2015）也从政府引导基金主体间关系的角度对风险进行了分析，并提出诉求冲突、管理能力以及委托代理下的信息不对称和逆向选择问题是风险产生的根源所在。

由此可见，参股投资模式下政府引导基金所面临的风险主要在于运作环节中的参与主体及各主体间的诉求矛盾，主要包括以下四个方面。

（1）个别管理者寻租风险。从政府主体的角度来看，政府引导基金是一类财政专项资金，虽然在《指导意见》中明确提出了政府引导基金应以独立事业法人的形式设立，然而其最终归属仍为政府主管部门，在参股子基金、创投机构的选择或最终理事会的管理决策等方面均具有明显的政府色彩（张海峰等，2004），因而不可避免地为个别管理者提供了寻租的便利。

（2）创投机构管理风险。参股支持模式下，政府引导基金的投资活动由创投机构进行专业化管理，而政府部门不参与投资决策的具体制定。在这样的运作流程下，创投机构直接决定着政府引导基金的投资目标和投资额度，其经营管理能力将对政府引导基金的产业扶持效果与政策目标的实现产生重要影响。而创投机构的经营管理能力是由多方面因素决定的，如管理团队的专业技术水平、项目操作经验、员工激励制度以及道德约束、诚信观念等。在信息不对称的创业投资市场中，政府管理部门很难做到全面掌握创投机构的真实资质水平，所以需要谨慎选择创投机构来为政府引导基金的作用发挥提供保障。

（3）诉求冲突风险。政府引导基金的资本来源主要有两个方面：政府财政出资和社会资本参与。就二者的出资目的而言，政府财政出资不以营利为目的，关注的是扶持新兴产业、高新技术产业、科技型中小企业等的发展，但社会资本作为市场资本，其注重的是投资带来的经济回报。同时，创投机构的持续运作也需要有一定的经济利益来补充管理运作成本。

在各主体价值诉求存在着一定程度的矛盾的情况下，政府引导基金的运作难以保持其作为政策性资本的初衷，社会资本的逐利诉求使得政府引导基金可能出现偏离政策目标的情况发生，从而产生了诉求冲突风险。从主体间博弈关系的角度来看，参股支持模式中政府和社会资本是创业投资引导基金的出资人,创投机构是政府引导基金的运行负责人,三者之间存在着委托-代理的关系。而在委托-代理博弈理论中,当委托人的任务互相可替代时,博弈关系转化为多任务委托-代理模式,这将导致代理人成本与风险的提升(Holmstrom and Milgrom,1987)。

(4)委托代理风险。除了上述参股支持模式中政府与社会资本目的不同导致的多任务委托-代理关系外,政府引导基金在运行过程中还存在着双重委托-代理关系(庞国存,2013)。具体表现在:政府部门与社会资本将资金投入创投机构中,形成第一层委托代理;创投机构对企业进行投资,形成第二层委托代理。在双重委托代理关系下,较长的管理链条使得政府引导基金的管理费用有所提升,加重了资本消耗,而信息的不对称导致了信息准确性和完整性在两次传递过程中逐渐下降,继而可能影响政府引导基金政策目标的实现,放大了信息风险。

结合上述分析,政府引导基金在运作过程中面临着诸多风险,而风险有可能导致资本受损或政府引导基金运行效果出现偏差,进而使得其引导作用的发挥受到限制。因此,为保障政府引导基金的规范、健康发展,有必要建立绩效评价体系对其运行状况做出客观评价,从而促使政府引导基金可以更好地为创业企业的发展提供助力。

4.5　政府引导基金的退出模式

政府引导基金的设立原则上主张"保障政府资金""让利于民",故在投资到期后进行收益分配时,政府部门一般不会参与收益分配,以此来激励风险投资机构的介入。根据《指导意见》的规定,当投资者决定退出出资额时,主要的退出方式有企业股票上市后股份减持、通过股权转让系统进行转让,以及创业投资企业回购等。由于政府引导基金的存续期限一般较长,故目前政府引导基金的退出方式主要是前面两种方式。

4.6　本 章 小 结

本章主要从政府引导基金的设立方式、资金来源、管理模式、投资模式、退出模式等方面详细探讨了我国政府引导基金的主要运行模式,并分析了参股支持模式下各参与主体所面临的风险。

本章研究认为,政府引导基金作为财政资金支持新兴产业、高新技术产业、科技型中小企业发展的金融工具,在运作模式上以政府出资设立母基金,以股权形式投资于基金进而投资于新兴产业、高新技术产业的方式为主。除了运用较为广泛的参股投资、融资担保和跟进投资模式以外,政府引导基金还包括风险补偿、投资保障、复合型运行模式等投资模式。由此可见,政府引导基金对我国现阶段宏观经济调控起着不可忽视的作用,我国在借鉴国外发达国家发展政府引导基金的相关经验后,结合自身实际,已形成具有中国特色的政府引导基金运作模式。

第5章 政府引导基金的绩效评价指标体系

本章首先阐述政府引导基金绩效评价体系的构建思路与构建方法，详细探讨绩效评价指标选取的关注点，并在此基础上强调政府引导基金的绩效评价指标选取的原则，结合数据的可获取性，利用因子分析法尝试构建结构化的绩效评价指标体系。

5.1 绩效评价指标体系构建思路

政府引导基金的快速发展，促使我们不得不构建一套较为科学合理的评价指标体系对引导基金绩效进行衡量。对于国外发展较好的政府引导基金，如美国 SBIC 计划、芬兰的 FII 计划、英国的创新投资计划、以色列的 YOZMA 计划、澳大利亚的创新创业基金 IIF 等，从中汲取它们在绩效评价中的成功经验，结合我国政府引导基金发展状况，立足于不同地区对创新创业的发展要求以及政策指引方向来设计绩效评价指标体系，从而实现真正意义上的政府引导基金绩效评价。

在对国内已有文献关于政府引导基金绩效评价指标体系进行研究 (3.3 节) 的基础之上，重点分析不同指标体系在构建中存在的不足之处，结合公共财政理论、委托-代理理论，比较三种绩效评价指标体系构建方法，遵循指标体系构建原则，尝试构建政府引导基金绩效评价初始指标体系，共预设三个等级的评价指标，再通过新媒体等渠道发放调查问卷给相关专业人士(包括本地区发展改革委和创投中心的领导和专家)进行问卷调查，借助因子分析法，对已有的初始指标体系进行重要性评判并筛选出最终指标，形成本章所构建的政府引导基金的绩效评价指标体系。

5.2 绩效评价指标体系构建方法

对政府引导基金进行绩效评价是促进其规范、健康发展的重要手段，而建立合理的评价指标体系则是绩效评价结果可靠的有效保障。因此，建立科学合理的绩效评价指标体系是必不可少的。同时，还应当结合各地区实际情况做出相应的调整以确保绩效评价的准确性、科学性、有效性。政府引导基金的绩效评价指标体系构建方法有很多，比较常用的有以下三种方法：绩效分析法、宏观分析法和被投资企业分析法。

5.2.1　绩效分析法

绩效分析法主要是以政府引导基金为核心点，分析政府引导基金成立规模数据，政府引导基金托管机构在各领域被投资企业投资占比，被投资的种子型、初创型企业及政策导向产业企业等的财务状况和营运状况，得到各要素之间的相关程度，从而研究政府引导基金投资绩效情况。在分析过程中，要建立起科学合理的绩效评价指标体系，并且层次清晰地对所要关注的指标逐一进行分析，最后进行综合绩效评价。通过政府引导基金绩效评价得分结果，尽可能地寻找到政府引导基金投资回报、投资效率、投资合规性等问题所在，有效地评价政府引导基金的发展状况，还可为监管部门提供良好的监督条件。

5.2.2　宏观分析法

宏观分析法是从国家、省级、市级地区等宏观视角来对政府引导基金绩效评价进行研究。该分析法不会将政府引导基金的量化指标纳入评价体系，仅仅从宏观层面对绩效影响的社会环境、资本情况进行研究。由于政府是为实现政策调控目标而设立政府引导基金，因此政府引导基金的非营利性目的与商业性质的创投基金相比，价值取向便有所不同。此方法主要通过研究两者之间存在的替代、互补关系，从宏观的视角对不同国家、不同省市的创投资本供给和需求方向及数量加以分析，来评价政府引导基金的绩效成果。

5.2.3　被投资企业分析法

被投资企业分析法充分体现了政府引导基金所投资企业是否达到了预期的结果，是否与政策导向目标一致，是否实现了有效的资本配置。此方法站在被投资企业的立场，比较同初创期或同政策重点扶持的产业下，受投资企业和未受投资企业之间的差别，分析两者在财务表现和运营发展上的优劣，从而对政府引导基金进行绩效评价。被投资企业分析法以被投企业为中心，关注企业以及行业发展状况，可有效地判断政府引导基金为被投资企业以及市场带来的促进发展的作用。

5.3　绩效评价指标选取的关注点

当前，由于我国政府引导基金发展较晚且在近年来才呈现出规模高速增长的态势，国内专家学者对政府引导基金绩效评价的研究还较为缺乏，国内专家学者的研究多为针对某一支基金的案例分析，或站在宏观角度的整体性评价。例如，唐瑞(2012)评价了广州凯得投资有限公司的引导基金业绩；石琳(2013)以上海市创投引导基金为案例评价其绩效；施钰(2013)评价某 A 引导基金绩效；秦智鹏(2014)和王哲等(2016)利用统计和均值数据对我国政府引导基金的宏观发展状况作出了评价；刘春晓等(2015)通过对北京市 13 支政府引导基金进行实证评价，得到各支政府引导基金绩效评价值。基于上述文献研究，本章将对我国政府引导基金绩效评价指标的选取进行深入探讨。

5.3.1 评价指标选取分析

绩效是指组织、团队或个人，在一定的资源、条件和环境下，完成任务的出色程度，是对目标实现程度及达成效率的衡量与反馈(李艳梅，2016)，理查德·威廉姆斯(2002)提出，绩效应该定义为工作的结果。就政府引导基金而言，其绩效即运行的效果，表现在政策目标的实现、对创投市场的调控以及促进产业发展等多个方面。对政府引导基金进行绩效评价是促进其规范、健康发展的重要手段，而建立合理的评价指标体系则是绩效评价结果可靠的有效保障(于凤坤，2007)。评价指标体系构建的科学与否直接决定着绩效评价结论的可靠程度，而合理的指标选取则是绩效评价工作得以顺利开展并取得实际价值的客观要求。

相较于以往，目前国内专家学者在政府引导基金指标体系构建方面已经展开了较为全面的研究，部分研究成果为本章提供了充分的理论支持与参考价值。通过梳理与归纳相关研究，并结合政府引导基金的运行特点，以参股支持模式为例，对参股支持模式下的政府引导基金绩效评价指标选取展开讨论，认为在评价指标选取上更应关注政策效果、社会效应、市场环境、经济收益以及参与主体的内部管理等方面。

1. 政策效果

政府引导基金属于政策性专项资金，通过将社会资本引入扶持产业领域中发挥出财政资本的政策导向功能与引导效应、杠杆放大效应，起到了对市场的调控作用并克服纯价值规律导致的"市场失灵"问题。实现政府的政策目标是政府引导基金设立的根本目的所在，因此，对政府引导基金进行绩效评价时首先应关注其政策效果的发挥。隋薇薇(2008)认为，以政府资金进行市场投资将遭遇一系列特殊问题，为解决这些问题，政府需要结合自身实际情况因地制宜地制定政策标准。因而政府部门的地区影响力是政府引导基金功能发挥与否的重要决定因素，应纳入绩效评价指标体系的一级指标之中，其下设有政策导向性、政府相关性和项目影响力3个二级指标。安秀梅(2009)提出应参考公共财政评价体系，在选取指标过程中着重反映政策效果的观点。李洪江和鲍晓燕(2011)指出，政府引导基金与商业化创投基金的不同之处在于，政府引导基金不以营利为目的并且将政策效应的充分发挥与否作为自身的价值取向，引导效果、杠杆效应等指标是衡量其绩效的重要考核指标。施钰(2013)通过总结国外政府引导基金的发展状况后提出，政策效应是对政府引导基金进行绩效评价时应关注的主要方面，并据此构建了评价体系对 A 引导基金的绩效展开评价。结果表明，其所构建的评价指标体系是可行、有效的。

政府通过政府引导基金将资本投入新兴产业、高新技术产业的企业之中以扶持其成长壮大，帮助创业企业解决融资困难，同时调节创业投资市场，规划资金流向，发挥其导向功能。因而，政府引导基金的政策效果主要表现在以下三个方面。

(1)政策导向作用的发挥程度。政府引导基金以扶持创业企业的起步和成长为目标，重点支持新兴产业、高新技术产业企业的发展,具体表现在保证创业企业的资本充足以强化其创新动力和竞争力,从而实现政府的政策目标。所以,政策导向的发挥程度体现了政府引导基金的运行效果。

(2)资本引导作用的发挥程度。政府引导基金在吸收社会资本的同时,实现了对创业投资市场资金流向的调控,将社会资本引入扶持产业领域,解决纯粹价值规律导致的"市场失灵"问题(2.2.5 节)。

(3)财政资本的放大效果。在调控创业投资市场结构的同时,政府引导基金也放大了财政资本,通过政府的信誉撬动金融资金和社会闲散资本,提高资本总额从而强化投资力度,进而增强其政策效果。因此,政府引导基金的引导作用发挥程度和财政资本放大效果是衡量其绩效的重要标杆。

2. 社会效应

社会效应是指政府引导基金的运作为社会发展带来的贡献,涉及社会生产效率、社会资源分配等方面,从社会发展的角度衡量了政府引导基金的绩效。刘健钧(2009)认为,政府引导基金的作用主要表现在政策导向功能方面,具体表现在对创新创业领域的发展贡献、对社会就业率的拉动提高、所撬动的社会资本量以及保值增值等方面,因此,政府引导基金在以上三个方面的效果发挥程度决定了其绩效。梁娟和孔刘柳(2011)综合考虑政府引导基金各主体的诉求,在明确政府引导基金既作为政府财政调控手段,又是市场化运作的商品的前提下,提出了其绩效评价应参考公共财政评价体系的观点。此外,绩效评价指标体系应反映出政策引导功能、优化资源配置、调控市场以及专业人才培养等四个方面的内容。

相关研究显示,政府引导基金在发挥政策效果的同时推动了社会要素的更替,刺激生产力进一步提高,在社会就业、人才培养与技术创新等方面带动社会进步,因而,社会效应是政府引导基金功能发挥程度的重要体现,也是政府引导基金绩效评价的主要内容之一。具体来看,社会效应可以细分为以下两个方面。

(1)社会就业的带动情况。在社会层面,政府引导基金扮演着宏观调控的角色,通过资本注入带动社会生产力进步。企业在接受投资后扩大生产规模,劳动力人口也因此获得更多的就业机会,所以政府引导基金对就业的推动作用在社会发展的层面体现了其运行效果。

(2)技术创新的带动情况。政府引导基金通过财政资本的供给来调整技术创新活动中的"市场失灵"现象(2.2.5 节),优化市场资源配置从而为社会带来"正面效益"的增长。与社会就业相似,政府引导基金对技术创新的带动情况同样是在社会发展层面体现了其运行效果。

3. 市场环境

根据金融生态理论,市场自身具有局限性,信息不对称与金融内外部因素造成了市场环境相对复杂,甚至导致资金流动效率降低,在这种情况下,政府就有必要对资本进行调控(周小川,2004,2005)。政府引导基金正是作为政府的市场调控手段而投入市场运作,采取参股支持运行模式的政府引导基金在经由政府管理部门发起设立后，便通过股权投资的形式注入创投机构，形成子基金并由创投机构进行专业化市场运作。张鑫(2016)认为，市场环境对政府引导基金的运作产生影响，因而政府管理部门需要因地制宜地打造与当地情况相适宜的政府引导基金。在市场中，政府引导基金的运作受到来自金融行业内部及外部多方面因素的影响，包括以下三个方面。

(1)金融机构发展水平。金融机构包括银行、信托公司、券商以及保险公司等，政府引导基金的运作离不开与各金融机构进行合作。例如，银行是政府引导基金的资金管理平台，并和信托公司、保险公司等一起为政府引导基金提供杠杆资本，券商则是股权退出时的必要中介。金融机构的发展水平表现在各机构的规模与专业能力等方面，而这些因素影响着政府引导基金的资本总量及运作的专业程度，进而对政府引导基金的运行效果造成影响。

(2)法律的健全程度。法律监管是保障政府引导基金的资金安全及风险防范的重要措施，健全的法律制度可以督促各参与主体规范运作，从而减少政府管理部门的监管负担，而创投机构则相应地获得了更多的运营权限，进而使得政府引导基金运行的灵活性得到提升。

(3)信用评估的完善程度。创投机构对投资目标的选取取决于企业的潜力与经营能力，而信用评估则综合反映了企业运行状况，在信息不对称的投资市场中，创投机构依赖信用评估结果来分析企业的投资价值。因此，信用评估的完善程度对创投机构所获取信息的准确性、完整性产生影响，间接影响了创投机构投资决策的制定。

4. 经济收益

为了更好地推动扶持产业企业的发展，政府引导基金的发起设立不以营利为目的，但在参股支持模式下，创投机构在托管过程中需要有一定的经济收益以满足自身长期持续运行的开支需求，如创投机构管理开销与员工工资等。从这一角度而言，经济收益实现了政府引导基金的保值增值，因而在对政府引导基金进行绩效评价时也需关注其经济收益。

蒋蔚(2009)通过对政府引导基金的投资项目数、成立时间等数据指标进行关联分析，提出政府引导基金的绩效与其内部收益率相关的观点。李洪江(2010)根据我国现有的公共财政评价体系，分析了政府引导基金绩效评价的可行性措施，并重点从政府引导基金政策引导功能、投资收益与保值增值能力以及运作风险等多个方面对绩效评价指标体系的构建思路进行了探讨。王利明和王吉林(2010)指出，由于政府引导基金具有不以营利为目的的特征，已存在的对国有产权进行评价的体系不能照搬至政府引导基金绩效评价上使用，需要针对政府引导基金的双重性质建立既能体现其政策效果又能反映出经济效益的综合性指标体系。于羽(2013)结合政府引导基金的绩效评价理论与国内外绩效评价实践经验，确定了政策目标、政策效果以及经营管理能力等三个一级指标，并使用层次分析法评测各指标对政府引导基金绩效的影响程度。陈园(2014)则从政府引导基金自身角度出发，认为政府引导基金作用的发挥依赖其能够正常运作，因而经营收益的稳定性将影响政府引导基金的运行效率。

综上，经济收益指标对政府引导基金绩效的影响作用已经被众多专家学者的研究所证实，大致归纳为以下五个方面。

(1)投资收益。在参股支持模式下，政府引导基金本身的发起设立不以营利为目的，旨在为政府经济政策的顺利实施提供保障,而在政府引导基金子基金的运行过程中,创投机构需要有一定的经济收益来填补运营管理开销。因此,对政府引导基金进行绩效评价时需要关注投资收益。

(2)创投机构的投资决策。在政府引导基金投资运作流程中,创投机构的投资目标选择与投资额度分配决定了政府引导基金的资本流向,此时受投资企业的潜力价值尚没有得到开发,政府引导基金的投资目标需要创投机构在广泛的扶持产业领域之中进行甄别挑选,而具备良好经营能力的投资对象将为政府引导基金带来充足、稳定的投资收益,同时也促进了政府引导基金政策目标的实现,所以创投机构的投资决策将对政府引导基金的整体绩效产生影响。

(3)受投资企业的经营能力。从上述创投机构投资决策的分析中可知,受投资企业良好的经营能力是实现政府引导基金经济收益乃至政策目标的重要保障,因而其也是衡量政府引导基金绩效的重要依据。

(4)受投资企业的利润增长幅度。受投资企业的利润增长反映出政府引导基金对企业成长的扶持效果,进而度量了政府引导基金的投资成效。

(5)经济收益的稳定性。政府引导基金的主要投资目标是处于种子期、成长期的创业企业,为解决创业投资市场的"失灵问题"(2.2.5 节),政府引导基金承担着较高的投资风险,而其作用的长期发挥依赖稳定的经营收益,因此,经济收益的稳定性是政府引导基金在运行中需要关注的重点。

5. 参与主体的内部管理

采用参股支持模式的政府引导基金的运行过程涉及多方主体,主要包括政府部门、创投机构以及受投企业等,各个主体分别管理着政府引导基金的部分运作阶段并掌握着部分职能,其管理制度与决策能力决定着政府引导基金功能的发挥程度。例如,政府部门发起设立了政府引导基金,并由专门部门负责政府引导基金的决策制定;创投机构承担着政府引导基金的专业化投资管理以及运行维护等职责;受投企业则是利用政府引导基金的投资提高生产效率并创造生产性活动收益,为政府引导基金和自身带来经济利益。

在政府引导基金的运行流程中,各主体的功能发挥水平决定着整体绩效,而各主体内部管理的规范、高效则是其功能得到最大化体现的保障。施钰(2013)从发展的视角选择政府引导基金的绩效评价指标时提出,政府管理部门的配套制度完善程度以及执行情况体现了政府引导基金的运行效率。石琳(2013)认为政府部门的信息公开程度、决策制定能力以及创投机构的职责履行情况、风险控制能力等指标能够从内部管理的角度影响政府引导基金绩效。

参与主体的内部管理为政府引导基金作用的发挥提供了决策支持与制度保障,并控制风险发生的概率,主要体现在以下三个方面。

(1)管理部门配套制度的完善程度。作为政府引导基金的发起者,政府部门负责政府引导基金的制度建设,而规范的制度则是政策资本得以有效利用的前提条件。第 4 章提出政府引导基金在管理层面存在着寻租风险(4.4.5 节),因此,需要完善的制度来规范政府引导基金的管理运作,进而促进其绩效的提升。

(2) 创投机构的职责践行情况。政府引导基金的投资运作由创投机构进行专业化管理，其投资目标的选取体现了政策导向，同时，创投机构运作的合规与否也将影响资金的使用及分配。

(3) 各主体的信息披露程度。在信息不对称的投资市场中，存在双重委托-代理结构的政府引导基金面临着委托代理风险(4.4.5 节)，信息传递受损可能导致政府引导基金偏离政策方向、绩效评价不准确等情况发生。因此，各主体信息披露的完整性和准确性对政府引导基金的运行效果产生影响。

5.3.2 拟选取指标及说明

上述分析表明，参股支持模式下的政府引导基金绩效评价体系的指标选取应体现出政策效果、社会效应、市场环境、经济收益、参与主体的内部管理等方面内容。考虑数据的可获取性，从政策效果、社会效应、经济收益、参与主体的内部管理等四个方面选取量化评价指标，具体分析如下。

第一，在政策效果方面，应关注政府引导基金的引导作用、资本放大作用以及投资对企业的扶持力度，据此首先选取了政府引导基金投资规模与杠杆效应两个指标。

第二，在社会效应方面，选择了受投资企业员工数与研发费用两项指标来体现政府引导基金对社会发展的带动作用。

第三，在经济收益方面，所选取的指标需要反映出政府引导基金的投资收益、经营管理能力以及收益的稳定性等政府引导基金经营状况方面的内容，所以选择了受投资企业的各项利润数据及其增长率以及β值等指标。

第四，在参与主体的内部管理方面，选取了企业规模指标来衡量创投机构的职责践行情况；而在市场环境方面，政府引导基金绩效考核的关注点难以通过定量指标体现。

综合上述分析，拟选择政府引导基金投资规模、杠杆效应、企业员工数、企业研发费用、β值以及反映企业经营状况的各项利润数据及其增长率等指标来评价政府创业投资引导基金的绩效。各指标含义为：①投资规模是政府引导基金对企业的投资总额，反映了政府引导基金的政策导向功能；②杠杆效应是政府出资额与政府引导基金所募集资金总额的比值，代表财政资金所带动的社会资本倍数，是对资本引导作用和政策资本放大效果的衡量指标，可由公式计算得出；③企业员工数是受投资企业的员工数量，反映了政府引导基金对社会就业的带动作用，体现了政府引导基金的社会效应；④企业研发费用是受投资企业在接受政府引导基金投资的当年用于研发活动的经费开支，反映了企业对生产技术开发创新的重视程度，从侧面表现出政府引导基金对创新技术培育的贡献；⑤β值是衡量企业经营风险的指数，表示企业股票价格对股市平均价格波动的敏感程度，当$\beta>1$时，企业股价以高于股市大盘指数波动幅度的比例变化，即该企业的投资者承担着较高的风险，反之则投资风险较低，β值反映了政府引导基金收益的稳定性；⑥包括营业利润、利润总额和净利润总额在内的各项财务指标数据是企业经营状况的直观反映，可以准确衡量企业的盈利能力；⑦营业利润增长率、利润总额增长率、净利润增长率等收益增长率指标，展示了企业在接受投资后的经营状况变化，进而表现出政府引导基金的投资效果。

综合上述分析，拟选取的量化评价指标从政策效果、社会效应、经济收益以及参与主体的内部管理等方面综合体现了政府引导基金的运行效果，可以较为全面地考核政府引导基金绩效。政府引导基金绩效评价指标体系如表 5-1 所示。

表 5-1　拟选取的政府引导基金绩效评价指标

指标分类	评价指标	指标含义
政策效果	投资规模	政府引导基金对企业的投资总额
	杠杆效应	政府出资额与政府引导基金所募集资金总额的比值
社会效应	企业员工数	企业的员工人数
	企业研发费用	企业用于研发的费用支出
经济收益	各项增长率指标	企业经营业绩的增长率
	各项利润指标	企业经营业绩
	β 值	企业股票价格对股市平均价格波动的敏感程度
参与主体的内部管理	企业规模	受投资企业的资产总额

5.4　绩效评价指标选取的原则

遵循绩效评价指标选取原则，将评价指标选取原则融入评价指标体系构建中，用相应的指标选取依据和原则加强评价指标之间的关联程度，合理控制指标数量，优化评价指标内容等，才能使整个绩效评价指标体系的设计更加合理、科学。在选取政府引导基金绩效评价指标时应该遵循以下原则。

(1)完整性原则。评价指标体系的构建旨在对政府引导基金的发展状况进行客观评价，绩效评价指标是否涉及各个层面、是否完善是非常重要的。对于评价对象的各种特征要从多角度进行分析，如产业导向的效果如何，整个政府引导基金带来的社会效益、经济效益如何等，才能全面地测评政府引导基金的绩效情况。

(2)适量性原则。政府引导基金的绩效评价指标固然越全面越好，可是过多的指标只会让操作过程更加复杂，且并不能达到预想的效果，有效地控制指标的数量和质量才能提高政府引导基金绩效的评价效果。

(3)可测性原则。在评价政府引导基金绩效时，定量评价指标要尽可能可测，为数据的获取减少难度，定性评价指标的内容要有合理的标准，才能更有效地获得最终的绩效评价得分。

(4)可比性原则。绩效评价指标体系的建立旨在对所评价的指标赋予权重，权重的大小来源于各层指标之间的重要性比较，两两之间可比才能进行下一步的计算。

(5)逻辑性原则。评价指标体系由多层构成，层与层之间需要存在科学合理的逻辑关系，指标与指标之间的关系也要相对合理，无论是指标之间还是各层之间，都会存在相对的影响性，逻辑严密才能更有效地构建政府引导基金的绩效评价指标体系。

5.5　构建绩效评价指标体系

5.5.1　指标体系设计

　　根据上述政府引导基金绩效评价指标体系构建思路,遵循政府引导基金绩效评价方法和评价指标选取原则,设计了用于评价政府引导基金绩效的评价指标体系。政府引导基金绩效评价指标体系共包括 4 个一级指标、10 个二级指标、27 个三级指标。绩效评价指标体系具体从产业导向效果指标、效益指标、价值指标、风险控制效果指标四个方面对政府引导基金的绩效展开评价。

1.　产业导向效果指标

　　政府引导基金旨在发挥政策的导向作用,将社会资本引入创新创业领域,引入国家或地区需要鼓励和扶持的产业中去。政府从宏观角度关注整个市场的发展,发现"市场失灵"导致的不良发展情况,采取一定的措施以不影响市场化的前提伸出"无形的手"。通过政府引导基金的政策导向作用,可以有效改善市场的投融资环境,优化市场的资金流向,促进企业创新创业和经济结构的转型。政府引导基金离不开政策的引领,只有与市场良好结合,才能发挥出预想的效果,因而产业导向效果指标是比较重要的,对整个政府引导基金的绩效评价很关键。作为一级指标的产业导向效果指标拟下设产业支持、企业发展、产业环境 3 个二级指标。

1)产业支持

　　政府引导基金重点投资方向是政策所支持和发展的领域或产业,但这些领域和产业可能不被重视或被认为存在一定的投资风险,市场追逐的是盈利,并不倾向于种子期、初创期的企业,这使得市场的资源并不能有效地配置到这些产业中去,这时候需要政策的引领,对这些领域或产业加以扶持和推动,满足被扶持的领域或产业所需要的资本和资源。产业支持指标拟下设 5 个三级指标:投资中小企业资金占比、投资战略性新兴企业占比、投资种子期和初创期企业资金占比、重点扶持产业资金投入率、政府引导基金投资政策导向创业企业的就业人数增长率。这 5 个三级指标解释如下:①投资中小企业资金占比是指在整个政府引导基金投资规模中投向中小企业的资金比例;②投资战略性新兴企业占比是指在整个政府引导基金投资规模中投向战略性新兴企业的资金比例;③投资种子期和初创期企业资金占比是指在整个政府引导基金投资规模中投向种子期、初创期企业的资金比例;④重点扶持产业资金投入率是指投入重点扶持产业的资金占政府引导基金投资规模的比例;⑤政府引导基金投资政策导向创业企业的就业人数增长率是指在政策支持领域的企业就业人数的增长率,其增长率为(当期就业人数增长数－上期就业人数增长数)/上期就业人数增长数×100%。

2)企业发展

政府引导基金的运作目的是将社会上较多的闲散资金或一些不愿投资到具有风险的创业公司的资金引入到创新创业领域中来，解决创新创业企业由于早期发展所面临的融资困难，与此同时鼓励社会资本不断向创新创业领域倾斜。在政策的引领下，政府引导基金只有将资本引入被投资企业当中，通过被投资企业的科研发展、技术创新、经济效益等带动整个产业的蓬勃发展。企业发展指标拟下设 4 个三级指标：被投资企业发展状况、净利润增长率、营业收入增长率、企业员工人数增长率。这 4 个三级指标解释如下。①被投资企业发展状况是指作为企业发展中的一个主要定性指标，判断被投资企业发展是否良好；②净利润增长率是指被投资企业净利润较过去一段时间的增长情况，即被投资企业(当期净利润−上期净利润)/上期净利润×100%；③营业收入增长率是指被投资企业在经营发展中的营业收入较过去一段时间的增长情况，即被投资企业(当期营业收入−上期营业收入)/上期营业收入×100%；④企业员工人数增长率是指被投资企业员工人数一段时间内的增减变化，侧面反映被投资企业的发展规模扩大与否，即被投资企业(当期员工人数−上期员工人数)/上期员工人数×100%。

3)产业环境

政府引导基金的导向效果不仅带动了社会资本的投入，还加大了社会对政府扶持产业的关注度，在政策扶持下，将改善缺乏资金、技术、人才所导致的产业弱势，将会在一定程度上优化产业结构，带动产业的发展。产业在受到扶持后定会促进内部企业的发展，从而获得市场的接纳。产业环境指标拟下设 2 个三级指标：当地税收增长率、投融资环境的改善。这 2 个三级指标解释如下：①当地税收增长率是指产业受到扶持所带来的经济发展间接提升了当地的税收，即当地企业(当期税收额−上期税收额)/上期税收额×100%；②投融资环境的改善作为定性指标，是指政府引导基金的推动是否改善了企业融资难、市场投资低效的问题。

2. 效益指标

政府引导基金发挥作用的重点就是引起社会资金的涌动，在政府信用下发挥自身引导作用，提升杠杆放大效应，扩大政策导向下的产业扶持资金池。通过让利给社会资本，给予机构优惠措施等，广泛吸引社会资金流入政府引导基金，政府引导基金规模的扩增以及子基金的示范效应可进一步改变社会上的资金结构，再吸引商业性资本以及民间资本投入政府引导基金的发展中来。因此，政府引导基金的规模效益是政府引导基金持续发展的一大重要因素，作为一级指标的效益指标，拟下设杠杆作用、引导效率 2 个二级指标。

1)杠杆作用

政府引导基金通过政府出资设立，而财政资金发起设立母基金是远远不足以满足市场需求的，因而需要依靠政府强大的信用体系结合社会资本共同建立和发展政府引导基金，以此来满足企业及行业的发展需要。较小规模的政府出资引来较大规模的社会资金，充分发挥政府引导基金的杠杆作用，不仅仅通过一次杠杆效应扩大资金池规模，以逐次提升杠杆效果，为当地经济发展带来"活水"。杠杆作用指标拟下设 3 个三级指标：引导社会资本进入创投领域规模、引导商业性资本进入创投领域规模、引导总社会资金进入创投领域增长率。这 3 个三级指标解释如下：①引导社会资本进入创投领域规模主要是指政府引导基金作为主体所吸引到的社会资本总额；②引导商业性资本进入创投领域规模是指政府引导基金作为主体所吸引到的商业性资本总额；③引导总社会资金进入创投领域增长率是指政府引导基金作为主体所吸引到的所有资金额度较同期的增长幅度，即(当期吸纳总社会资金−上期总资金)/上期总资金×100%。

2) 引导效率

政府引导基金以政府出资，社会合资的方式，充分放大财政资金的杠杆作用，那么更为重要的是资金如何正确地引导，如何提升资金的引导效率，有效地引导资金进入创投项目中去，提升地区产业经济。引导效率指标拟下设 2 个三级指标：引导资金到位率、实际投资进度。这 2 个三级指标解释如下：①引导资金到位率是指政府引导基金吸纳实际到位资金占原计划拨付资金的比例，即实际到位的资金规模/原计划拨付的资金规模×100%；②实际投资进度是指政府引导基金在原计划基础上的投资进展情况，即目前投资进度/计划投资进度×100%。

3. 价值指标

政府引导基金可以让利给社会资本，即政府引导基金的设立并不是以营利为目的，这在一定程度上会与商业性资本的投资目的产生冲突，因此，政府引导基金通过让利、优惠等措施吸引更多的社会资金，共同出资建立政府引导基金，其风险得到社会资金的有效分散。如何管控政府引导基金的投资项目，充分提升政府引导基金的投资效果显得尤为重要，而政府引导基金的保值增值才是其可以继续运作的关键。作为一级指标的价值指标拟下设投资效果、退出情况 2 个二级指标。

1) 投资效果

政府引导基金实际上都是倾向于地区经济、地区企业的良好发展，旨在维持良好的发展态势，同样也需要政府引导基金做好项目决策，确保政府引导基金的可持续发展，通过项目成果进一步扩大引导基金规模。投资效果指标拟下设 2 个三级指标：基金规模增长率、基金投资项目年回报率。这 2 个三级指标解释如下：①基金规模增长率是指整个政府引导基金的规模资金较上期的增长幅度，即(当期基金规模−上期基金规模)/上期基金规模×100%；②基金投资项目年回报率是指政府引导基金作出投资决策后一年所得回报额度占比，即投资项目年回报额/项目投资额度×100%。

2) 退出情况

政府引导基金通过股权权益等方式进入被投资企业，为被投资企业带来资金支持，提速发展阶段。在这之后，政府引导基金以及创投企业如何安全有效地退出被投资企业，实现成功投资，是政府引导基金在项目的每个阶段都需要去考虑和分析的问题。退出情况指标拟下设 2 个三级指标：成功退出投资项目数量、退出投资项目的难易程度。这 2 个三级指标解释如下：①成功退出投资项目数量是指政府引导基金在投入的所有项目后期能够成功退出的项目数量，可以有效判断政府引导基金项目成功率；②退出投资项目的难易程度作为定性指标，是指反映在项目后期要成功地退出面临的困难程度，可促进政府引导基金项目的决策优化，提升绩效评价。

4. 风险控制效果指标

政府引导基金的发展同样离不开对风险的把控，大量的社会资金投入创投领域中，就更加需要合规、专业的管理团队管理政府引导基金。有效地控制政府引导基金内部以及外部风险尤为重要，这包括文件的合规性、披露的完整性、项目的合理合规性、管理人员的专业性、审计报告的真实可靠性、合作机构的规范性以及每个阶段的监督等。只有有效地控制风险，政府引导基金才能实现其本来的价值。作为一级指标的风险控制效果指标拟下设管理状况、合作状况、投后状况 3 个二级指标。

1）管理状况

政府引导基金发挥了高效的引导作用后便会委托给专业的管理团队负责政府引导基金的资产管理、项目决策等，一切以市场化的运作方式进行，如何有效地提高管理效率，控制好政府引导基金的风险，是政府引导基金项目发展的重点，政府引导基金管理状况的优良决定着政府引导基金的健康发展。管理状况指标拟下设 2 个三级指标：投资项目决策合规性、投资管理报告信息披露完整性及真实性。这 2 个三级指标解释如下：①投资项目决策合规性作为定性指标，是指政府引导基金在对投资项目做出决策的时候是否符合各项规定，是否合理；②投资管理报告信息披露完整性及真实性是指政府引导基金对投资项目的有效信息是否进行公开披露，是否完整以及符合实际情况。

2）合作状况

政府引导基金往往交由符合规定的第三方机构进行管理，如今已有的委托管理机构中优质的并不多，市场需要能很好地控制风险并推动政府引导基金发展的第三方机构，那么在合规问题上以及专业性上需要对合作机构进行合理分析和评判。合作状况指标拟下设 4 个三级指标：创投机构的选取是否规范、基金受托机构是否符合要求、基金管理者专业性、基金管理者过往投资业绩。这 4 个三级指标解释如下：①创投机构的选取是否规范是指母基金在选择创投机构合作的时候，选取对象是否符合规定；②基金受托机构是否符合要求是指为保证基金资产的安全性而选取的资产托管机构是否符合规定；③基金管理者专业性是指政府引导基金的委托管理方的基金管理者的专业性一定程度上决定着基金的投资绩效水平；④基金管理者过往投资业绩是指基金管理者以往的投资经历和投资成绩，可用于选取更加专业、投资水准较高的基金管理者来管理政府引导基金。

3）投后状况

政府引导基金做出项目决策后，还应当对项目进行定期或不定期的监督，确保整个项目的顺利进行，适当地引导促进其发展。投后状况指标拟下设 1 个三级指标：监督情况，是指政府引导基金在投入项目后的管理情况，是否有效地进行监督并控制风险。

5.5.2　初始指标筛选

在上述绩效评价指标体系设计的基础上，遵循指标体系适量性原则，为避免指标体系过于繁多导致绩效评价过程复杂，应更加科学合理地确定指标数量及重要性。通过制定政府引导基金绩效评价指标重要性判定问卷，将政府引导基金绩效评价指标分为 5 个重要等级：较重要、重要、一般、较不重要、不重要。笔者联系到贵州省(贵州省为笔者所在省份)创投专业人士以及贵州省发展改革委下属的有关创投机构，走访并邀请完成了问卷调查，发放问卷 15 份，收回问卷 15 份，有效回收率为 100%，问卷均有效。通过回收的有效问卷，将所有评价指标做重要性平均处理，从原始的 27 个三级指标中剔除了 5 个指标：政府引导基金投资政策导向创业企业的就业人数增长率、营业收入增长率、企业员工人数增长率、当地税收增长率、基金投资项目年回报率。余下 22 项指标作为本章所构建的政府引导基金绩效评价指标体系，如表 5-2 所示。

表 5-2　政府引导基金绩效评价指标体系

一级指标	二级指标	三级指标
产业导向效果指标 A_1	产业支持 B_1	投资中小企业资金占比 C_1
		投资战略性新兴企业占比 C_2
		投资种子期和初创期企业资金占比 C_3
		重点扶持产业资金投入率 C_4
	企业发展 B_2	被投资企业发展状况 C_5
		净利润增长率 C_6
	产业环境 B_3	投融资环境的改善 C_7
效益指标 A_2	杠杆作用 B_4	引导社会资本进入创投领域规模 C_8
		引导商业性资本进入创投领域规模 C_9
		引导总社会资金进入创投领域增长率 C_{10}
	引导效率 B_5	引导资金到位率 C_{11}
		实际投资进度 C_{12}
价值指标 A_3	投资效果 B_6	基金规模增长率 C_{13}
	退出情况 B_7	成功退出投资项目数量 C_{14}
		退出投资项目的难易程度 C_{15}
风险控制效果指标 A_4	管理状况 B_8	投资项目决策合规性 C_{16}
		投资管理报告信息披露完整性及真实性 C_{17}
	合作状况 B_9	创投机构的选取是否规范 C_{18}
		基金受托机构是否符合要求 C_{19}
		基金管理者专业性 C_{20}
		基金管理者过往投资业绩 C_{21}
	投后状况 B_{10}	监督情况 C_{22}

5.6　基于因子分析法的评价指标体系构建

在构建了政府引导基金的绩效评价指标体系之后,需要有系统性的指标体系将零散的指标聚集起来,而一个科学的指标体系是评价结论客观可靠的重要保障。因此,为使所构建的评价指标体系更为合理,拟采用因子分析法对评价指标数据进行分层归类。

骆克任(2002)提出的因子分析法是建立在统计学的基础上,利用各个变量数据之间的线性关系构造出具备代表性的公共因子,并将原变量归纳入不同因子之中,从而实现对为数众多的指标的分类。因子分析法的特点是既可以保证评价模型的稳定,又起到降低指标数量、简化评价体系进而提升评价效率的作用,可以作为其他因子分析工具的基础,同时也方便与其他工具相结合。因子分析法的基本步骤如下。

第一步,初始模型建立。针对各个指标建立因子线性方程组:

$$X_i = a_{i1}F_1 + a_{i2}F_2 + \cdots + a_{in}F_n + \varepsilon_i \quad (n \leqslant m) \tag{5-1}$$

式中,X_i 为第 i 个原始指标;F_n 为第 n 个公因子,其系数称为因子载荷,表示第 n 个公因子的线性构成中所占的比例;ε_i 为误差项;m 为原始指标个数。

那么,各因子与原始指标间的因子载荷即可以组成载荷矩阵 A。

第二步,旋转载荷矩阵。为解释各个公因子的意义,需要对载荷矩阵进行旋转,一般的旋转方法为正交旋转法,经过旋转后的因子与原始变量间关系为

$$X_i = b_{i1}F_1 + b_{i2}F_2 + \cdots + b_{in}F_n + \varepsilon_i \quad (n \leqslant m) \tag{5-2}$$

式(5-2)表示经过旋转后,各个因子的载荷,一般趋向于 0、1 两端分化。

第三步,确定因子得分 F_i。

$$F_i = \beta_{i1}X_1 + \beta_{i2}X_2 + \cdots + \beta_{im}X_m \tag{5-3}$$

综合得分 C_i 公式为

$$C_i = \lambda_{i1}F_1 + \lambda_{i2}F_2 + \cdots + \lambda_{im}F_m \tag{5-4}$$

式中,λ_i 表示权数。

5.6.1　样本数据来源及说明

通过查找大量数据资料,最终在清科集团的研究报告中搜集到我国截至 2015 年的近 300 条参股支持模式下的政府引导基金子基金的投资记录,而在企业经营数据的搜集方面,由于各家企业对数据的披露程度不同,本章利用企业年报及数据库软件,发现在近 300 家受投资企业中,共有 93 家企业已上市,而在这 93 家上市企业之中只有 56 家企业公布了其在接受投资当年的财务数据,据此选取了这 56 条政府引导基金投资记录数据与企业的经营数据作为筛选对象完成数据搜索(原始数据见附录 A)。

附录 A 中数据来源：投资规模及企业规模数据来源于清科集团公布的研究报告；β 值来源于 Wind 数据库的统计计算；员工人数、营业利润、营业利润增长率、利润总额、利润增长率、净利润总额、净利润增长率及研发费用等指标数据来自各企业在接受政府引导基金投资当年的年度财务报表或首次公开上市招股说明书。

此外，附录 A 中的数据缺失项为企业未公布或无法计算得到，在这 56 家企业中，有 8 家企业未公布研发费用，有 11 家企业未公布员工人数，同时只有 13 家企业的 β 值可以计算得到。另外，杠杆效应指标由于政府出资额数据缺失无法计算。因而本章最终在近 300 条参股支持模式政府引导基金子基金投资记录中选取数据披露相对较为完整的 41 家企业尝试运用因子分析法，对绩效评价指标进行量化研究，所设置的绩效评价指标如表 5-3 所示。

表 5-3　政府引导基金绩效评价指标

序号	指标	序号	指标
1	投资规模	6	营业利润增长率
2	企业规模	7	利润增长率
3	营业利润	8	净利润增长率
4	利润总额	9	研发费用
5	净利润总额	10	员工人数

5.6.2　相关检验及方差分析

首先，为判断原始指标是否适合做因子分析，需要对指标数据进行检验统计量（Kaiser-Meyer-Olkin，KMO）检验和巴特利特（Bartlett）球形检验，以判断各变量是否适合进行因子分析，检验结果如表 5-4 所示。

表 5-4　KMO 和 Bartlett 球形检验

KMO 检验		0.565
Bartlett 球形检验	近似卡方	627.042
	df	45
	Sig.	0.000

可见，在 KMO 和 Bartlett 球形检验结果中，KMO 值为 0.565＞0.5，而 Bartlett 球形检验的显著性即 Sig.值为 0.000＜0.05，拒绝 Bartlett 球形假设，说明所选择的评价指标数据间存在较高的相关程度，各变量并非各自独立的。因此，本章所选取的指标适合做因子分析。进一步利用 SPSS 软件对各指标进行方差分析，各因子的特征值和累计贡献度见表 5-5。

表 5-5　方差分析

因子	特征值	方差比/%	累计贡献率/%
1	3.644	36.439	36.439
2	2.613	26.128	62.567
3	1.989	19.887	82.454
4	0.858	8.575	91.029
5	0.363	3.631	94.660
6	0.273	2.728	97.388
7	0.162	1.620	99.007
8	0.094	0.938	99.946
9	0.005	0.053	99.998
10	0.000	0.002	100.000

由表 5-5 可知，共有 3 个因子的特征值大于 1，并且其对方差贡献率的总和达到了 82.454，即这 3 个因子能够以约为 82% 的程度反映出原始指标中所包含的信息，能够作为初始指标的公共因子。图 5-1 为因子分析碎石图。

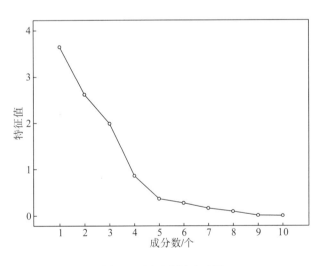

图 5-1　因子分析碎石图

在图 5-1 中，因子间连线在前三个因子处较为陡峭，而在其后的区域内趋于平缓，说明其后的因子对方差的解释贡献较小。

5.6.3　公因子的提取与命名

根据对累计方差贡献率以及碎石图的分析，发现前三个因子特征值均大于 1，能够较为全面地反映原始指标数据的内容，据此确定了 3 个公因子。本节为明确这 3 个因子的含义进而为其命名，计算 3 个公因子的旋转载荷矩阵，结果见表 5-6。

表 5-6　旋转成分分析

原始指标	因子 1	因子 2	因子 3
投资规模	0.183	0.852	0.015
企业规模	0.089	0.946	0.097
营业利润	0.995	0.070	0.016
利润总额	0.991	0.126	0.021
净利润总额	0.972	0.047	-0.033
营业利润增长率	0.045	-0.001	0.893
利润增长率	0.087	-0.007	0.940
净利润增长率	-0.046	-0.019	0.879
研发费用	0.043	0.530	0.150
员工人数	0.115	0.877	-0.174

从表 5-6 可知：

(1)因子 1 在营业利润、利润总额、净利润总额 3 个原始指标方面表现出了较高的旋转载荷，均达到 0.9 以上，而这三个指标在其他因子上的载荷均较低。说明因子 1 所代表的内容在很大程度上与营业利润、利润总额、净利润总额等原始指标相关，反映了企业经营收益。所以命名因子 1 为收益额。

(2)因子 2 对投资规模、企业规模、研发费用和员工人数的解释程度较高。其中，投资规模是政府引导基金对企业的投资额，其与企业规模一起直接决定着企业所拥有的资本总量，而研发费用是企业在接受政府引导基金投资当年的研发经费支出，反映出企业对生产技术创新的投入量以及政府引导基金对创业企业发展的引导效果，员工人数指标衡量企业的人力资本和政府引导基金的社会效应。所以命名因子 2 为投入量。

(3)通过观察因子 3 的旋转载荷，发现因子 3 与营业利润增长率、利润增长率、净利润增长率等原始指标的相关程度最高，表示企业的经营利润增长以及政府引导基金对企业投资的推动作用。所以命名因子 3 为收益增长率。

5.6.4　因子得分与指标体系构建

在明确了各因子的含义后，进一步计算各子基金的因子得分矩阵，计算结果见附录 B，由此得到的评价指标体系如表 5-7 所示。

表 5-7　基于因子分析法构建的评价指标体系

一级指标	二级指标	三级指标
政府引导基金 绩效评价指标体系	投入量	投资规模
		企业规模
		研发费用
		员工人数
	收益额	营业利润
		利润总额
		净利润总额
	收益增长率	营业利润增长率
		利润增长率
		净利润增长率

5.7　本 章 小 结

首先，结合现有研究成果，本章简要阐述了政府引导基金绩效评价体系的构建思路与构建方法，对政府引导基金的绩效评价指标选取进行了定性分析，探讨了政府引导基金绩效评价指标选取的关注重点。

其次，本章阐述了政府引导基金的绩效评价指标选取的原则，从产业导向效果指标、效益指标、价值指标、风险控制效果指标四个方面构建了包括 4 个一级指标、10 个二级指标、22 个三级指标的绩效评价指标体系。

最后，本章结合数据的可获取性，在截至 2015 年的近 300 条参股支持模式下的政府引导基金子基金的投资记录中选取了数据披露相对完整的 41 家企业，运用因子分析法，对绩效评价指标进行量化研究，即利用因子分析法获取公因子，将公因子分别命名为投入量、收益额以及收益增长率，构建了结构化的政府引导基金的绩效评价指标体系。

通过本章的研究不难发现，我们在定性分析的基础上尝试引入定量分析，将定量分析方法纳入政府引导基金的绩效评价研究，构建了结构化的政府引导基金的绩效评价指标体系，为第 9 章对政府引导基金绩效影响因素分析、绩效评价实证研究奠定了研究基础，提供了新的研究思路。

第6章 政府引导基金的经济学模型

根据第5章所构建的政府引导基金绩效评价指标体系，本章首先利用 DEA-BCC 模型对我国 41 支政府引导基金投资记录完成小样本前测，基于小样本前测所得研究结果、结论，拟借助马科维茨均值-方差模型思路，进行政府引导基金理论模型探讨。

6.1 数据包络分析方法

数据包络分析(DEA)模型是衡量多个投入、产出变量间相对有效性的数理分析方法，通过对线性规划方法的利用，计算出每个决策单元的综合效率、规模效率以及纯技术效率等指标，以达到评价研究对象运营成绩的目的(刘桂英，2008)。因此，拟运用 DEA 模型对第5章中得到的基于因子得分矩阵构建的绩效评价指标体系进行小样本前测。

6.1.1 DEA 模型简介

DEA 模型，是一种从相对复杂的系统中提取投入与产出指标，并对其进行效率评价的方法，主要应用于经济、统计和运筹等学科领域。DEA 模型的优点是能有效排除评价结果的主观性。

设有 n 个决策单元 $\text{DMU}_j(j=1,2,\cdots,n)$，且对每个决策单元 DMU_j 而言都有 m 个投入指标 $X_j=(x_{1j},x_{2j},\cdots,x_{mj})^{\text{T}}$ 和 s 个产出指标 $Y_j=(y_{1j},y_{2j},\cdots,y_{sj})^{\text{T}}$，投入指标 X_j 的权系数为 $V=(v_1,v_2,\cdots,v_m)^{\text{T}}$，产出指标 Y_j 的权系数为 $U=(u_1,u_2,\cdots,u_s)^{\text{T}}$。

那么，针对第 $j0$ 个决策单元 DMU_{j0} 而言，其 DEA 有效性的评价模型为

$$\begin{cases} \max \dfrac{U^{\text{T}}Y_0}{V^{\text{T}}X_0} \\ \text{s.t.} \dfrac{U^{\text{T}}Y_j}{V^{\text{T}}X_j} \leqslant 1 \quad (j=1,2,\cdots,n) \\ u \geqslant 0, v \geqslant 0 \end{cases} \tag{6-1}$$

式(6-1)可以转化为等价线性规划问题：

$$\begin{cases} \min \theta \\ \text{s.t.} \displaystyle\sum_{j=1}^{n} X_j\lambda_j \leqslant \theta X_0 \\ \displaystyle\sum_{j=1}^{n} Y_j\lambda_j \geqslant Y_0 \\ \lambda_j \geqslant 0 \quad (j=1,2,\cdots,n) \end{cases} \tag{6-2}$$

式(6-2)中，当 $\theta=1$ 时，决策单元 DMU_{j_0} 达到 DEA 有效。在此基础上，为了衡量规模对于绩效的影响，将输入变量进一步划分为：自由处置变量、半自由处置变量，根据半自由处置变量的 DEA 模型，即半可控 DEA 模型原理，加入假设条件 $\sum \lambda_j=1$；引入非阿基米德无穷小量 ε 以排除 $\theta=0$ 的情况，再投入松弛变量 S^- 和产出松弛变量 S^+ 将运算约束为等式，DEA 模型最终演化为

$$
\begin{cases}
\min\left[\theta-\varepsilon\left(\hat{e}^{\mathrm{T}}s^- + e^{\mathrm{T}}s^+\right)\right] \\
\mathrm{s.t.}\displaystyle\sum_{j=1}^n X_j\lambda_j + S^- = \theta X_0 \\
\displaystyle\sum_{j=1}^n Y_j\lambda_j - S^+ = Y_0 \\
\displaystyle\sum_{j=1}^n \lambda_j = 1 \\
\lambda_j \geqslant 0 \quad (j=1,2,\cdots,n) \\
S^- \geqslant 0, S^+ \geqslant 0
\end{cases}
\tag{6-3}
$$

式中，e 表示半自由处置变量。

根据运算结果，当 $\theta=1$ 且 $S^+=S^-=0$ 时，决策单元 DMU_j 为 DEA 有效；当 $\theta=1$ 且 $(S^+\neq 0)\bigcup(S^-\neq 0)$ 时，决策单元 DMU_j 为 DEA 弱有效；当 $\theta<1$ 时，决策单元 DMU_j 为 DEA 无效（毕功兵，2007）。

6.1.2　样本数据选取

DEA 模型的使用对数据有两点要求：一是应有明确的投入、产出指标分类；二是所有数据应为正数。因此，在使用 DEA 模型之前需要对因子得分数据进行选取与处理。

首先，根据第 5 章的研究结果，观察 3 个因子的性质：投入量因子中包含的指标都是企业运行所需的期初资本，直接影响企业的运营绩效，显然应为投入指标；收益额和收益增长率指标反映了企业在受投资当年的经营收益和政府引导基金的投入为企业带来的盈利增长，应作为产出指标。

然后，根据 DEA 模型的数据有效性规则，需要对因子得分数据进行无量纲处理，经过处理的数据在转换为正值的同时也可以保持原有的排序及差异比例，即实现了对应有评价结果的保证。

无量纲处理公式为

$$
C_{ij} = \frac{c_{ij} - \min_j}{\max_j - \min_j} \times 0.9 + 0.1
\tag{6-4}
$$

式中，c_{ij} 表示经过转换后的新得分数据；c_{ij} 表示原始得分数据；$\max_j$ 与 $\min_j$ 分别代表第 j 列原始得分数据的最大值与最小值。转换后的数据见附录 C。

6.2 基于 DEA-BCC 的政府引导基金绩效评价

基于第 5 章因子分析法的绩效评价指标体系构建研究(5.6.4 节)中筛选出的评价指标,利用数据披露相对较为完整的 41 家企业的样本数据进行小样本前测研究。根据附录 C 中的数据,采用 DEA-BCC 模型,借助 DEAP Version 2.1 软件对这 41 条投资记录所反映出的政府引导基金绩效进行小样本前测。BCC 模型是 CCR 模型的对偶形式,以投入为导向的 BCC 模型是规模报酬可变的,下面将对 BCC 模型进行简要介绍。

设有 m 个决策单元 DMU_r ($r = 1, 2, \cdots, m$),对于不同的决策单元都有 i 个输入和 o 个输出。若以向量形式表示,以 DMU_r 决策单元为例,其输入向量形式可写为 $\boldsymbol{X} = (x_{r1}, x_{r2}, \cdots, x_{ri})^{\mathrm{T}} > 0$,输出向量形式为 $\boldsymbol{Y} = (y_{r1}, y_{r2}, \cdots, y_{ro})^{\mathrm{T}} > 0$,其中,$x_{ri}$ 表示第 r 个决策单元的 i 种输入,y_{ro} 表示第 r 个决策单元的 o 种输出。为了简便,我们将分别记 DMU_{ro} 为 DMU_0,X_{r0} 为 X_0,Y_{r0} 为 Y_0,则以投入为导向的 BCC 模型的对偶线性规划模型为

$$\min \theta$$

$$\text{s.t.} \begin{cases} \sum_{r=1}^{m} \eta_r X_r + S^- = \theta X_0 \\ \sum_{r=1}^{m} \eta_r Y_r - S^+ = \theta Y_0 \\ \eta_r \geqslant 0 \quad (r = 1, 2, \cdots, m) \\ s^- \geqslant 0, s^+ \geqslant 0 \end{cases} \tag{6-5}$$

式中,θ 为相对决策的综合效率值,$\theta \in (0, 1]$;S^- 为输入的松弛变量;S^+ 为输出的松弛变量;η_r 为常数向量;X_{ro} 与 Y_{r0} 分别表示决策单元 DMU_0 的输入和输出变量。有如下三个结论:

(1)若 $\theta = 1$ 且 $S^- = 0$,$S^+ = 0$,则 DMU_0 为 DEA 有效。

(2)若 $\theta = 1$ 且 $S^- \neq 0$ 或 $S^+ \neq 0$,则 DMU_0 为弱 DEA 有效。

(3)若 $\theta < 1$,则 DMU_0 为非 DEA 有效。

由 BCC 模型计算得出的相对效率值为综合技术效率(technical efficiency,TE),它由规模效率(scale efficiency,SE)与纯技术效率(pure technical efficiency,PTE)构成,表达式为综合技术效率(TE)=规模效率(SE)×纯技术效率(PTE)。

6.2.1 综合技术效率

首先,对各基金的绩效进行综合技术效率(TE)分析,所得结果见表 6-1。综合技术效率方面,在这 41 支政府引导基金中,只有 2 支达到了投资的综合有效,其创投机构和投资对象分别为上海真金创投投资的御康医疗、青云创投投资的迪森热能,说明这 2 支政府引导基金创投机构选择了最合适的投资规模,并且企业也实现了对投入资本最为有效的利

用，因而政府引导基金的引导、扶持功能得到了最大化的发挥。而对于样本中的绝大部分政府引导基金而言，其综合技术效率都普遍较低，均值为 0.329，说明样本中的政府引导基金普遍存在投入-产出比低下的问题。而综合技术效率指标是由纯技术效率与规模效率两个指标值相乘而得到，因此，为探究导致政府引导基金效率不足的主要因素，需要从规模效率以及纯技术效率两个方面进行分析。

表 6-1　政府引导基金的 DEA 综合技术效率(TE)评价结果

序号	创投机构	企业名称	综合技术效率	排名	序号	创投机构	企业名称	综合技术效率	排名
1	博宁资本	视纪印象	0.261	25	22	富坤兴业	蓝泰源	0.247	28
2	津杉资本	楚江新材	0.091	39	23	越秀产业基金	凯基生物	0.29	19
3	达晨创投	久其软件	0.12	38	24	达晨创投	昆山佰奥	0.346	13
4	经纬中国	恺英网络	0.288	20	25	上海真金创投	御康医疗	1	1
5	力合创投	蓝天电子	0.261	25	26	国泰创投	微瑞思创	0.4	8
6	南车创投	金力永磁	0.386	10	27	力合清源创投	多维度	0.164	36
7	海通开元	泰力松	0.264	24	28	湖北高投	默联股份	0.415	6
8	惠通高创	捷安高科	0.296	18	29	艾云创管	真灼科技	0.352	12
9	科发资本	锦澄科技	0.367	11	30	誉华投资	龙利得	0.231	30
10	海通开元	运维电力	0.305	17	31	上海永宣	蜂派科技	0.916	3
11	青岛驰骋	泰华智慧	0.219	31	32	鲁信集团	中青旅	0.059	41
12	东方富海	和力辰光	0.201	34	33	滨复华耀资本	璧合科技	0.332	15
13	力合创投	精智达	0.389	9	34	甘肃国投	中天羊业	0.272	23
14	中国风投	中科华联	0.559	4	35	湖北高投	瀛通通讯线	0.126	37
15	汉理资本	派森诺	0.34	14	36	海通开元	华胜天成	0.067	40
16	青岛驰骋	亨达股份	0.187	35	37	君联资本	安硕信息	0.218	32
17	启迪创投	云端时代	0.238	29	38	中科招商	硕贝德	0.273	22
18	贵州科风投	森瑞新材	0.256	27	39	君联资本	安洁科技	0.211	33
19	银河吉星创投	加一健康	0.519	5	40	青云创投	迪森热能	1	1
20	华夏海纳	三和视讯	0.414	7	41	启迪创投	世纪瑞尔	0.326	16
21	厚持资本	华索科技	0.274	21	—	—	—	—	—
综合技术效率(TE)平均值					0.329				

6.2.2　规模效率

接下来，观察各基金的规模效率，如表 6-2 所示。在规模效率方面，41 支政府引导基金的平均值为 0.715，远高于综合技术效率的均值 0.329，由此可见，本章所选样本中的政府引导基金在规模效率方面表现相对良好，而导致样本政府引导基金综合技术效率低下的主要原因在于纯技术效率的不足。

表 6-2　政府引导基金的 DEA 规模效率(SE)评价结果

序号	创投机构	企业名称	规模效率	排名	序号	创投机构	企业名称	规模效率	排名
1	博宁资本	视纪印象	0.685	23	22	富坤兴业	蓝泰源	0.534	40
2	津杉资本	楚江新材	0.63	28	23	越秀产业基金	凯基生物	0.652	25
3	达晨创投	久其软件	0.773	15	24	达晨创投	昆山佰奥	0.795	10
4	经纬中国	恺英网络	0.971	3	25	上海真金创投	御康医疗	1	1
5	力合清源创投	蓝天电子	0.627	29	26	国泰创投	微瑞思创	0.791	11
6	南车创投	金力永磁	0.861	7	27	力合清源创投	多维度	0.323	41
7	海通开元	泰力松	0.79	12	28	湖北高投	默联股份	0.806	9
8	惠通高创	捷安高科	0.645	26	29	艾云创管	真灼科技	0.741	19
9	科发资本	锦澄科技	0.773	15	30	誉华投资	龙利得	0.6	32
10	海通开元	运维电力	0.715	20	31	上海永宣	蜂派科技	0.961	4
11	青岛驰骋	泰华智慧	0.698	22	32	鲁信集团	中青旅	0.585	34
12	东方富海	和力辰光	0.821	8	33	滨复华耀资本	璧合科技	0.67	24
13	力合清源创投	精智达	0.773	15	34	甘肃国投	中天羊业	0.592	33
14	中国风投	中科华联	0.872	6	35	湖北高投	瀛通通讯线材	0.562	38
15	汉理资本	派森诺	0.759	18	36	海通开元	华胜天成	0.572	36
16	青岛驰骋	亨达股份	0.572	36	37	君联资本	安硕信息	0.626	30
17	启迪创投	云端时代	0.585	34	38	中科招商	硕贝德	0.774	14
18	贵州科风投	森瑞新材	0.631	27	39	君联资本	安洁科技	0.616	31
19	银河吉星创投	加一健康	0.898	5	40	青云创投	迪森热能	1	1
20	华夏海纳	三和视讯	0.786	13	41	启迪创投	世纪瑞尔	0.708	21
21	厚持资本	华索科技	0.558	39	—	—	—	—	—
规模效率(SE)平均值					0.715				

但是，也应看到规模效率尚存在着较大的提升空间，而规模效率反映的是评价单元 DMU 的实际规模与最优规模间的差异程度，从评价结果中可以看出，样本基金的投资规模还有待调整。因此不能放松对投入量指标的管理，需要决策者适当调整政府引导基金的投资规模。为此，政府引导基金的管理者应一方面利用更为完善的评价指标体系来客观评价其运行状况，并积极采取改进措施为政府引导基金发展保驾护航；另一方面需要更加规范对政府引导基金的运作，加强制度建设。

6.2.3　纯技术效率

表 6-3 显示了纯技术效率(PTE)评价结果，在前述的分析中，已知样本政府引导基金综合技术效率低下主要是 PTE 效率导致的，这 41 支基金的纯技术效率均值仅为 0.439，只有 2 支达到了纯技术有效。PTE 指标的含义是评价单元 DMU 处于最优规模时的投入生产效率，反映了 DMU 的经营管理能力。就本章所构建的政府引导基金评价指标体系来说，

纯技术效率衡量的对象是在投入量最优时的政府引导基金经营能力,并且这 41 支政府引导基金的纯技术效率均值仅为 0.439,与规模效率的均值 0.715 相比差距巨大,表明本章所选取的样本政府引导基金的运作绩效方面,创投机构和创业企业的经营能力不足是制约政府引导基金作用发挥的重要因素。

表 6-3 政府引导基金的 DEA 纯技术效率(PTE)评价结果

序号	创投机构	企业名称	纯技术效率	排名	序号	创投机构	企业名称	纯技术效率	排名
1	博宁资本	视纪印象	0.381	28	22	富坤兴业	蓝泰源	0.462	15
2	津杉资本	楚江新材	0.145	39	23	越秀产业基金	凯基生物	0.444	21
3	达晨创投	久其软件	0.156	38	24	达晨创投	昆山佰奥	0.436	22
4	经纬中国	恺英网络	0.296	35	25	上海真金创投	御康医疗	1	1
5	力合清源创投	蓝天电子	0.415	24	26	国泰创投	微瑞思创	0.506	9
6	南车创投	金力永磁	0.449	19	27	力合清源创投	多维度	0.507	8
7	海通开元	泰力松	0.334	32	28	湖北高投	默联股份	0.515	7
8	惠通高创	捷安高科	0.458	18	29	艾云创管	真灼科技	0.475	13
9	科发资本	锦澄科技	0.475	13	30	誉华投资	龙利得	0.386	27
10	海通开元	运维电力	0.427	23	31	上海永宣	蜂派科技	0.954	3
11	青岛驰骋	泰华智慧	0.314	34	32	鲁信集团	中青旅	0.1	41
12	东方富海	和力辰光	0.244	36	33	滨复华耀资本	璧合科技	0.496	11
13	力合清源创投	精智达	0.503	10	34	甘肃国投	中天羊业	0.46	17
14	中国风投	中科华联	0.641	4	35	湖北高投	瀛通通讯线材	0.224	37
15	汉理资本	派森诺	0.448	20	36	海通开元	华胜天成	0.117	40
16	青岛驰骋	亨达股份	0.327	33	37	君联资本	安硕信息	0.348	30
17	启迪创投	云端时代	0.407	25	38	中科招商	硕贝德	0.352	29
18	贵州科风投	森瑞新材	0.406	26	39	君联资本	安洁科技	0.342	31
19	银河吉星创投	加一健康	0.579	5	40	青云创投	迪森热能	1	1
20	华夏海纳	三和视讯	0.527	6	41	启迪创投	世纪瑞尔	0.461	16
21	厚持资本	华索科技	0.491	12	—	—	—	—	—
纯技术效率(PTE)平均值						0.439			

6.2.4 投入产出分析

DEAP Version 2.1 软件在分析决策单元效率的同时也可以得到各单元的投入、产出指标的松弛变量取值,即投入冗余值与产出不足值。通过对投入冗余与产出不足进行分析,可以明确各决策单元的效率提升途径,各决策单元的投入冗余与产出不足如表 6-4 所示。

表 6-4　各决策单元的投入冗余与产出不足

序号	创投机构	企业名称	投入冗余	产出不足	
				收益额	收益增长率
1	博宁资本	视纪印象	0	0.856	0.03
2	津杉资本	楚江新材	0	0.894	0.046
3	达晨创投	久其软件	0	0.863	0
4	经纬中国	恺英网络	0	0.212	0
5	力合清源创投	蓝天电子	0	0.864	0.049
6	南车创投	金力永磁	0	0.689	0
7	海通开元	泰力松	0	0.835	0
8	惠通高创	捷安高科	0	0.86	0.044
9	科发资本	锦澄科技	0	0.861	0
10	海通开元	运维电力	0	0.862	0.019
11	青岛驰骋	泰华智慧	0	0.856	0.026
12	东方富海	和力辰光	0	0.782	0
13	力合清源创投	精智达	0	0.861	0
14	中国风投	中科华联	0	0.672	0
15	汉理资本	派森诺	0	0.868	0.004
16	青岛驰骋	亨达股份	0	0.858	0.069
17	启迪创投	云端时代	0	0.877	0.063
18	贵州科风投	森瑞新材	0	0.861	0.048
19	银河吉星创投	加一健康	0	0.605	0
20	华夏海纳	三和视讯	0	0.844	0
21	厚持资本	华索科技	0	0.861	0.074
22	富坤兴业	蓝泰源	0	0.864	0.082
23	越秀产业基金	凯基生物	0	0.866	0.041
24	达晨创投	昆山佰奥	0	0.83	0
25	上海真金创投	御康医疗	0	0	0
26	国泰创投	微瑞思创	0	0.837	0
27	力合清源创投	多维度	0	0.868	0.155
28	湖北高投	默联股份	0	0.815	0
29	艾云创管	真灼科技	0	0.867	0.01
30	誉华投资	龙利得	0	0.856	0.06
31	上海永宣	蜂派科技	0	0.32	0
32	鲁信集团	中青旅	0	0.712	0.078
33	滨复华耀资本	璧合科技	0	0.867	0.034
34	甘肃国投	中天羊业	0	0.859	0.062
35	湖北高投	瀛通通讯线材	0	0.848	0.074
36	海通开元	华胜天成	0	0.827	0.072
37	君联资本	安硕信息	0	0.856	0.051
38	中科招商	硕贝德	0	0.857	0
39	君联资本	安洁科技	0	0.847	0.055
40	青云创投	迪森热能	0	0	0
41	启迪创投	世纪瑞尔	0	0.852	0.023

由表 6-4 可知，41 个决策单元的投入冗余值均为 0，说明本章所选取的样本政府引导基金子基金在投入量方面不存在投入冗余现象；而在产出不足方面，除上海真金创投与青云创投所管理的子基金外，其余政府引导基金子基金均存在着产出不足问题，且其中收益额指标的松弛变量平均值达到 0.75，说明样本政府引导基金提升运行效率的重点应为改善经营能力。

同时，若以本章选取的政府引导基金样本的绩效作为我国政府创业投资市场的缩影，我们可以看到，在当前政府引导基金投资领域的宏观层面上，虽然政策资本的供给相对较为充裕，但是创投机构和企业普遍存在着对投入的资本利用不足的问题，拉低了市场整体的投入-产出比。因此，当前提高政府引导基金运作绩效的重点应放在改善创投机构与企业的运作效率方面。

6.2.5　评价结果分析

基于 DEA-BCC 模型评价结果显示，样本中的政府引导基金中绝大部分尚没有达到综合有效状态，纯技术效率低下是各政府引导基金规模效率较低的主要原因，并且收益额指标存在较大的产出不足。为此，政府引导基金的管理者应根据现状积极探索基金运行优化的改进措施，通过加强监管、完善风险防范等手段强化政府引导基金效率，企业也应加大技术投入水平、提高管理能力、吸收人才以提升其自身的经营管理能力，为政府引导基金的发展提供更为坚实的动力，进而为创业企业的发展贡献力量。

在对 41 条投资记录所反映出的政府引导基金绩效进行小样本前测的基础上，拟借助马科维茨均值-方差模型的基础模型，通过政府引导基金设立前后一般投资者和风险投资者最优资产选择的对比分析，论证政府设立政府引导基金有利于改善创业投资市场中的资本供给即具有引导效应，从而揭示风险投资市场，特别是种子期、初创期企业资本供给不足的内在原因，进而分析政府引导基金引导效应发挥的内在原因。

6.3　马科维茨均值-方差模型的分析

6.3.1　马科维茨均值-方差模型的基本假设

为了更好地对政府引导行为进行深入研究，本章将参照马科维茨均值-方差模型的研究思路，对投资者投资政府引导基金子基金、风险资产的投资策略进行研究，从而完成基础模型的设立。

在基本假设中，本章结合政府设立政府引导基金，作为创业投资市场中的参与者这一实际情况，用投资学中的马科维茨均值-方差模型进行研究。首先借鉴马科维茨均值-方差模型中的相关理念，对政府设立政府引导基金从而参与创业投资市场的相关概念进行假定。

1. 参与者

在未设立政府引导基金时，市场中有风险投资机构、一般风险投资者这两类参与者，这两类参与者根据市场中提供的信息以及个人风险偏好形成基本预期，进行行为选择。

2. 可选择的投资资产

市场中存在两类可选择资产：风险资产以及一般风险资产。其中，风险资产是指投资于种子期、初创期的创业企业，支持该类公司发展而拥有的股权及各类债券、基金，其区别一般风险资产的关键之处是具有高风险性，企业一旦成功上市则获得巨额回报，相反创业失败，则投资者面临巨大亏损；一般风险资产是指预期投资收益低于风险资产，风险高于风险资产的一种资产，该类资产主要包括投资于成熟期、稳定期企业的相关股权和债权。进一步假定风险资产和一般风险资产的资本供给在一定期限内为常数，且一般金融资产的资本供给远远大于风险资产的资本供给。

3. 可投资市场

根据可投资资产的选择以及研究的需要，本章将金融市场简化为一般风险投资市场和创业投资市场，且两类市场在风险和收益上具有可区别性。其中，一般风险投资市场由一般风险资产构成；创业投资市场由风险资产组成；由于这两类市场具有不同的资产组成，并且为了研究的简化，本章假设这两类市场近似相互独立。

4. 参与人的行为选择及偏好规范

假定投资者根据自己掌握的"信息集"形成基本的预期（$E(r_{i,I})$，$\sigma_{i,I}^2$）进而结合自己的投资偏好进行行为选择，这里假定收益为预期收益、风险用方差表示。由于两类投资者的偏好以及信息集合存在较大差异，故本章假定两类投资者对可投资资产的基本预期也存在较大差异。两类投资者的收益和风险的情况如表 6-5 所示。

表 6-5　投资者风险、收益矩阵

	一般风险资产 R		风险投资资产 V	
	期望	方差	期望	方差
一般风险投资者 r	$E(r_{r,R})$	$\sigma_{r,R}^2$	$E(r_{r,V})$	$\sigma_{r,V}^2$
风险投资者 v	$E(r_{v,R})$	$\sigma_{v,R}^2$	$E(r_{v,V})$	$\sigma_{v,V}^2$

注：根据前面的基本假设，本表由笔者自行制作而成，其中下标前一个字母代表投资者，下标后一个字母代表投资的资产类型，如 $E(r_R)$、$E(r_V)$ 表示投资者投资于相关资产而获得的预期收益，σ_R^2、σ_V^2 表示投资者投资于相关资产后的风险估计，投资者初始财富为 W_i^0，为简化表达，作者采用一个下标来表示投资者投资于相关资产而获得的预期收益、投资者投资于相关资产后的风险估计，（下同）。

进一步假定两类投资者根据自身的风险偏好及主观效用所形成的期望和方差具有可比较性，且存在较大的差异。通常来讲，一般风险投资者认为一般风险资产的收益虽然小于风险资产的收益，但是其风险水平远小于风险投资的风险。为了更好地进行比较，这里引进衡量单位风险下所获得的超额收益率，即报酬波动性（夏普）比率对投资者的投资行为选择进行判断。

$$S_{i,I} = \frac{E\left(r_{i,I}\right) - r_f}{\sigma_{i,I}^2} \tag{6-6}$$

式（6-6）为报酬波动性（夏普）比率的计算公式，S 为 sharpepation 的首字母；i 为两类投资者（一般风险投资者为 r、风险投资者为 V）；i 为两类投资资产（一般风险资产 R、风险投资资产 V）；r_f 为无风险收益。根据式（6-6），$S_{r,R} \gg S_{r,V}, S_{v,V} \gg S_{v,R}$ 成立，即对于一般风险投资者来说，从单位风险带来的收益考虑，一般风险资产要优于风险投资资产，此时投资者会选择前类金融资产；对于风险投资者来讲，风险投资资产的夏普比率远大于一般风险资产的夏普比率，这时风险投资者将把全部资金配置到风险投资资产中而不投资于一般风险资产，即投资于成熟期、稳定期企业的相关资产。

5. 效用函数

为了检验前述投资者的投资选择是否为最优选择，本章通过效用论的知识进行分析。在经济学中，"理性人"做出行为选择的依据是通过消费的分配，使得一定期限内的预期效用最大化。本章借鉴此分析思路，假定投资者在一定财富水平下，根据未来的预期收益和风险水平所形成的期望效用做出投资决策。结合两类投资者的风险偏好特征，本章假定两类投资者具有常数绝对风险厌恶（constant absolute risk aversion，CARA）效用函数，具体表达式为

$$U_i = -e^{-P_i W_i} \tag{6-7}$$

式中，i 表示投资者类型；W_i 表示 i 类投资者的期望值；P_i 表示 i 类投资者的绝对风险厌恶系数，根据一般投资者与风险投资者的实际风险厌恶情况可知 $P_r \gg P_v$。

6. 社会福利函数

为了评价政府设立政府引导基金后是否对创业投资市场起到引导效应，本章借鉴经济学中的帕累托改进来进行衡量。若政府加入后至少有一方的社会福利水平得到改善，而其他人的社会福利水平又没有因此下降，则认为政府引导基金具有引导效应。此外，本章假设社会福利水平是功利主义社会福利函数（边沁福利函数），即表现为

$$W = \sum_{i=1}^{n} U_i \tag{6-8}$$

6.3.2　基础模型的构建

根据基本假设条件，投资者进行资产选择的过程可描述为：首先，投资者根据所掌握的与投资决策有关的所有信息集合形成各类资产的预期收益与预期风险，进而根据该预

期，对拥有的财富在一般风险资产以及风险资产之间进行配置，进而达到最大的期望效用水平。根据该研究思路，下面将从最优风险资产组合和效用最大化下的最优资产组合两个角度对基础模型的建立进行规范。最优风险资产组合的确定过程如下。

本章借鉴滋维·博迪等（2012）的《投资学》的最优风险资产组合选择的研究思路，对基础模型进行进一步规范。假设如下。

首先，投资者根据掌握的信息集对资产进行配置，其中一般风险资产的权重为W_R，风险资产的权重为W_V，由于投资者的资产构成只有这两类，故有如下关系成立：

$$W_R + W_V = 1 \tag{6-9}$$

其次，投资者根据掌握的基本信息以及偏好情况，对两类资产形成基本预期，并且用期望衡量收益，方差衡量风险。一般风险资产的预期收益为$E(r_R)$，方差为σ_R^2，风险资产的预期收益为$E(r_V)$，方差为σ_V^2。根据马科维茨均值-方差模型可把组合的预期收益和方差（风险）表示为

$$\begin{cases} E(r_P) = W_R \times E(r_R) + W_V \times E(r_V) \\ \sigma_P^2 = W_R^2 \times \sigma_R^2 + W_V^2 \times \sigma_V^2 + 2W_R \times W_V \times \text{Cov}(r_R, r_V) \end{cases} \tag{6-10}$$

又因为$\text{Cov}(r_R, r_V) = \rho_{RV} \times \sigma_R \times \sigma_V$，其中$\rho_{RV}$为一般风险资产和风险投资的相关系数。根据前文假设：两类市场中具有不同的资产组成，并且为了研究的简化，本章假设这两类市场近似相互独立，即$\rho_{RV} = 0$，根据这一假设条件，式（6-10）进一步简化后的组合期望、方差计算公式为

$$\begin{cases} E(r_P) = W_R \times E(r_R) + W_V \times E(r_V) \\ \sigma_P^2 = W_R^2 \times \sigma_R^2 + W_V^2 \times \sigma_V^2 \end{cases} \tag{6-11}$$

由图6-1可知，CAL线为证券市场线，截距为r_f，斜率为S_P，切点P_1表示在一定风险资产组合的期望收益$E(r_P)$一定的前提下，方差最小的组合。CAL_2线与有效边界相交，形成两个交点A、B，A点虽然方差小，但是期望收益也小，而B点虽然有着高于A点的收益，但是方差也明显高于A点，故这两点并不存在可比性，也就是这两点并非风险资产组合的最优解。随着CAL_2的斜率变大，即夏普比率上升时，CAL_2向CAL_1靠近，当达到CAL_1时，夏普比率在当前条件下达到最大值，此时资本市场线刚好与有效边界相切，切点组合即为收益一定的前提下方差最小的最优风险资产组合。

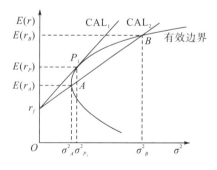

图6-1　资本市场线和最优风险组合

6.3.3 基础模型的求解

根据以上分析思路，最优风险资产组合应该满足

$$\max S_P = \frac{E(r_P) - r_f}{\sigma_P^2}$$

$$\text{s.t.} \begin{cases} E(r_P) = W_R \times E(r_R) + W_V \times E(r_V) \\ \sigma_P^2 = W_R^2 \times \sigma_R^2 + W_V^2 \times \sigma_V^2 \\ W_R + W_V = 1 \end{cases} \tag{6-12}$$

为了更好地把最优解下的各资产权重与非最优解下的权重进行区别，文中凡涉及最优解的问题，都用加"*"上标表示。对式(6-12)运用拉格朗日乘数法可以求出最优解下的权重为 W_R^*、W_V^*，表达式为

$$\begin{cases} W_R^* = \frac{\left[E(r_R) - r_f\right] \times \sigma_V^2}{\left[E(r_R) - r_f\right] \times \sigma_V^2 + \left[E(r_V) - r_f\right] \times \sigma_R^2} \\ W_V^* = \frac{\left[E(r_V) - r_f\right] \times \sigma_R^2}{\left[E(r_R) - r_f\right] \times \sigma_V^2 + \left[E(r_V) - r_f\right] \times \sigma_R^2} \end{cases} \tag{6-13}$$

结合表 6-5 相关假设，可以进一步化简得到最优解：

$$\begin{cases} W_R^* = \frac{\left[E(r_R) - r_f\right]}{\left[E(r_R) - r_f\right] + \left[E(r_V) - r_f\right] \times \dfrac{\sigma_R^2}{\sigma_V^2}} \\ W_V^* = \frac{\sigma_R^2}{\dfrac{\left[E(r_R) - r_f\right]}{\left[E(r_V) - r_f\right]} \times \sigma_V^2 + \times \sigma_R^2} \end{cases} \tag{6-14}$$

为了区别一般风险投资者和风险投资者的最优风险资产组合，在接下来的分析中，依然借鉴表 6-5 相关假设中对这两类投资者的表述，即下标的前一个小写字母表示投资者类型，下标的后一个字母表示所投资产的类型(如 $W_{r,R}^*$ 表示最优风险资产组合前提下一般风险投资者投资于一般风险资产的权重，$W_{v,V}^*$ 表示最优风险资产组合前提下，风险投资者投资于风险资产的权重)。

根据附录 D 的推导可知两类投资者的最优风险组合(表 6-6)。进而得出最优风险资产组合下的期望和方差矩阵(表 6-7)。

表 6-6 政府设立政府引导基金前两类投资者的最优风险组合

投资者类型	一般风险资产	风险投资资产
一般风险投资者	1	0
风险投资者	0	1

表 6-7　最优风险资产组合下的期望、方差矩阵

投资者类型	期望	方差
一般风险投资者	$E\left(r_{\mathrm{r,R}}\right)$	$\sigma_{\mathrm{r,R}}^2$
风险投资者	$E\left(v_{\mathrm{v,V}}\right)$	$\sigma_{\mathrm{v,V}}^2$

6.3.4　基础模型的计算结果

根据表 6-5 相关假设可知，经济学中"理性人"的投资决策为选择投资所获得的期望效用最大化的策略。Huang 和 Litzenberger（1988）指出在投资收益服从正态化的假设下，期望效用可以用式（6-15）进行估计（Minola and Giorgino，2011）：

$$U_i = \overline{W_1} - \frac{1}{2}P_i\sigma_{W_i}^2 \tag{6-15}$$

式中，$\overline{W_1}$ 表示资产的期望收益；P_i 表示投资者的风险偏好；$\sigma_{W_i}^2$ 表示资产的预期风险。

下面将分别分析一般风险投资者和风险投资者的效用水平。

首先，对于一般风险投资者，根据表 6-7 可知 $\overline{W_1} = E\left(r_{\mathrm{r,R}}\right)$，$\sigma_{W_i}^2 = \sigma_{\mathrm{r,R}}^2$，代入式（6-15）得出一般风险投资者的期望效用水平为

$$U_{\mathrm{r}} = W_r^0\left[1 + E\left(r_{\mathrm{r,R}}\right)\right] - \frac{1}{2}P_{\mathrm{r}}\sigma_{\mathrm{r,R}}^2 \tag{6-16}$$

其次，对于风险投资者，根据表 6-7 可知 $\overline{W_1^1} = E\left(r_{\mathrm{v,V}}\right)$，$\sigma_{w_i^1}^2 = \sigma_{\mathrm{v,V}}^2$，代入式（6-15）得出风险投资者的期望效用水平为

$$U_{\mathrm{v}} = W_{\mathrm{v}}^0\left[1 + E\left(r_{\mathrm{v,V}}\right)\right] - \frac{1}{2}P_{\mathrm{v}}\sigma_{\mathrm{v,V}}^2 \tag{6-17}$$

最后，根据表 6-5 相关假设，创业投资市场中只有一般风险投资者和风险投资者，故社会的福利水平为

$$U_{\mathrm{S}}^* = W_{\mathrm{r}}^0\left[1 + E\left(r_{\mathrm{r,R}}\right)\right] + W_{\mathrm{v}}^0\left[1 + E\left(r_{\mathrm{v,V}}\right)\right] - \frac{1}{2}(P_{\mathrm{r}}\sigma_{\mathrm{r,R}}^2 + P_{\mathrm{v}}\sigma_{\mathrm{v,V}}^2) \tag{6-18}$$

6.3.5　基础模型的结果分析

根据基础模型的计算结果，本章给出如下定理。

定理（1）：政府设立政府引导基金前，种子期、初创期将出现"市场失灵"，一般风险投资者的资金全部投资于一般风险资产，风险投资者将把资金全部投资于风险资产，此时两者的投资组合都是最优风险资产组合。

根据前文基础模型的构建，结合附录 D 中（A2）、（A5）一般风险投资者与风险投资者的最优风险资产组合的分析可知：首先，对于一般风险投资者来说，在投资初期，虽然一般风险资产的预期收益小于风险投资的期望收益；但是一般风险资产的预期风险（方差）远远小于风险资产。因此，对于一般风险投资者来说，最优风险资产的组合为全部资金配

置在一般风险资产；其次，对于风险投资者来说，在投资初期，虽然创业投资带来的预期风险(方差)较大，但是创业投资带来的期望收益远远大于一般风险资产。因此，对于风险投资者来说，最优风险资产组合为全部资产投资于风险资产；最后，由于我国创业投资市场处于成长期，一级市场的信息不对称情况非常明显，这导致风险投资市场的资本供给来源非常有限。相比之下，一般风险资产大部分投资于成熟期、稳定期风险相对较小的企业，该类企业大部分已经上市并且可在交易市场中交易。目前信息技术快速发展，信息不对称情况相对较少，这为广大风险偏好较低的投资者进入一般风险资产市场提供了可能。这也就导致创业投资供给刚性下，资金来源有限的前提下，一般风险投资者并没有把初始财富投资于种子期、初创期企业，转而把资金投资于一般风险资产。这直接导致创业投资市场种子期、初创期企业的资本供给出现不足。

为了改善创业投资市场中种子期、初创期企业资本供给不足的情况，必须引入更多的资本供给投资于种子期、初创期企业，即通过引入新的金融产品、实施让利机制等一系列条件。不仅使该参与者本身增加对种子期、初创期企业的资本供给，更重要的是引导一般风险投资者改变传统的最优风险资产组合的投资策略，将更多资金投资于风险资产，从而增加种子期、初创期企业的资本供给。

6.4　马科维茨均值-方差模型的扩展模型分析

基础模型的研究结果已证明政府尚未设立政府引导基金时，种子期、初创期企业将出现资本供给不足，这就表明单靠市场的力量不能实现资源的最优配置，这就需要引入政府机制。自我国开始设立政府引导基金以来，试图通过政府引导基金的引导作用缓解创业投资企业融资难的问题，但是具体的引导作用还有待论证。为了深入分析政府设立政府引导基金后对创业投资市场的影响，尤其是是否改变了一般风险投资者的最优风险组合，并且形成了帕累托改进。若政府加入后确实改变了创业投资市场的资本供给情况，则我们就认为政府设立引导基金确实具有引导作用以及杠杆放大效应。接下来的分析将借鉴基础模型的分析思路，对政府加入后的扩展模型进行建立和分析。

6.4.1　扩展模型的基本假设

在基本假设中，本章结合政府设立政府引导基金，作为创业投资市场中的参与者这一实际情况，用投资学中的马科维茨均值-方差模型进行研究。本章借鉴马科维茨均值-方差模型中的相关理论，在基础模型的假设基础上，通过引入政府和政府引导基金对政府参与创业投资市场后的相关概念进行假定。

1. 参与者

在设立政府引导基金后，市场中有风险投资机构、一般风险投资者，两类参与者根据市场中提供的信息以及个人风险偏好形成基本预期，进行投资选择。因为分析的是政府设立引导基金后对一般风险投资者和风险投资者的引导效应，故在不影响结论的前提下可进一步假设，设立政府引导基金后市场中仍然有两类投资者，即一般风险投资者和风险投资者。

2. 可选择的投资资产

市场中存在三类可选择资产：风险资产、一般风险资产及政府引导基金子基金。其中，风险资产是指投资于种子期、初创期的创业企业，支持该类公司发展而拥有的股权及各类债券、基金，其区别一般风险资产的关键之处是具有高风险性，企业一旦成功上市则获得巨额回报，相反若创业失败，则投资者面临巨大亏损。一般风险资产是指预期投资收益低于风险资产，风险低于风险资产之间的资产，主要是投资于成熟期、稳定期的相关企业的股权、基金。政府引导基金子基金是指母基金与社会资金共同发起设立，按照市场化运作方式，具有特殊政策性导向的基金，在让利机制的作用下，其收益相对一般风险资产较高、比风险资产小的一种特殊金融资产。进一步假定风险资产和一般风险资产的资本供给在一定期限内为常数，且一般风险资产的资本供给远远大于风险资产的资本供给。

3. 可投资市场

根据可投资资产的选择及研究需要，本章将参与者可投资市场简化为一般风险投资市场、风险投资市场、政府引导基金子基金市场。其中，一般风险投资市场由一般金融投资工具构成，这类市场主要指投资于成熟期、稳定期企业股权转让的市场。风险投资市场由风险资产组成。政府引导基金子基金市场是特殊金融子市场。因此，结合政府引导基金的风险和收益特征，在不影响研究结果有效性的前提下，本章假定政府引导基金子基金市场与一般金融资产市场不相互独立，但是子基金市场与风险投资市场期望收益相互独立。

4. 参与人的行为选择及偏好规范

政府作为创业投资市场的参与人，假定是"风险中性"的投资者。假定一般风险投资者和风险投资者根据自己掌握的"信息集"形成基本的预期$(E(r_{i,l}),\ \sigma_{i,l}^2)$进而结合自己的投资偏好进行行为选择，这里假定收益为预期收益、风险用方差表示。由于两类投资者的偏好以及信息集合存在较大差异，故本章假定两类投资者对可投资资产的基本预期也存在较大差异。两类投资者的收益和风险的情况见表6-8。

表6-8 投资者风险、收益矩阵

	一般风险资产 R		子基金 G		风险投资资产 V	
	期望	方差	期望	方差	期望	方差
一般风险投资者 r	$E(r_{r,R})$	$\sigma_{r,R}^2$	$E(r_{r,G})$	$\sigma_{r,G}^2$	$E(r_{r,V})$	$\sigma_{r,V}^2$
风险投资者 v	$E(r_{v,R})$	$\sigma_{v,R}^2$	$E(r_{v,G})$	$\sigma_{v,G}^2$	$E(r_{v,V})$	$\sigma_{v,V}^2$

注：根据前面的基本假设，该表由作者自行绘制而成，其中下标前一个字母代表投资者，下标后一个字母代表投资的资产类型。

　　在政府设立子基金后,进一步假定两类投资者根据自身的风险偏好及主观效用水平所形成的期望和方差具有可比较性。通常来讲,一般风险投资者在面临一般风险资产、创投子基金、风险投资资产时会出现和基础模型不一致的行为选择。这是因为加入新的资产后,一般风险投资者产生了不一样的预期。通常来说,我国政府具有高信用水平,这就表现出基金的风险水平与一般风险资产的风险水平差别较小,且远小于风险资产的水平;同时由于政府引导基金主张让利于民,这提高了预期收益,表现出一般风险资产的收益小于投资子基金的收益。具体表现为

$$\begin{cases} E\left(r_{r,R}\right) < E\left(r_{r,G}\right) \ll E\left(r_{r,V}\right) \\ \sigma_{r,R}^2 \approx \sigma_{r,G}^2 \ll \sigma_{r,V}^2 \end{cases} \tag{6-19}$$

　　在政府设立子基金后,对于风险投资者的最优风险资产组合同样有影响。通常风险投资者认为,风险投资的收益近似于政府引导基金投资于创业领域的收益,并且风险也大于政府引导基金。具体表现为

$$\begin{cases} E\left(r_{v,R}\right) < E\left(r_{v,G}\right) \approx E\left(r_{v,V}\right) \\ \sigma_{v,R}^2 \approx \sigma_{v,G}^2 < \sigma_{v,V}^2 \end{cases} \tag{6-20}$$

5. 效用函数

　　借鉴基础模型中的假定,投资者具有常数绝对风险厌恶效用函数:

$$U_i = -\mathrm{e}^{-P_i W_i^1} \tag{6-21}$$

式中,i 为投资者类型,W_i 表示 i 类投资者的期望值,P_i 表示 i 类投资者的绝对风险厌恶系数,根据一般投资者与风险投资者的实际风险厌恶情况可知 $P_r \gg P_v$。

6. 社会福利函数

　　为了评价政府设立政府引导基金后是否为创业投资市场起到引导效应,即是否引导参与者将资金投资于风险资产并且对社会福利是有促进作用的。本章借鉴经济学中的帕累托改进来进行衡量,衡量政府加入后至少有一方的社会福利水平得到改善,而其他人的社会福利水平有没有因此而下降。本章假设社会福利水平是功利主义社会福利函数(边沁福利函数),即

$$W = \sum_{i=1}^n U_i \tag{6-22}$$

7. 引导效应

　　根据第 2 章中政府创业投资引导作用(2.2 节)以及杠杆放大效应(2.1.2 节)的分析可知,本章假定政府引导基金的设立能够改变投资者的最优风险资产的组合,并且能够引导资金进入风险领域,特别是种子期、初创期企业(风险资产)。

6.4.2　扩展模型的求解结果

　　本章把论证过程分为政府引导基金成立前后两个阶段,根据附录 D 及附录 E 对基础

及扩展模型的求解，一般风险投资者以及风险投资者的最优风险资产组合汇总见表6-9。

表6-9 政府设立引导基金前后投资者最优风险资产组合矩阵

可投资资产	一般风险投资者		风险投资者	
	前	后	前	后
一般风险资产	1	C	0	0
政府引导基金子基金	0	$1-C$	0	$1-M$
风险投资资产	0	0	1	M

注：其中 C、M 为常数，且 C、$M \in (0,1)$。C、M 的推导过程详见附录 D。

由表6-9可知，政府成立政府引导基金子基金后，对一般风险投资者和风险投资者的最优决策都产生了影响，下面将对两者的最优决策分别进行分析。①对于一般风险投资者，由于政府引导基金的设立提高了他们对间接投资于创业投资的期望收益，从而吸引了一般风险投资者投资于政府引导基金子基金进而间接投资于创业投资资产（种子期、初创期企业）。当政府引导基金的期望收益远远大于一般风险资产的期望收益，且一般风险资产与政府引导基金相互独立时，这种引导效应将发挥到最大，这时一般风险投资者将把所有资金投资了政府引导基金子基金。②对于风险投资者，由于政府引导基金设立后，子基金、创业投资资产的预期收益和风险特征发生了改变，因此在政府引导基金成立后，创业投资者会通过间接投资子基金的方式将资金投入创业领域，由于该类基金的政策效应，投资于这部分的资金还具有创新促进、产业结构调整等效应。这也表现出近年来随着国家政策的支持，在吸引社会资金的同时，我国政府引导基金的基金规模呈现出爆发性增长的态势。

在分析了两类投资者的最优风险资产组合后，需要进一步分析的是设立政府引导基金后，投资者的投资决策是否达到效用最大化，以及是否实现帕累托改进。接下来将对投资者的效用以及社会福利进行深入分析。

1. 效用分析

借鉴基础模型中的分析假设，投资者的期望效用为

$$U_i \overline{W_1^1} - \frac{1}{2} P_i \sigma_{w_i^1}^2 \tag{6-23}$$

下面将分别分析政府设立政府引导基金后，一般风险投资者和风险投资者的效用水平（为了区别于政府未设立政府引导基金前的分析，在政府引导基金加入后，用字母上加圆点进行区别）。

对于一般风险投资者，根据表6-8可知：

$$\begin{cases} \overline{W_1^1} = C \times E(r_R) + (1-C) \times E(r_G) \\ \sigma_{w_i^1}^2 = \sigma_{r,P}^2 = C^2 \times \sigma_R^2 + (1-C)^2 \times \sigma_G^2 + 2C(1-C) \times \rho_i \sigma_R \sigma_G \end{cases} \tag{6-24}$$

把式(6-24)代入式(6-23)得出一般风险投资者的期望效用水平为

$$\dot{U}_r = W_i^0 \times C \times \left[1 + E\left(r_R\right)\right] + W_i^0 \times (1 - C) \times \left[1 + E\left(r_G\right)\right]$$
$$- \frac{1}{2} P_i \left[C^2 \times \sigma_R^2 + (1 - C)^2 \times \sigma_G^2 + 2C(1 - C) \times \rho_i \sigma_R \sigma_G\right] \tag{6-25}$$

对于风险投资者，根据表 6-8 可知：

$$\begin{cases} \overline{W_1^1} = M \times E\left(r_V\right) + (1 - M) \times E\left(r_G\right) \\ \sigma_{w_i^1}^2 = \sigma_{v,P}^2 = M^2 \times \sigma_e^2 + (1 - M)^2 \times \sigma_G^2 \end{cases} \tag{6-26}$$

把式(6-26)代入式(6-23)得出风险投资者的期望效用水平为

$$\dot{U}_v = W_i^0 \times M \times \left[1 + E\left(r_V\right)\right] + W_i^0 \times (1 - M) \times \left[1 + E\left(r_G\right)\right]$$
$$- \frac{1}{2} P_i \left[M^2 \times \sigma_V^2 + (1 - M)^2 \times \sigma_G^2\right] \tag{6-27}$$

2. 社会福利分析

根据表 6-8 相关假设，创业投资市场中只有一般风险投资者和风险投资者，故社会的福利水平为

$$\dot{U}_S^* = \dot{U}_r + \dot{U}_v = W_i^0 C \times \left[1 + E\left(r_R\right)\right] + W_i^0 \times (1 - C) \times \left[1 + E\left(r_G\right)\right]$$
$$- \frac{1}{2} P_i \left[C^2 \times \sigma_R^2 + (1 - C)^2 \times \sigma_G^2 + 2C(1 - C) \times \rho_i \sigma_R \sigma_G\right]$$
$$+ W_i^0 \times M \times \left[1 + E\left(r_V\right)\right] + W_i^0 \times (1 - M) \times \left[1 + E\left(r_G\right)\right]$$
$$- \frac{1}{2} P_i \left[M^2 \times \sigma_V^2 + (1 - M)^2 \times \sigma_G^2\right] \tag{6-28}$$

式(6-28)即为政府设立政府引导基金后简化市场的投资者获得的效用水平。

6.4.3　基础模型与扩展模型的对比分析

6.3 节、6.4.1 节、6.4.2 节已经对政府设立政府引导基金前后风险投资者和一般风险投资者的最优风险资产组合进行了分析，并对模型中两类投资者的期望效用和社会福利情况进行了分析，但是并未对政府引导基金的资金引导效应、两类投资者的期望效用以及社会福利情况进行前后对比分析。因此，后续将从这三个方面进行深入研究，阐明政府设立政府引导基金后对两类投资者具有引导作用且该政策的实施对社会来说是一种帕累托改进。

1. 引导效应分析

根据 6.3 节、6.4.1 节、6.4.2 节的分析可知，政府设立政府引导基金后，一般风险投资者和风险投资者对可投资资产的预期收益及风险进行了调整，进而对于最优风险资产选择也进行了调整。

在设立政府引导基金前，一般风险投资者的最优投资选择是把全部资金投资于一般金融资产(成熟期、稳定期企业)；在设立政府引导基金后，一般风险投资者把资金配置在一

般风险资产和政府引导基金子基金上；政府引导基金子基金进而投资于创业投资企业（种子期、初创期企业），即在成立政府引导基金后，一般风险投资者将间接地投资于新兴产业，此时基金发挥了引导作用，该作用的大小取决于政府引导基金子基金的预期收益和风险。当政府引导基金子基金的收益远远高于一般金融资产且风险远远小于创业投资资产时，一般风险投资者将把所有资金配置在子基金上，实现最大化的引导效应。

对于风险投资者，通过 6.3 节的分析可知：当政府加入后，风险投资者预期子基金的风险将远远小于风险投资，但是收益的差别并不是特别大。这时，风险投资者将由直接投资转为间接投资，即政府设立政府引导基金后，风险投资者将资金全部投资于子基金上，进而由子基金投资于创业投资企业，即把一部分资金直接投资于种子期、初创期企业，一部分资金通过子基金的方式间接投资于种子期、初创期企业，但是投资于该类企业的总资金不变。

由表 6-9 可知，虽然成立政府引导基金后风险投资者将把部分资金转为间接投资，即通过投资子基金的方式对风险市场进行投资，由于子基金的资金将投资于创业投资市场，对于风险投资者来说，其资金最终都将投资于创业企业种子期、初创期企业。因此，政府引导基金的成立对风险投资者的资金不存在"挤出效应"，而是一种投资方式的转移，然而对于一般风险投资者则发挥了明显的引导作用。综合来看，政府成立政府引导基金后确实对投资者发挥了引导作用，这种引导效应有利于改善创业投资市场的资本供给，特别是种子期、初创期的企业，并且该供给实际上等于一般风险投资者投资于子基金上的资金总和。

2. 期望效用分析及社会福利分析

根据基础模型和扩展模型的求解结果，结合附录 F 的推导可知，不管是对于一般风险投资者还是风险投资者，其效用都得到了提高，具体表示如下。

其中一般风险投资者提高的效用大致为

$$\Delta U_r = W_0^i \times (1-C) \times [E(r_G) - E(r_R)] + P_i C \times \sigma_R^2 (1-\rho_i)(1-C) \tag{6-29}$$

风险投资者提高的效用大致等于：

$$\Delta U_v = \frac{1}{2} P_v (1-M^2)(\sigma_{v,V}^2 - \sigma_{v,G}^2) \tag{6-30}$$

根据附录 F 的推导结果可知政府引导基金成立后，社会福利得到了提高，提高部分的值为

$$\Delta U_S^* = W_0^i \times (1-C) \times [E(r_G) - E(r_R)] + P_i C^* \sigma_R^2 (1-\rho_i)(1-C)$$
$$+ \frac{1}{2} P_v (1-M^2)(\sigma_{v,V}^2 - \sigma_{v,G}^2) \tag{6-31}$$

根据扩展模型的求解，本章给出如下定理。

定理(2)：政府设立政府引导基金后，由于子基金引入可投资市场，一般风险投资者将把"(1-C)*初始投资额"的资金通过子基金的形式间接投资于风险市场（种子期、初创期企业）；风险投资者将把"(1-M)*初始投资额"的资金通过子基金的形式间接投资风险市场，"M*初始投资额"的资金直接投资于风险市场；两类投资者的最优风险资

产组合都是理性的，且符合设立政府引导基金是一种帕累托最优的选择，能够增进社会福利的水平。

6.5　本　章　小　结

根据第 5 章所构建的政府引导基金绩效评价指标体系，本章利用 DEA-BCC 模型对我国 41 支政府引导基金投资记录完成小样本前测，研究表明：所构建的政府引导基金绩效评价指标体系具有一定的可操作性，能较为客观地反映政府引导基金绩效现状。基于小样本前测所得研究结果、结论，借助马科维茨均值-方差模型思路，建立基础模型和扩展模型，通过政府引导基金设立前后一般投资者和风险投资者最优资产选择的对比分析，论证政府设立政府引导基金有利于改善创业投资市场中的资本供给即具有引导效应，从而揭示风险投资市场，特别是种子期、初创期企业资本供给不足的内在原因，进而分析政府引导基金引导效应发挥的内在原因。相关研究包括以下三点。

第一，借助马科维茨均值-方差模型思路，在一系列基本假设的前提下，对创业投资市场的参与者、参与者市场行为，以及最优投资选择进行了基础模型分析。主要探讨了政府设立政府引导基金前一般风险投资者和风险投资者的最优风险资产组合的选择问题。

第二，运用马科维茨均值-方差模型的扩展模型，分析政府加入创业投资市场后，市场参与者的最优资产组合以及在该状态下的社会福利情况。主要探讨了在政府设立政府引导基金后，市场中多了政府引导基金子基金这一金融产品，这类金融产品提高了投资者的预期，并且风险相对小这一特征，导致市场中投资者的最优风险资产组合发生了显著的变化。

第三，对政府加入之前和加入之后投资者最优投资策略以及社会福利情况进行对比分析，从理论上论证了政府引导基金的设立具有资金引导效应且这种行为是一种帕累托改进。通过对投资者效用以及社会福利进行分析可知，政府设立政府引导基金后，一般风险投资者和风险投资者通过最优风险资产的选择都提高了本身的效用，并且社会福利得到改善，这表明政府设立引导基金从而建立子基金的方式是一种帕累托改进。

第7章 政府引导基金的资金引导效应

第6章通过构建政府引导基金引导效应的经济学模型,从理论上分析了政府引导基金的成立改变了投资者的基本预期,从而改变了市场参与者的投资决策,进而吸引了资金进入创业投资领域。在理论假设以及经济学分析的基础上,本章对政府引导基金杠杆放大效应进行实证研究。具体研究思路:由于政府引导基金、风险投资发展的地区差异较大,因此本章将从全国层面和地区层面对政府引导基金的杠杆放大效应进行差异分析,其中地区层面把31个省(自治区、直辖市)划分为创业投资相对成熟地区和相对落后地区(倪正东,2016),样本区间为2006~2016年共11年的省域面板数据,数据来源于私募通数据库、万德数据库以及国家统计局网站、知识产权局、商务部官网。

7.1 变量选取与相关假设

由于影响创业投资资本供给的因素较多,本章在筛选指标时结合了经济、金融、科技、人力资本等多方面的因素。出于对研究主题的考虑,把政府引导基金作为影响创业投资资本供给的主要因素,而把其他因素作为次要因素进行考虑,并结合经济学理论、国内外研究成果等进行基本假设。

7.1.1 被解释变量

创业投资资金供给的增长离不开政府的支持、金融市场的完善程度、科技创新的支持以及国民教育水平的提高。政府相关法律以及创新发展政策的支持可以推动创业投资市场的发展,使创业投资筹集规模越大。同样,金融市场越完善、科技创新的热潮越高及国民教育水平的提高,为创业投资的发展提供了强有力的保障。左志刚等(2011)在政府设立政府引导基金对风险投资的有效性中运用风险投资金额和风险投资项目数量来衡量创业投资市场的规模。本章采用风险(venture capital,VC)投资项目数量、风险投资金额来衡量31个省(自治区、直辖市)创业投资市场的资金供给情况。

因此,本章做出如下假定。

H1:政府引导基金的设立、金融市场的发展水平、科技创新的发展、国民教育水平的提高对创业投资筹资规模的扩大具有促进作用。

7.1.2　解释变量

政府引导基金设立的宗旨是发挥各级财政资金的杠杆放大功能,政府引导资金投向国家重点发展的种子期、初创期的创新创业企业,从而缓解创业投资市场资金供给不足的问题。以色列的 YOZMA 计划以及美国的 SIBC 计划都带动了社会资金进入创业投资领域。Lerner(2010)的研究结果表明,政府引导基金的设立可以引导社会资金进入创业领域,即具有政策效应。在进行具体数据指标选择时,本章采用私募通数据库中 31 个省(自治区、直辖市)的政府引导基金规模作为评价该地区政府引导基金发展情况的指标。

因此,本章做出如下假定。

H2:政府引导基金的成立,能够增加社会资金投资于创业投资市场。

7.1.3　控制变量

风险投资市场资本供给不仅受到政府引导基金规模的影响,还受到经济、金融、科技、教育水平等多方面的影响。此外,考虑到本章的研究重点是分析政府引导基金的资金引导效应,因此本章把下列指标当作控制变量对模型的回归情况进行补充。

1. 地区经济发展水平

一般来说,经济发展水平越高的地区,居民积累的财富越多,可支配收入相对较高,可用于创业投资市场的资金越多。此外,经济发展水平越高,创业投资项目越多,这为创业投资的发展提供了前提条件。Carvell 等(2013)运用自回归方法,对美国创业投资市场和 GDP 的关系进行了研究,指出经济的发展水平越高,创业投资资本的规模越大。考虑到人均 GDP 反映了国民生活水平以及我国各地区之间人口、经济发展水平存在较大差异的现状,为了消除人口差异带来的影响,真实反映居民生活水平,在选取具体指标时,本章采用地区人均 GDP 来衡量该地区的发展水平。

因此,本章做出如下假定。

H3:经济发展水平的提高对创业投资筹资规模的扩大具有正向的促进作用。

2. 地区的开放程度

地区的开放程度与风险投资市场的关系主要表现在两个方面。地区越开放,一方面,有利于国外风险投资资金的进入;另一方面,可以带来较先进的管理经验。这两方面的综合结果不仅直接地为创业投资提供了资本供给,还间接地推动其长期健康稳定的发展。目前,衡量地区的开放程度的指标是地区进出口总额,故本章采用地区的进出口总额占 GDP 比例来衡量地区的经济开放程度。

因此,本章做出如下假定。

H4:地区的开放程度越高,创业投资资本供给越大,越有利于缓解中小企业融资难的问题。

3. 金融市场信贷规模

创业投资市场本身就是金融市场的一个子市场，金融市场资金越充足，越能为创业投资市场的发展提供有力的支撑。金融市场作为资金的流通市场，发挥着资金配置的功能。通常金融市场中信贷规模越大，越有利于创业投资市场的资金筹集，因为信贷规模越大，通常反映市场利率趋于下降，信贷需求上升。目前，我国主要的资金筹集方式还是以金融机构为主的间接筹资方式，在指标选取上，本章采用金融机构人民币贷款余额占存贷款总额来反映金融市场的信贷情况。

因此，本章做出如下假定。

H5：金融市场信贷规模越大，创业投资筹资规模越大。

4. 地区的创新水平

创新是国家设立政府引导基金支持创业投资领域的一个重要因素。设立政府引导基金支持创业企业一方面可以为创业企业提供更多的资金支持，推动企业的科技创新，另一方面，企业创新能力的提升可以提高企业的内在价值从而吸引更多的社会资金投资于创业市场。各地区知识产权抵押融资模式的创新，为科技型企业提供了资金的来源，在一定程度上缓解了创业企业融资难的问题。本章采用万人专利授权量作为衡量地区创新性水平的指标。

因此，本章做出如下假定。

H6：地区的创新水平越高，创业投资规模越大，创业市场发展水平越高。

5. 人力资本

创业投资市场是高风险市场，这就要求该市场的参与者必须具有较高的专业水平。一方面，对于资金的供给者，把可支配收入投资于各项金融产品，取决于其教育水平、投资偏好、金融市场的发展成熟度；另一方面，对于资金的管理者，在高风险的市场中，要实现收益一定的前提下风险最小，资金管理机构必须具有高专业水平，只有这样才能在众多的创业投资项目中选出最合适的项目。此外，对于创业投资企业来说，只有该企业管理者具有较高的专业水平，才能把握市场的动向，提高该企业的创新水平，提高企业的核心价值。Koenker 和 Bassett（1978）指出，管理者的领导能力和团队的专业素质、心理素质是影响创业投资市场的重要因素。一个地区的高等教育水平的发展情况，对于该地区居民的整体素质水平的提高具有重要的作用，因此，本章采用高校在校生数量占常住人口比例来衡量该地区的人力资本水平。

因此，本章做出如下假定。

H7：高校在校生数量占常住人口比例越大，人力资本越充足，创业投资规模越大，创业投资市场发展水平越高。

7.1.4 变量统计表

结合基本假设，表 7-1 给出了变量的定义，以及回归系数的简称。在描述性统计及实证分析中，将根据表 7-1 中的定义对政府引导基金的资金引导效应进行分析。变量中的数据来自私募通数据库、万德数据库及国家统计局网站。

表 7-1 变量统计表

变量类型	变量名称	代码	简称	定义
被解释变量	创业企业投资情况	Venture Capital	VC	风险投资项目数量
	创业投资规模	Quantity of Venture Capital	VCQ	风险投资金额
解释变量	政府设立引导基金	Government Guiding Fund	GGF	政府引导基金规模
控制变量	地区经济发展水平	Per Capita GDP	Per_GDP	地区人均 GDP
	金融市场信贷规模	Loan	L	金融机构人民币贷款余额占存贷款总额
	地区的开放程度	Total Import-Export Volume	TMX	进出口总额占 GDP 比例
	地区的创新水平	Patent	PAT	万人专利授权量
	人力资本	Higher Education Student	HES	高校在校生数量占常住人口比例

注：在中国海关总署发布的统计资料中，通常用 Total Export-Import Volume 表示进出口额。本书用进出口总额占 GDP 比重来得知地区开放程度。为方便，简称 TMX。

7.2 数据来源与样本区间

国内目前统计政府引导基金的数据库主要有私募通数据库和 CVSource 数据库。经过对比后发现，私募通数据库统计的数据更加全面具体，并且该数据库有专门统计政府引导基金的板块，这对研究政府引导基金的引导效应提供了可靠的数据支持。因此本章中，31个省(自治区、直辖市)的政府引导基金的设立情况统计数据均来自私募通数据库。由于创业投资市场的实际投资额就是风险投资机构的投资额，因此，本章用风险投资的金额来反映创业投资市场的资金供给情况，该数据来自万德数据库中的 VC、PE 专题数据库。由于2006 年前设立政府引导基金的省市非常少，为了提高实证结果的可靠性，本章选取的样本区间为 2006～2016 年共 11 年的省际面板数据。此外，本章中的其他数据主要来自2006～2016 年各省(自治区、直辖市)的统计年鉴，以及知识产权局、商务局官网，原始数据表见附录 G。

7.3 政府引导基金的资金引导效应模型

根据本章假设以及描述性统计分析，构建出政府引导基金的资金引导效应模型，具体模型为

$$\mathrm{VC}_{it} = \partial_i + \beta_1 \mathrm{GGF}_{it} + \beta_2 \mathrm{Per\_GDP}_{it} + \beta_3 \mathrm{PAT}_{it} + \beta_4 \mathrm{TMX}_{it} + \beta_5 \mathrm{L}_{it} + \varepsilon_{it} \qquad (7\text{-}1)$$

式中，各变量为表 7-1 中定义的变量；∂ 为各省(自治区、直辖市)的固定效应；ε 为随机误差项；下标 i 表示 31 省(自治区、直辖市)的地区控制变量；下标 t 表示 2006～2016 年

的时间控制变量。

由于 31 省(自治区、直辖市)2006～2016 年的数据为面板数据,分别采用混合普通最小二乘(ordinary least squares,OLS)模型、固定效应模型和随机效应模型进行回归分析,最终通过豪斯曼检验(Hausman-test)来确定本章最终选取的模型。

7.4　政府引导基金的资金引导效应分析(全国层面)

7.4.1　描述性统计分析

通过 Eviews 8.0 的操作,得出主要变量的描述性统计结果,如表 7-2 所示。从表 7-2可得:①2006～2016 年,风险投资的项目数量均值为 47.82698,最大值与最小值相差较大,标准差为 124.7939,这说明地区间风险投资的项目数量差异较大;②政府引导基金规模最大值为 3869.500,最小值为 0.000000,标准差为 474.3985,这说明 2006～2016 年各地区设立政府引导基金的差异较大,即存在政府引导基金发展相对成熟地区和相对落后地区的现状;③金额机构人民币贷款余额占存贷款总额,进出口总额占 GDP 比例的方差相对较小,这说明随着我国对外卅放政策以及金融改革取得了较大的成就,为创业投资市场的发展提供了良好的基础;④万人专利授权量以及高校在校生数量占常住人口比例标准差分别为 48407.38、477096.8,这也说明地区差异较大。以上分析表明:我国政府引导基金设立与创业投资规模存在较大的地域差异特征。

表 7-2　描述性统计表

	VC	GGF	Per_GDP	L	TMX	HES	PAT
Mean	47.82698	136.1823	38112.37	0.586452	0.049499	724560.2	28233.95
Median	9.000000	0.500000	33628.00	0.580000	0.020000	656127.0	9935.000
Maximum	1183.000	3869.500	118198.0	0.810000	0.240000	1995880	269944.0
Minimum	0.000000	0.000000	5750.000	0.480000	0.010000	23329.00	68.00000
Std. Dev.	124.7939	474.3985	22574.82	0.047620	0.057937	477096.8	48407.38
Observations	341	341	341	341	341	341	341
Cross sections	31	31	31	31	31	31	31

说明:Cross sections 表示截面数据;Mean 表示平均数;Median 表示中位数;Maximum 表示最大值;Minimum 表示最小值;Std. Dev.表示标准差;Observations 表示观测值。后同

7.4.2　变量间 Pearson 相关系数

通过 Eviews 8.0 的操作,得出主要变量间皮尔逊(Pearson)相关系数矩阵、T 检验值,如表 7-3 所示。从表 7-3 可知:①政府引导基金规模与风险投资项目数量的相关系数为0.416175,表明变量间存在正相关,变量间的 T 检验值为 8.427067,表明在 1%的显著性

水平下通过检验；②风险投资项目数量和地区人均 GDP 之间存在正相关，通过了显著性水平为 1%的检验；③高校在校生数量占常住人口比例与风险投资项目数量显示为正相关性，且相关关系通过了显著性水平为 1%的检验；④金融机构人民币贷款余额占存贷款总额与风险投资项目数量表现出正相关，并且通过显著性水平为 1%的检验，表明信贷规模对风险投资有显著的正向影响；⑤进出口总额占 GDP 比例、万人专利授权量与风险投资规模表现为正相关，且通过了显著性水平为 1%的检验。

表 7-3　变量间 Pearson 相关系数矩阵

变量	VC	GGF	Per_GDP	L	TMX	HES	PAT
VC	1.000000						
	—						
GGF	0.416175***	1.000000					
	8.427067	—					
Per_GDP	0.597131***	0.322113***	1.000000				
	13.70622	6.264633	—				
L	0.243142***	0.014253***	−0.14166***	1.000000			
	4.615209	0.262455	−2.634799	—			
TMX	0.558617***	0.064221	0.560094***	0.151011***	1.000000		
	12.40042	1.184885	12.44818	2.812661	—		
HES	0.157574***	0.226276***	0.175493***	0.056965	0.087282	1.000000	
	2.937955	4.277116	3.282113	1.050539	1.613188	—	
PAT	0.488232***	0.377111***	0.553658***	−0.041116	0.391228***	0.574006***	1.000000
	10.30040	7.496866	12.24136	−0.757671	7.827143	12.90659	—

注：***表示在 1%水平下显著，**表示在 5%水平下显著，*表示在 10%水平下显著。

7.4.3　回归结果分析

通过 Eviews8.0 中 Panel-Data 模型，得出全国层面政府引导基金资金引导效应的混合 OLS 模型、固定效应模型、随机效应模型的回归结果，具体结果见表 7-4。

表 7-4　全国层面回归结果

	变量	回归系数	标准误差	T 统计量	P 值
	C	−452.202***	60.00271	−7.536359	0.0000
	GGF	0.064254***	0.01046	6.142794	0.0000
	Per_GDP	0.001816***	0.000283	6.418913	0.0000
混合 OLS 模型	L	681.3509***	99.25407	6.864714	0.0000
	TMX	555.9087***	99.85327	5.567256	0.0000
	HES	-2.49×10^{-5}**	1.17×10^{-5}	−2.120325	0.0347
	PAT	0.00046***	0.000141	3.27581	0.0012
	R^2		0.577423		

续表

	变量	回归系数	标准误差	T 统计量	P 值
固定效应模型	C	−436.2430***	107.8330	−4.045543	0.0001
	GGF	0.043669***	0.008686	5.027583	0.0000
	Per_GDP	0.002529***	0.000429	5.893549	0.0000
	L	923.2278***	171.9343	5.369654	0.0000
	TMX	−537.3673***	171.9762	−3.124660	0.0020
	HES	−0.000208***	$4.34×10^{-5}$	−4.802760	0.0000
	PAT	0.000636***	0.000186	3.420562	0.0007
	R^2	0.772996			
随机效应模型	C	−525.6913***	75.02497	−7.006884	0.0000
	GGF	0.044933***	0.008475	5.301560	0.0000
	Per_GDP	0.002055***	0.000296	6.945402	0.0000
	L	857.9490***	122.2654	7.017106	0.0000
	TMX	145.0033	110.0256	1.317905	0.1884
	HES	$−5.49×10^{-5}$***	$1.65×10^{-5}$	−3.319808	0.0010
	PAT	0.000657***	0.000151	4.336163	0.0000
	R^2	0.425496			
观测值	N	341			

注：***表示在 1%水平下显著，**表示在 5%水平下显著，*表示在 10%水平下显著。

从表 7-4 可得出以下结论。

(1)从全国层面来看，政府引导基金都通过了显著性水平为 1%的检验，表明政府引导基金对风险投资的引导作用是显著的。回归系数为正值，表明政府引导基金的设立会对风险投资产生正向引导作用，这与前文中的假设条件符合。这就为各地区设立政府引导基金提供了理论支撑。

(2)反映地区经济发展水平的地区人均 GDP 指标在三个模型中都通过显著性水平为 1%的检验。三类模型中的回归系数为正值，这表明控制变量 GDP 对风险投资有一定的促进作用，并且这种影响是显著的。这和基本假设中经济发展水平对创业投资具有促进作用也是一致的。因此，在促进创业投资的同时，我们必须大力发展经济，只有这样才能为风险投资发展提供不竭的动力和项目支持。

(3)金融机构人民币贷款余额占存贷款总额在三类回归模型中都通过了显著性水平为 1%的检验且回归系数为正值，这说明金融市场信贷规模越大，对风险投资的示范作用越大。本章给出的解释是：金融市场信贷规模越大，越有可能给当地的风险投资者传递宏观经济向好的信息预期，产生良好的示范效应，从而相应地加大对创业企业的投资。

(4)进出口总额占 GDP 比例在混合 OLS 模型和固定效应模型中均通过了显著性水平为 1%的检验，但在随机效应模型中并未通过 10%的检验。回归系数的值分别是正值、负值、正值，这表明地区的开放程度对风险投资规模的影响不确定。本章给出的解释是，在数据收集整理中可以明显发现边境省份的进出口规模远远大于内陆省份，但是在内陆地区风险投资规模往往较大，同时在东部沿海地区，进出口总额较大的同时风险规模也较大，故出现了文中显示的系数符号不一致。此外，地区的开放程度作为控制变量出现，其显著性及符号对本章研究结论不产生影响。

（5）高校在校生数量占常住人口比例在混合 OLS 模型、随机效应模型、固定效应模型中均分别通过显著性水平为 5%、1%、1%的检验，这说明地区的人力资本情况对风险规模具有显著性影响。回归系数值为负数，这说明地区的人力资本情况对风险投资的影响存在"挤出效应"。本章给出的解释是，高校在校生数量越多，对风险的认识越完全，投资时考虑的未知因素越多，从而投资越保守，进而对创业投资产生"挤出效应"。

（6）反映地区创新水平的万人专利授权量在三类模型中都通过了显著性水平为 1%的检验。回归系数的值为正，这说明地区的创新水平显著地影响风险投资的规模。本章给出的解释是，在创新水平高的地区企业内在价值较大，未来发展潜力较大，越容易获得风险资本的投资；另一方面，风险资本的风险投资是建立在对企业的内在价值的认可上。因此，创新能力越高的地方，反映企业的创新水平越高，从而风险规模越大，对风险资本的引导效应越大。

7.4.4　豪斯曼检验

为了确定回归模型是具有固定效应还是随机效应，本章采用 Eviews 8.0 软件中提供的豪斯曼检验对回归结果进行检验，检验结果见表 7-5。

表 7-5　全国层面豪斯曼检验

豪斯曼检验	Chi-Sq. Statistic	Chi-Sq. d.f.	P 值
Cross-section random	71.849553	6	0.0000

注：Cross-section random 为随机效应模型，后同。

由表 7-5 可知，拒绝原假设：设定为随机效应模型。模型应该设定为固定效应模型通过检验，豪斯曼检验值为 71.849553，P 值为 0.0000，通过了显著性水平为 1%的检验，即面板模型应该选择固定效应模型。从表 7-4 的回归模型也可知，从变量的显著性水平以及回归模型的联合解释程度来看都可得出，固定效应的模型设定优于随机效应模型，因此，将采用固定效应模型来对政府引导基金对风险资本的引导作用进行深入研究。

7.4.5　稳健性检验

研究结果的稳健性检验一般有数据分类的调整、变量的替换、采用多种计量方法进行回归等三种方式。为了提高研究结果的准确性，本章在 7.4.3 节（回归结果分析）中已经对影响创业投资的因素进行了回归，在接下来的研究中采用变量替换的方法，将风险投资金额（VCQ）对风险投资项目数量（VC）指标进行替代，从而对研究结果的稳健性进行分析。另外，由于表 7-5 的检测结果显示固定效应模型更适合本章的研究，因此后文将采用固定效应模型进行回归分析，同时选择混合 OLS 模型进一步论证研究结论的稳健性。

由表 7-6 得出：①两个模型中，政府引导基金规模的回归系数都通过了显著性水平为 1%的检验，并且系数值为正，这一结果和表 7-4 中的结果一致，从而得出政府引导基金对风险投资规模的促进作用的结论具有一致性，即研究结果具有稳定性；②从控制变量来看，在混合 OLS 模型中显著性检验及回归系数符号与表 7-4 的研究结果基本保持一致，只有万人专利授权量的回归系数由显著变为不显著，这表明控制变量有较好的稳定性；在固定效应模型中，控制变量的显著性检验和系数符号与表 7-4 保持一致；从模型的联合解释能力来看，R^2 较大，表明模型仍然有较好的解释能力。

表 7-6 研究结果稳健性检验回归结果

模型设定	变量	系数	标准误	T 统计量	P 值
混合 OLS 模型	C***	−574.8302	82.02191	−7.008252	0.0000
	GGF***	0.085888	0.014299	6.006746	0.0000
	Per_GDP	0.00221	0.000387	5.714352	0.0000
	L***	887.3012	135.6773	6.539789	0.0000
	TMX***	600.5658	136.4964	4.399865	0.0000
	HES**	$-4.11×10^{-5}$	$1.61×10^{-5}$	−2.55821	0.011
	PAT	0.000314	0.000192	1.635188	0.103
	R^2	0.483303			
固定效应模型	C***	−500.6168	145.7125	−3.435647	0.0007
	GGF***	0.059761	0.011737	5.091669	0.0000
	Per_GDP***	0.002913	0.00058	5.021971	0.0000
	L***	1149.757	232.3313	4.948783	0.0000
	TMX****	−887.5338	232.3879	−3.819191	0.0002
	HES***	−0.000297	$5.87×10^{-5}$	−5.05642	0.0000
	PAT***	0.000579	0.000251	2.305286	0.0218
	R^2	0.728771			
观测值	N	341			

注：***表示在 1%水平下显著，**表示在 5%水平下显著，*表示在 10%水平下显著。

综上，不管从解释能力、回归系数符号以及政府引导基金的引导作用情况来看，研究结论都具有一致性，而研究结果的稳健性，也进一步论证了全国政府引导基金对风险投资具有引导效应这一结论。

7.5 政府引导基金的资金引导效应分析(地区层面)

由表 7-2 可知，风险投资存在较大的区域差异特征，根据清科集团《2016 年中国股权投资市场回顾与展望》可知，我国风险投资规模、投资机构数量、创业投资企业存在显著性的地域差异(清科研究中心，2016)。因此，在地区差异性研究中，本章借鉴房燕和鲍新中(2016)对创业投资的地域分类，将我国创业投资市场的发展分为创业投资相对成熟地区和创业投资相对落后地区，从而进一步研究政府引导基金对创业投资的引导作用。其中，创业投资相对成熟地区包括北京、天津、上海、江苏、浙江、广东和山东 7 个地区，其他省(自治区、直辖市)为创业投资相对落后地区。在以下研究中将使用固定效应模型对这两类地区政府引导基金的引导效应进行深入研究。

7.5.1　地区描述性统计分析

为了分析地区间创业投资的集中性、离散性以及地区间发展的差异情况，为实证分析提供指导意义，下面从创业投资相对成熟地区以及创业投资相对落后地区两个层面对地区间创业投资进行描述性统计分析。

1. 创业投资相对成熟地区描述性统计

表 7-7 为 7 个创业投资相对成熟地区主要变量的描述性统计结果，主要包括均值、标准差、中位数、最值等情况，具体结果如表 7-7 所示。

表 7-7　创业投资相对成熟省(直辖市)描述性统计

	VC	GGF	Per_GDP	L	TMX	HES	PAT
Mean	173.9870	262.8070	65829.16	0.585325	0.129481	984789.2	84685.19
Median	111.0000	19.20000	63469.00	0.580000	0.120000	907482.0	52953.00
Maximum	1183.000	3869.500	118198.0	0.690000	0.240000	1995880.	269944.0
Minimum	1.000000	0.000000	23546.00	0.510000	0.040000	102481.0	4159.000
Std. Dev.	219.4463	700.8123	24041.48	0.044355	0.060804	588803.8	74973.34
Observations	77	77	77	77	77	77	77

从表 7-7 可得出如下结论：①2006～2016 年，风险投资项目数量均值为 173.9870，最大值与最小值相差较大，标准差为 219.4463，这说明在创业投资相对成熟地区间风险投资的项目数量差异仍然较大；②政府引导基金规模最大值为 3869.500，最小值为 0.000000，标准差为 700.8123，这说明 2006～2016 年创业投资相对成熟地区设立政府引导基金的差异仍然较大；③金融机构人民币贷款余额占存贷款总额，进出口总额占 GDP 比例、高校在校生数量占常住人口比例的方差相对较小，这说明随着我国对外开放政策以及金融改革、高等教育普及取得了较大的成就，为创业投资市场的发展提供了良好的基础；④3 人专利授权量标准差为 74973.34，这也说明地区创新水平差异较大。

2. 创业投资相对落后地区描述性统计

表 7-8 为 24 个创业投资相对落后地区主要变量的描述性统计结果，主要包括均值、标准差、中位数、最值等情况，具体结果如表 7-8 所示。

表 7-8　创业投资相对落后地区描述性统计

	VC	GGF	Per_GDP	L	TMX	HES	PAT
Mean	11.03030	99.25011	2.990227	0.589167	0.026172	2.782819	2.651241
Median	6.000000	0.000000	2.815000	0.590000	0.020000	0.006293	1.747469
Maximum	122.0000	3277.000	7.390000	0.810000	0.230000	96.41721	17.33144
Minimum	0.000000	0.000000	0.630000	0.410000	0.010000	0.003433	0.177104
Std. Dev.	14.07067	378.0939	1.422645	0.049791	0.029188	13.61837	2.743494
Observations	264	264	264	264	264	264	264
Crosssections	24	24	24	24	24	24	24

从表 7-8 可得：①2006～2016 年，风险投资项目数量均值为 11.03030，最大值与最小值之差与风险投资相对成熟地区相比较小，标准差为 14.07067，这说明创业投资相对落后地区间风险投资项目数量差异较小；②政府引导基金规模最大值为 3277.000，最小值为 0.000000，标准差为 378.0939，这说明 2006～2016 年创业投资发展相对落后地区设立政府引导基金的差异虽然存在，但是从标准差可知，相对落后地区这种差异相对较小；③金融机构人民币贷款余额占存贷款总额、进出口总额占 GDP 比例的方差相对较小，这说明我国对外开放政策以及金融改革政策、国家鼓励创新性政策在创业投资相对落后的地区也取得了较大的成就，这为创业投资市场的发展提供了良好的基础；④高校在校生数量占常住人口比例、万人专利授权量的标准差分别为 14137.96、2.743494，这说明地区高等教育受教育程度、地区创新水平存在差异性。

7.5.2　变量间 Pearson 相关系数

在进行实证研究之前，通过变量间的 Pearson 相关系数，对变量间的基本关系进行简单的分析，从而为假设的验证以及后文的实证研究提供相应的指导。因此，本节将从地区层面对变量间的相关关系进行分析和研究。

1. 创业投资相对成熟地区变量间 Pearson 相关系数

表 7-9 为创业投资相对成熟地区变量间 Pearson 相关系数矩阵。

表 7-9　创业投资相对成熟地区变量间 Pearson 相关系数矩阵

变量	VC	GGF	Per_GDP	L	TMX	HES	PAT
VC	1.000000						
	—						
GGF	0.551639***	1.000000					
	5.727645	—					
Per_GDP	0.523964***	0.346258***	1.000000				
	5.327523	3.196412	—				
L	0.693546***	0.246357**	0.194175*	1.000000			
	8.337295	2.201359	1.714236	—			

续表

变量	VC	GGF	Per_GDP	L	TMX	HES	PAT
TMX	0.358995***	−0.111162	0.145044	0.727988***	1.000000		
	3.331034	−0.968694	1.269544	9.195828	—		
HES	−0.089354	0.210930*	−0.40738***	−0.006607	−0.37485***	1.000000	
	−0.776938	1.868754	−3.863182	−0.057223	−3.501656	—	
PAT	0.206528*	0.422383***	0.171832	−0.047453	−0.233993**	0.592197***	1.000000
	1.827995	4.035610	1.510576	−0.411416	−2.084300	6.364629	—

注：***表示在 1%水平下显著，**表示在 5%水平下显著，*表示在 10%水平下显著。

从表 7-9 可得：①政府引导基金规模与风险投资项目数量的相关系数为 0.551639，表明变量间存在正相关，变量间的 T 检验值为 5.727645，表明在 1%的显著性水平下通过检验；②风险投资项目数量和地区人均 GDP 之间存在正相关，通过了显著性水平为 1%的检验；③金融机构人民币贷款余额占存贷款总额与风险投资项目数量表现出正相关，并且通过显著性水平为 1%的检验，表明地区的信贷规模对风险投资有显著的正向影响；④进出口占 GDP 比例与风险投资项目数量表现出正相关且通过了显著性水平为 1%的检验，表明地区的开放水平能够促进风险投资的发展；⑤高校在校生数量占常住人口的比例与风险投资项目数量显示为负的相关性，但这种阻碍关系是不显著的；⑥万人专利授权量与风险投资项目数量表现为正相关，且通过了显著性水平为 10%的检验，说明一定程度上创新水平的发展能够促进地区创业投资规模的发展。

2. 创业投资相对落后地区变量间 Pearson 相关关系

表 7-10 为创业投资相对落后的 24 个地区变量间 Pearson 相关系数矩阵。

表 7-10　创业投资相对落后地区变量间 Pearson 相关系数矩阵

变量	VC	GGF	Per_GDP	L	TMX	HES	PAT
VC	1.000000						
	—						
GGF	0.243440***	1.000000					
	4.062639	—					
Per_GDP	0.268373***	0.269666***	1.000000				
	4.509433	4.532854	—				
L	−0.042442	−0.094825	−0.35512***	1.000000			
	−0.687611	−1.541821	−6.148910	—			
TMX	0.051789	−0.016239	0.114527*	0.003768	1.000000		
	0.839407	−0.262879	1.866057	0.060999	—		
HES	0.528010***	0.184260***	0.237385***	0.091921	−0.072947	1.000000	
	10.06382	3.034469	3.955468	1.494199	−1.183912	—	
PAT	0.692208***	0.388971***	0.503368***	−0.076937	0.046690	0.694147***	1.000000
	15.52502	6.834243	9.429456	−1.249032	0.756570	15.60882	—

注：***表示在 1%水平下显著，**表示在 5%水平下显著，*表示在 10%水平下显著。

从表 7-10 可得：①政府引导基金规模与风险投资项目数量的相关系数为 0.243440，表明变量间存在正相关，变量间的 T 检验值为 4.062639，表明在 1% 的显著性水平下通过检验，但是与创业投资相对成熟的 7 个地区相比，相关关系下降，这与现实也是相符的；②风险投资项目数量和地区人均 GDP 之间存在正相关，通过了显著性水平为 1% 的检验；③金融机构人民币贷款余额占存贷款总额与风险投资项目数量现出负相关，即信贷市场的发展在落后地区会对创业投资规模产生"挤出效应"，但是这种效应并不显著；④进出口占 GDP 比例与创业投资项目数量表现出正相关但是未通过显著性水平检验，表明地区的开放水平并不能显著地促进风险投资的发展；⑤高校在校生数量占常住人口的比例与风险投资项目数量显示为正相关性并通过了显著性水平为 1% 的检验，这与创业投资相对成熟地区存在较大的差异；⑥万人专利授权量与风险投资规模表现出正相关，且通过了显著性水平为 1% 的检验，说明一定程度上创新水平的发展能够促进地区创业投资规模的发展。

7.5.3　回归结果分析

1. 创业投资相对成熟地区回归结果分析

创业投资相对成熟地区回归结果如表 7-11 所示。根据表 7-11，在 7 个创业投资发展成熟的地区，可得以下研究结果。

表 7-11　创业投资相对成熟地区回归结果

变量	回归系数	标准误差	T 统计量	P 值
C	−1692.144***	163.6838	−10.33789	0.0000
GGF	0.042656***	0.009185	4.644166	0.0000
Per_GDP	0.002368***	0.000282	8.388068	0.0000
L	3348.721***	328.8800	10.18220	0.0000
TMX	−1275.292***	207.6932	−6.140267	0.0000
HES	−0.000100***	$2.06×10^{-5}$	−4.868358	0.0000
PAT	$3.29×10^{-5}$	0.000130	0.254282	0.8001
R^2			0.853804	
观测值			77	

注：***表示在 1% 水平下显著，**表示在 5% 水平下显著，*表示在 10% 水平下显著。

(1) 政府引导基金规模通过了显著性水平为 1% 的检验，说明政府引导基金对风险投资有显著的引导作用。政府引导基金的系数符号为正，说明设立政府引导基金对风险投资产生正向引导作用，这与全国层面的研究结论相符合。

(2) 反映地区经济发展水平的地区人均 GDP 指标通过显著性水平为 1% 的检验。回归系数为正值，这说明在创业投资相对成熟的地区，人均 GDP 的提高，对创业投资规模有显著的促进效应。

(3) 金融机构人民币贷款余额占存贷款总额通过显著性水平为 1% 的检验且回归系数为

正值，说明金融市场信贷规模越大，对风险投资的促进作用越大。回归系数较大，这也表明在创业投资相对成熟的地区，金融机构的信贷政策对创业投资产生了较大的促进作用。

(4)进出口占 GDP 比例通过了显著性水平为 1%的检验，回归系数为负值。这与全国层面的固定效应回归结果一致。本章给出的解释是，创业投资相对成熟的地区大部分位于东部沿海地区，对外开放程度较高，相关的管理水平也较高，该类地区开放程度的提高会导致部分资金转移到国外寻求风险投资项目，故对国内的风险投资产生显著的"挤出效应"。

(5)高校在校生数量占常住人口比例的回归系数为负并且通过显著性水平检验，这说明创业投资发展相对成熟地区的人力资本情况对风险规模在统计意义上产生显著的影响，并且一定程度上存在阻碍现象，这与假设结果不符，本章给出的解释是，在创业发展程度相对成熟的地区，相应的教育水平已经取得了较大的成就，目前的投资规模与教育水平已经超过了两者的最优资源配比，此时教育水平的继续提高反而会对创业投资规模存在"挤出效应"。

(6)反映地区创新水平的万人专利授权量的回归系数为正符合基本假设但是未通过显著性水平检验，回归系数的值为正表明有正向的促进作用，但是这种促进作用并不是显著的，该结论和前文假设相一致。

(7)从模型的联合解释能力(R^2)来看，创业投资相对成熟地区的解释能力有所上升，模型的拟合程度较好。

2. 创业投资相对落后地区回归结果分析

表 7-12 为创业投资相对落后地区回归结果。

表 7-12　创业投资相对落后地区回归结果

变量	回归系数	标准误差	T 统计量	P 值
C	37.68818**	17.13305	2.199735	0.0288
GGF	0.007119***	0.001840	3.867885	0.0001
Per_GDP	3.774916**	1.558609	2.421978	0.0162
L	−71.37074**	28.04236	−2.545105	0.0116
TMX	−7.466893	26.89244	−0.277658	0.7815
HES	−0.039981	0.206878	−0.193260	0.8469
PAT	1.224090***	0.447889	2.733021	0.0068
R^2		0.637842		
观测值		264		

注：***表示在 1%水平下显著，**表示在 5%水平下显著。

(1)从政府引导基金规模来看，该指标的回归系数通过了显著性水平为 1%的检验，回归系数的值为正值，符合假设。这表明在创业投资相对落后的地区，设立政府引导基金仍然对该地区的风险投资有促进作用，对风险资本有引导作用。

(2) 从其他指标的显著性水平检验来看，地方人均 GDP、金融机构人民币贷款余额占存贷款总额的回归系数均通过了显著性水平为 5% 的检验，但是金融机构人民币贷款余额占存贷款总额的符号和创业投资相对成熟地区有些差异，本章给出的解释是：创业投资发展相对落后的地区，金融系统相对落后，一方面金融机构为了业务规模的扩展，为中小企业提供相关贷款挤占了风险资本；另一方面，金融系统的相对不发达，导致一些企业愿意选择银行贷款作为融资方式，因此表现出对创业投资的"挤出效应"。创业投资相对落后地区的万人专利授权量由创业投资相对成熟地区的不显著变为显著，本章给出的解释是通常落后地区有相应的政策扶植，进而创新的发展可以为创业企业的投资提供政策促进效应。

(3) 作为反映人力资本水平的高校在校生数量占常住人口比例的控制变量未通过显著性检验且回归系数为负值。本章给出的解释是：一方面，在创业投资发展相对落后的地区，高等教育水平处于相对落后的状态，特别是西部地区，高等教育相对落后，人才集聚效应并未产生，金融管理知识相对落后，因此对高风险的创业投资产生相应的底层心理，对创业投资产生"挤出效应"；另一方面，由于教育水平的相对落后，高校在校生数量占常住人口比例较低，这使得其产生的"挤出效应"并不显著。

7.6 本 章 小 结

本章选取了私募通数据库、万德数据库 2000～2016 年我国政府引导基金的省际面板数据，运用固定效应模型、混合效应模型建立了政府引导基金的资金引导效应模型并且对基金的引导效应进行了实证分析，研究结果表明：政府引导基金的设立不管从全国层面还是地区层面都对社会资金发挥了引导作用，并具有显著的促进作用，在创业投资发展成熟地区(北京、天津、上海、江苏、浙江、广东和山东 7 个地区)，政府引导基金已明显产生杠杆放大效应，但在创业投资发展相对落后地区(除以上 7 个地区外)，政府引导基金的杠杆放大效应尚不明显。

从地区差异分析来看，控制变量中相关变量对创业投资的影响存在一定的差异，因此各地区在促进创业投资发展时，要结合当地的实际经济条件，对政府引导基金的规模、收益分配进行相应的调整。根据政府引导基金的设立目的是促进技术创新水平的提高，在分析引导效应时有必要对基金设立后对地区技术创新水平的影响进行深入分析。因此，第 8 章将对政府引导基金的技术创新引导效应进行实证研究。

第8章　政府引导基金的技术创新引导效应

由政府引导基金的设立宗旨可知，政府引导基金的引导效应和杠杆放大效应包括两个方面：一方面，政府引导基金是否引导社会资金进入创业领域(种子期、初创期企业)；另一方面，政府引导基金的设立是否对地区的技术创新水平起到促进作用。我国处于产业结构优化升级的发展阶段，政府引导基金的技术创新引导效应显得尤为重要，因此，在分析了资金引导作用后，本章将对基金的技术创新促进效应进行深入研究。

8.1　变量及基本假设

8.1.1　被解释变量

在对政府引导基金技术创新促进作用的研究中，本章把地区万人专利授权量作为地区技术创新指标，并且把该指标当作模型的被解释变量。通过解释变量对被解释变量的解释能力深入分析政府引导基金对地区技术创新水平的影响。

8.1.2　解释变量

政府引导基金成立的宗旨是通过设立该类资金吸引社会资金进入新兴产业、高新技术产业。以往研究表明，企业的研究与开发费用与创新能力有显著的正相关，而更宽裕的融资环境将会缓解企业资金不足的问题，为企业研发费用提供长期的支撑。此外，政府引导基金作为政策性基金，资金成本相对较低，相对研究周期较长、研究费用较高的新兴产业，更有利于企业的技术创新。本章把政府引导基金规模作为被解释变量，通过分析其系数情况，研究其对地区技术创新水平的影响。

因此，本章做出如下假设。

H1：政府引导基金的成立，能够提高该地区技术创新水平。

8.1.3　控制变量

区域技术创新水平不仅受到政府引导基金规模的影响，还受到经济、金融、科技、教育水平等多方面的影响。此外，考虑到本章的研究重点是分析政府引导基金的创新引导作用。因此，本章把该类指标当作控制变量对模型的回归情况进行补充。

1. 地区经济发展水平

一般而言，经济发展水平与技术创新水平呈现出正相关。一方面，地区经济发展水平较高，能够吸引各类高端人才，高端人才的集聚又进一步加剧了人才之间的竞争，从而促进人才间从事创新的活力加大；另一方面，从企业角度来看，经济发达地区的企业要想在激烈的市场竞争中获胜，要么制定价格差异化策略，要么进行产品差异化策略，而技术创新可以为企业实现这两类策略提供持续的支持，从而提高地区技术创新水平。由于我国经济及人口分布不均匀，因此本章采用地区人均 GDP 作为反映地区经济发展情况的指标。

因此，本章做出如下假设。

H2：地区人均 GDP 越高的地区，技术创新能力越强。

2. 金融市场信贷规模

金融市场作为资金流通的场所，通常其越发达，资产的流动性、市场定价能力越强，从而资金需求者越容易以较低的成本进行融资。而低成本的融资能够为资金匮乏的新兴产业、高新技术产业提供长期支持，进而促进该类企业加大技术创新。本章采用金融机构人民币贷款余额占存贷款总额的比例这一指标来衡量地区的信贷市场发展情况。

因此，本章做出如下假设。

H3：金融市场信贷规模越大，技术创新水平越高。

3. 地区的开放程度

地区的开放程度与技术创新水平通常为正相关，这主要是因为：一方面，经济全球化的推动下，资源在全球最优配置的机制较完善，商品在全球自由流动，一国企业要想在全球化中保持产品的竞争力，必须加强技术创新，不断改善产品的核心技术；另一方面，经济全球化下，由于环境要素禀赋差异，通常会给技术落后的国家带来较先进的技术，从而提高区域技术创新水平。本章采用进出口总额占 GDP 比例这一指标来衡量对外开放水平。

因此，本章做出如下假设。

H4：地区的开放程度越高，创新能力越强。

4. 人力资本

人才作为技术创新的关键性因素，通常对地区的创新具有推动作用。高校作为高等教育的培训基地，能够为地区的科技水平提供人才保障，高校科研成果的转化以及校企合作项目的开展能够提高企业的技术创新水平。在校生数量反映了一地区高等教育发展情况，也反映该地区的人力资本情况。本章采用高校在校生数量占常住人口比例这一指标来衡量人力资本情况。

因此，本章做出如下假设。

H5：人力资本越充足，技术创新水平越高。

5. 技术市场发展水平

技术市场作为技术产品交易的场所，能够为企业收回研发成本提供便利，一定程度上反映了技术产品的流动性情况。通常产品的流动性越强，收回投资成本的可能性越大，企业进行技术创新的动力越大，这促进了企业的科技创新。因为市场成交额能够反映一类市场的发展情况，因此，本章采用技术市场成交额这一指标来衡量技术市场发展水平。

因此，本章做出如下假设。

H6：技术市场发展越成熟，技术创新能力越强。

6. 研发投入强度

研发投入强度指财政支出中研发费用所占的比例，通常对某一地区的技术创新水平有重要影响，这主要是由以下原因导致的：一方面，财政支出作为政府的政策倾向，通常具有"信号灯"的功能，若一个地区的研发投入强度越强，通常会给社会传递出政府支持技术创新的信号，从而引导企业进行技术创新；另一方面，财政资金通常具有低成本、期限长等特征，企业获得该类资金后能够为投资周期较长的研发提供资金保障，从而促进地区技术创新水平的提高。

因此，本章做出如下假设。

H7：研发投入强度越大，技术创新能力越强。

8.1.4 变量统计表

结合上述基本假设，表 8-1 给出了变量的定义，以及回归系数的简称。在描述性统计及实证分析中，将根据表 8-1 中的定义对政府引导基金的技术创新引导效应进行分析。变量中的数据来源于私募通数据库、万德数据库以及国家统计局网站。

表 8-1 变量统计表

变量类型	名称	代码	简称	定义
被解释变量	地区的技术水平	Patent	PAT	万人专利授权量
解释变量	政府设立引导基金	Government Guiding Fund	GGF	政府引导基金规模
控制变量	地区经济发展水平	Per Capita GDP	Per_GDP	地区人均 GDP（取对数）
	金融市场信贷规模	Loan	L	金融机构人民币贷款余额占存贷款总额的比例
	地区的开放程度	Total Export-Import Volume	TMX	进出口总额占 GDP 比例
	人力资本	Higher Education Student	HES	高校在校生数量占常住人口比例
	技术市场发展水平	Technology Market	TMT	技术市场成交额
	研发投入强度	Research and Development	RAD	研发支出占地区 GDP 比例

8.2 样本选取与数据来源

结合前文假设,由于西藏自治区技术市场成交额数据缺失,因此本章选取 2006~2016 年的 30 个省(自治区、直辖市)的面板数据对政府引导基金的创新促进效应进行实证检验。其中,风险投资金额来源于万德数据库,政府引导基金数据来源于私募通数据库,其余数据来源于各省(自治区、直辖市)统计年鉴,补充数据来源于统计局网站,原始数据表见附录 G。

8.3 技术创新引导效应模型

根据基本假设及变量定义,本章估计出政府引导基金的区域创新引导模型为

$$PAT_{it} = \partial_i + \beta_1 GGF_{it} + \beta_2 Per\_GDP_{it} + \beta_3 L_{it} + \beta_4 TMX_{it} + \beta_5 HES_{it} + \beta_6 TMT_{it} + \beta_7 RAD_{it} + \varepsilon_{it}$$

$$(8-1)$$

8.4 区域技术创新引导效应分析(全国层面)

8.4.1 样本描述性统计

借助 Eviews 8.0 得出主要变量的描述性统计结果,见表 8-2。由表 8-2 可见:①被解释变量地区的技术水平的均值为 29170.10,标准差为 48932.30,即地域之间的技术创新水平仍然存在较大的差异。从解释变量(政府设立引导基金)来看,均值为 140.6763,标准差为 481.6121,地区间政府引导基金的设立情况差异仍然较大;②从控制变量来看,地区经济发展水平、金融市场信贷规模、地区的开放程度以及研发投入强度的标准差较小,表明地区间的这些指标的差异相对较小;相比之下地区的万人专利授权量、进出口总额占 GDP 比例的标准差较大,表明专利市场发展情况以及人力资本水平存在较大的差异。

表 8-2 变量描述性统计

	PAT	GGF	Per_GDP	L	TMX	HES	TMT	RAD
Mean	29170.10	140.6763	38674.07	0.581697	0.050424	747672.9	177.7952	1.419182
Median	10061.50	1.000000	34204.24	0.580000	0.020000	677478.0	45.41500	1.110000
Maximum	269944.0	3869.500	118198.0	0.690000	0.240000	1995880.	3940.980	5.840000
Minimum	97.00000	0.000000	5750.000	0.480000	0.010000	35988.00	0.530000	0.100000
Observations	330	330	330	330	330	330	330	330
Cross sections	30	30	30	30	30	30	30	30

8.4.2　变量间相关性分析

借助 Eviews 8.0 得出主要变量间 Pearson 相关系数矩阵、T 检验值，见表 8-3。从表 8-3 可得：①政府引导基金规模与万人专利授权量的相关系数为 0.3815，表明变量间存在正相关，变量间的 T 检验值为 6.092861，表明在 1% 的显著性水平下通过检验；②万人专利授权量和地区人均 GDP 之间存在正相关，通过了显著性水平为 1% 的检验；③反映人力资本的高校在校生数量占常住人口比例与万人专利授权量显示为正相关性，并且通过了 1% 的显著性检验；④金融机构人民币贷款余额占存贷款总额的比例与万人专利授权量表现出正相关，但是未通过显著性水平为 10% 的检验，表明信贷规模对技术创新水平有正向影响，但是这种影响并不显著；⑤进出口总额占 GDP 比例、技术市场成交额、研发支出占地区 GDP 比例与万人专利授权量表现正相关，通过了显著性水平为 1% 的检验且符号为正，表明这些变量与技术创新水平表现为正相关，即这些指标对地区技术创新水平的提高有促进作用。

表 8-3　主要变量 Pearson 相关系数矩阵

变量	PAT	GGF	Per_GDP	L	TMX	HES	TMT	RAD
PAT	1.000000							
	—							
GGF	0.3815***	1.000000						
	6.092861	—						
Per_GDP	0.6644***	0.3661***	1.000000					
	13.12698	5.808998	—					
L	0.038869	0.014573	−0.317***	1.000000				
	0.574333	0.215190	−4.936673	—				
TMX	0.5772***	0.078963	0.3899***	0.055680	1.000000			
	10.43507	1.169529	6.252161	0.823389	—			
HES	0.5640***	0.2529***	0.3684***	0.3942***	0.2502***	1.000000		
	10.08554	3.860097	5.850695	6.333853	3.816547	—		
TMT	0.5048***	0.435***	0.456***	0.2548***	0.231***	0.549240	1.000000	
	8.634714	7.131886	7.568399	3.891321	3.511111	9.704182	—	
RAD	0.7021***	0.266***	0.5215***	0.2115***	0.304279	0.749421***	0.664245***	1.000000
	14.55648	4.086305	9.026140	3.194688	4.716257	16.71223	13.12008	—

注：***为在 1% 水平下显著，**为在 5% 水平下显著，*为在 10% 水平下显著。

8.4.3　豪斯曼检验

为了检验模型的设定类型，参照第 7 章资金引导效应模型，采用豪斯曼检验进行分析（7.4.4 节）。由表 8-4 可知，模型应该设定为固定效应模型的假定通过检验，豪斯曼检验值为 44.063724，P 值为 0.0000，通过了显著性水平为 1% 的检验，即面板模型应该选择固定效应模型。因此，后文中将采用固定效应模型来对政府引导基金对地区技术创新水平的引导效应进行深入研究。

表 8-4　创新引导效应豪斯曼检验

统计检验	Chi-Sq. Statistic	Chi-Sq. d.f.	P 值
随机效应模型(Cross-section random)	44.063724	7	0.0000

注：Cross-section random 为随机效应模型。

8.4.4　回归结果分析

在固定效应的模型中，本章采用 Eviews 8.0 软件，运用 Panel-Data 模型进行回归，回归结果见表 8-5。

表 8-5　政府引导基金技术创新促进模型估计结果

模型设定	变量	回归系数	标准误差	T 统计量	P 值
固定效应模型	C	6.384101**	2.538561	2.514850	0.0127
	GGF	0.351274*	0.192093	1.828669	0.0690
	Per_GDP	167796.0**	74181.13	2.261977	0.0248
	L	−139000.5**	68442.31	−2.030914	0.0436
	TMX	0.008847	0.015298	0.578298	0.5637
	HES	21.45413*	11.91629	1.800404	0.0734
	TMT	60420.29***	8169.495	7.395842	0.0000
	RAD	−153224.8***	42546.91	−3.601315	0.0004
	R^2	0.906747			
观测值	N	220			

注：***表示在 1% 水平下显著，**表示在 5% 水平下显著，*表示在 10% 水平下显著。

由表 8-5 的回归结果可知：

(1)由各参数的 P 值可知，C、GGF、Per_GDP、L、HES、TMT、RAD 通过了显著性水平为 10% 的检验，各变量的符号符合前文的基本假设，被解释变量 GGF 系数值为正且显著，表明政府引导基金的设立对技术创新水平产生了正的促进作用。

(2)作为控制变量的人力资本、技术市场发展水平等指标的系数为正符合基本假设，并且通过了显著性检验，表明该类指标对地区技术创新水平有显著的促进作用。

(3)研发投入强度回归系数符号为负，并且通过了显著性检验，表明研发投入强度对地区的创新水平有一定的阻碍作用，本章给出的解释是，研发投入强度定义为研发支出占地区 GDP 比例，近年来，随着我国经济进入新常态时期，各地区的 GDP 出现了增长速度下降的趋势，研发投入强度出现明显上升态势，但实际增速是下降的，从而出现随着该类指标上升而技术创新水平下降的情况。

(4) 地区的开放程度指标的系数为正符合基本假设，但并不显著，表明该类指标虽然对地区技术创新水平有一定的促进作用，但是至少在实证分析中这种促进作用并不显著；

(5) 从各指标的联合解释能力来看，政府引导基金的技术创新促进模型的 R^2 为 0.906747，说明模型具有 90.6747% 的联合解释能力，也从侧面反映了模型的拟合情况较好。

8.5　区域技术创新引导效应分析(地区层面)

由表 8-2 可知，创新水平存在较大的区域差异特征，本章根据第 7 章中政府资金引导效应模型的研究思路，把区域技术创新水平发展分为相对成熟地区和相对落后地区，进一步研究政府引导基金对区域创新水平的影响。其中，区域技术创新水平相对成熟的地区包括北京、天津、上海、江苏、浙江、广东和山东 7 个地区，其他省(自治区、直辖市)为相对落后地区。根据三类模型的回归检验，本章发现混合效应模型更适合研究政府引导基金对区域创新水平的影响。在后续研究中将使用混合效应模型对这两类地区政府引导基金的创新引导效应进行深入研究。

8.5.1　地区描述性统计分析

1. 区域技术创新水平发展相对成熟地区描述性统计

表 8-6 为 7 个区域技术创新水平发展相对成熟地区主要变量的描述性统计。

表 8-6　区域技术创新水平发展相对成熟地区主要变量的描述性统计

	PAT	GGF	Per_GDP	L	TMX	HES	TMT	RAD
Mean	7.067273	272.3236	4.638182	0.424545	0.055455	0.005913	179.2800	1.808182
Median	6.140000	26.03000	4.730000	0.430000	0.050000	0.005844	126.3800	1.860000
Maximum	22.23000	1763.500	6.710000	0.440000	0.140000	0.006937	662.5800	2.470000
Minimum	1.720000	0.000000	2.360000	0.370000	0.040000	0.005181	23.20000	1.060000
Std. Dev.	5.455874	549.4790	1.456408	0.018392	0.027268	0.000460	174.9177	0.445184
Observations	77	77	77	77	77	77	77	77
Crosssections	7	7	7	7	7	7	7	7

从表 8-6 可以得出：

(1) 2006～2016 年，万人专利授权量的均值约为 7，最大值与最小值相差较大，标准差为 5.455874，这说明在区域技术创新水平发展相对成熟的地区间万人专利授权量的数差异仍然较大。

(2) 政府引导基金规模最大值为 1763.500，最小值为 0.000000，标准差为 549.4790，这说明 2006～2016 年区域技术创新水平发展相对成熟地区设立政府引导基金的差异仍然较大。

(3)金融机构人民币贷款余额占存贷款总额的比例、进出口总额占 GDP 比例、高校在校生数量占常住人口比例以及研发支出占地区 GDP 比例的方差相对较小，这说明随着我国对外开放政策以及金融改革、高等教育政策普及以及创新促进计划取得了较大的成就，这为区域技术创新水平的提高提供了良好的基础。

(4)技术市场成交额的标准差为 174.9177，这也说明各地在支持地区创新水平提高时技术市场成交情况存在差异较大。

2. 区域技术创新水平发展相对落后地区描述性统计

表 8-7 为区域技术创新水平发展相对落后地区主要变量的描述性统计。

表 8-7　区域技术创新水平发展相对落后地区主要变量描述性统计

	PAT	GGF	Per_GDP	L	TMX	HES	TMT	RAD
Mean	1.615455	3.181818	2.910909	0.397273	0.030000	0.008069	4.550000	0.497273
Median	1.200000	0.000000	2.990000	0.380000	0.030000	0.008096	4.380000	0.520000
Maximum	3.710000	20.00000	4.360000	0.520000	0.050000	0.009871	7.610000	0.880000
Minimum	0.580000	0.000000	1.490000	0.340000	0.010000	0.005593	1.210000	0.280000
Std. Dev.	0.965023	6.846861	0.992505	0.048731	0.009554	0.001080	2.026793	0.154584
Observatios	253	253	253	253	253	253	253	253
Crossections	23	23	23	23	23	23	23	23

从表 8-7 得出：

(1)2006～2016 年，万人专利授权量的均值为 1.200000，最大值与最小值相对于成熟地区相对较小，标准差为 0.965023，这说明在区域技术创新水平发展相对落后地区间万人专利授权量的差异相对较小。

(2)政府引导基金规模最大值为 20.00000，最小值为 0.00000，标准差为 6.846861，这说明 2006～2016 年区域技术创新水平发展相对落后地区设立政府引导基金的差异相对较小。

(3)金融机构人民币贷款余额占存贷款总额的比例，进出口总额占 GDP 比例、高校在校生数量占常住人口以及研发支出占地区 GDP 比例的方差相对较小，这说明随着我国对外开放政策以及金融改革、高等教育政策普及以及技术创新促进计划取得了较大的成就，这为落后地区技术创新水平的提高提供了良好的基础。

(4)技术市场成交额的标准差为 2.026793，这也说明区域技术创新水平发展相对落后地区相对成熟地区的差异也较小。

8.5.2　变量间 Pearson 相关系数

1. 区域技术创新水平发展相对成熟地区变量间相关关系

表 8-8 为区域技术创新水平发展相对成熟地区变量间 Pearson 相关系数矩阵。

表 8-8　区域技术创新水平发展相对成熟地区变量间 Pearson 相关系数矩阵

变量	PAT	GGF	HES	L	Per_GDP	RAD	TMT	TMX
PAT	1.000000							
	—							
GGF	0.90774***	1.000000						
	6.491175	—						
HES	−0.462618	−0.333247	1.000000					
	−1.565443	−1.060353	—					
L	−0.9427***	−0.8204***	0.261395	1.000000				
	−8.477757	−4.304448	0.812432	—				
Per_GDP	0.8064***	0.6414**	−0.8517***	−0.6286**	1.000000			
	4.091071	2.508066	−4.876817	−2.424643	—			
RAD	0.820056***	0.631226**	−0.8517***	−0.66378**	0.994093	1.000000		
	4.298868	2.441566	−4.876367	−2.662510	27.47956	—		
TMT	0.982228***	0.939291***	−0.468222	−0.9021***	0.801386	0.798951***	1.000000	
	15.69964	8.212452	−1.589689	−6.271957	4.019346	3.985482	—	
TMX	0.881219***	0.814256***	−0.068145	−0.949981	0.468743	0.494767	0.866057***	1.000000
	5.592563	4.207993	−0.204912	−9.125472	1.591955	1.708006	5.196904	—

注：***表示在 1%水平下显著，**表示在 5%水平下显著，*表示在 10%水平下显著。

从表 8-8 得出：

(1)政府引导基金规模与万人专利授权量的相关系数为 0.90774，表明变量间存在正相关，变量间的 T 检验值为 6.491175，表明在 1%的显著性水平下通过检验。

(2)金融机构人民币贷款余额占存贷款总额的比例与万人专利授权量表现出负相关，并且通过 1%的显著性水平检验，表明金融市场信贷规模对地区的技术水平有显著的"挤出效应"，本章给出的解释是信贷市场的发展一定程度上挤出了社会资金对创业企业的资金支持从而影响地区的技术创新水平。

(3)万人专利授权量与地区人均 GDP 的相关系数为正且通过显著性检验，表明地区的经济水平对技术创新水平有显著的促进作用。

(4)研发支出占地区 GDP 比例、进出口总额占 GDP 比例、技术市场成交额与万人专利授权量的相关系数为正且通过显著性检验，表明该类指标的改善对区域技术创新水平有显著促进作用。

(5)高校在校生数量与常住人口比例与万人专利授权量的相关系数为负，但是这种影响并不显著，表明人力资本的提高与技术创新水平存在一定的负相关，但是这种关系并不显著。

2. 区域技术创新水平发展相对落后地区变量间相关关系

表 8-9 为区域技术创新水平发展相对落后的 23 个地区变量间 Pearson 相关系数矩阵。

表 8-9 区域技术创新水平发展相对落后地区变量间 Pearson 相关系数矩阵

变量	PAT	GGF	HES	L	Per_GDP	RAD	TMT	TMX
PAT	1.000000							
	—							
GGF	0.758477***	1.000000						
	3.491532	—						
HES	−0.80408***	−0.75123***	1.000000					
	−4.057424	−3.414501	—					
L	0.787906***	0.80572**	−0.88103***	1.000000				
	3.838484	4.081045	−5.587219	—				
Per_GDP	0.892396***	0.598588*	−0.91395***	0.835278***	1.000000			
	5.932792	2.241744	−6.756297	4.557480	—			
RAD	0.691399**	0.741210***	−0.96503***	0.831382***	0.81096***	1.000000		
	2.870971	3.312552	−11.04334	4.488292	4.158048	—		
TMT	−0.560820*	−0.285441	0.603900**	−0.430165	−0.5932*	−0.647377**	1.000000	
	−2.032107	−0.893495	2.272977	−1.429516	−2.210735	−2.548157	—	
TMX	−0.708825**	−0.76742***	0.745882***	−0.8234***	−0.680535**	−0.79106***	0.560920*	1.000000
	−3.014633	−3.590893	3.359436	−4.353070	−2.786355	−3.879418	2.032639	—

注：***表示在 1%水平下显著，**表示在 5%水平下显著，*表示在 10%水平下显著，采取四舍五入的方法处理。

从表 8-9 可得如下结论：

(1)政府引导基金规模与万人专利授权量的相关系数为 0.758477，表明变量间存在正相关，变量间的 T 检验值为 3.491532，表明在 1%的显著性水平下通过检验，但是相对成熟的 7 个地区，相关关系减弱，这与现实也是相符合的。

(2)金融机构人民币贷款余额占存贷款总额的比例与技术创新水平表现出正相关。

(3)万人专利授权量和地区人均 GDP 之间存在正相关，通过了显著性水平为 1%的检验，表明地区经济的发展能够显著地推动地区技术创新水平的提高。

(4)研发支出占地区 GDP 比例与万人专利授权量显示显著的正相关，表明研发投入的强度对技术创新水平的提高有显著的促进作用，这一研究结果和基本假设一致。

(5)技术市场的发展水平与技术创新情况呈现出在 10%的显著性水平下负相关，与假设条件存在差异，本章给出的解释是在中西部地区，技术市场相对较不完善，存在较多不合理的现象，从而容易出现逆向选择，导致技术市场的发展对技术创新水平起到阻碍的作用。进出口总额占 GDP 比例与万人专利授权量在 5%的显著性水平下呈现出负相关，本章给出的解释是西部地区开放程度相对较落后，进出口大部分是低附加值的产品，对地区技术创新水平不但不能起到促进作用，反而容易出现阻碍的情况。

8.5.3　回归结果分析

在实证研究的过程中，本章对地区的技术创新引导效应进行了混合效应模型、固定效应、随机效应模型回归，对综合回归系数、拟合优度、显著性检验等多项指标进行分析，研究结果显示，混合效应模型最适合本章后续研究，因此在地区回归中本章采用的是混合效应模型。

1. 区域技术创新水平发展相对成熟地区回归结果分析

区域技术创新水平发展相对成熟地区回归结果如表 8-10 所示，具体分析如下。

表 8-10　区域技术创新水平发展相对成熟地区回归结果

变量	回归系数	标准误差	T 统计量	P 值
C	−28.93454***	1.990863	−14.53367	0.0000
GGF	0.003481***	7.70×10^{-5}	45.21295	0.0000
Per_GDP	−2.510919***	0.211752	−11.85782	0.0000
L	−6.609991***	2.379425	−2.777979	0.0070
TMX	41.03080***	3.445022	11.91017	0.0000
HES	2979.030***	114.3474	26.05246	0.0000
TMT	0.001722*	0.000934	1.843641	0.0695
RAD	16.20458***	0.672571	24.09349	0.0000
R^2			0.999998	
观测值			77	

注：***表示在 1%水平下显著，**表示在 5%水平下显著，*表示在 10%水平下显著，采用时间权重进行加权处理。

（1）政府引导基金规模通过了显著性水平为 1%的检验，说明政府引导基金对地区的技术创新水平有显著的引导效应。政府引导基金的回归系数符号为正，说明设立政府引导基金对地区技术创新水平产生正的引导作用，这与基本假设相符合。

（2）反映地区经济发展水平的地区人均 GDP 指标通过显著性水平为 1%的检验。回归系数为负值，这说明在区域技术创新水平发展相对成熟的地区，人均 GDP 的提高，对技术创新水平存在显著的阻碍效应，本章给出的解释是随着经济的发展，发达地区的技术创新水平已经处于较高的水平，两者的匹配情况已经超过最优水平，此时经济的发展就会对技术创新水平起到阻碍的作用。

（3）金融机构人民币贷款余额占存贷款总额的比例通过了显著性水平为 1%的检验且回归系数为负值，这说明地区的信贷规模越大，对技术创新水平的阻碍较大。回归系数较大，这也表明在区域技术创新水平发展相对成熟地区的金融机构的信贷政策对创业投资产生了较大的阻碍作用，本章给出的解释是信贷规模的发展，一定程度上阻碍了社会资金进入创业市场，从而阻碍技术创新水平的提高。

(4)进出口总额占 GDP 比例通过了显著性水平为 1%的检验，回归系数为正值。本章给出的解释是，区域技术创新水平发展相对成熟的地区大部分位于东部沿海地区，开放程度已经较高，相关的管理水平也已经较高，该类地区大部分进出口产品为高附加值的高新技术产品，技术产品的出口和进口会进一步促进本地区的技术创新水平的提高。

(5)高校在校生数量占常住人口比例的回归系数为正并且通过显著性水平检验，这说明地区的人力资本情况对风险规模在统计意义上产生显著的影响，并且一定程度上存在促进作用，这与假设结果一致。

(6)技术市场成交额的回归系数为正通过显著性水平为 10%的检验，表明技术市场的发展对技术创新水平有显著的促进作用，但是从回归系数的值来看，这种影响相对较小。

(7)研发支出占地区 GDP 比例的回归系数为正，通过显著性检验，并且从回归系数值来看较大，表明地区的研发投入强度对技术创新水平有显著的促进作用，这符合基本假设。

(8)从模型的联合解释能力（R^2）来看，R^2 值（99.9998%）较大，表明模型的拟合程度较好，各个指标的联合解释能力较强。

2. 区域技术创新水平发展相对落后地区回归结果分析

区域技术创新水平发展相对落后地区回归结果如表 8-11 所示，具体分析如下。

表 8-11　区域技术创新水平发展相对落后地区回归结果

变量	回归系数	标准误差	T 统计量	P 值
C	0.283840**	0.138766	2.045454	0.0419
GGF	0.110576***	0.000188	587.6476	0.0000
Per_GDP	1.075076***	0.004290	250.6233	0.0000
L	−3.983556***	0.039190	−101.6481	0.0000
TMX	1.778093***	0.219006	8.118935	0.0000
HES	210.4236***	10.59333	19.86378	0.0000
TMT	−0.130221***	0.000354	−367.3839	0.0000
RAD	−3.474533***	0.047327	−73.41519	0.0000
R^2			0.999981	
观测值			253	

注：***表示在 1%水平下显著，估计方法采用混合效应模型，采用时间权重进行加权处理。

(1)从政府引导基金规模来看，该指标的回归系数通过了显著性水平为 1%的检验，回归系数为正值，符合假设。这表明，在区域技术创新水平发展相对落后的地区，设立政府引导基金仍然对该地区的技术创新水平有促进和引导作用。

(2)从其他指标的显著性水平检验来看，技术市场成交额人均 GDP、金融机构人民币贷款余额占存贷款总额的比例、研发支出占地区 GDP 比例的回归系数均通过了显著性水平为 1%的检验，但是符号和区域技术创新水平发展相对成熟的地区有些差异。比如：地区人均 GDP 的符号由负数变为正数，本章给出的解释是中西部地区经济发展与技术创新水平处于边际报酬的递增阶段，因此，其经济发展可以推动地区技术创新水平的发展；技术市场成交额的回归系数由正数变为负数，本章给出的解释是，在技术创新水平发展相对落后的中西部，技术市场发展相对落后，阻碍了技术创新水平的发展；研发支出占地区GDP 比例的回归系数由正数变为负数，本章给出的解释是相对落后地区的研发投入强度相对较低，从而研发投入较少，进而阻碍了技术创新水平的发展。

(3)高校在校生数量占常住人口比例的回归系数为正值。本章给出的解释是：区域技术创新水平发展相对落后的地区，政府为了提高创新水平，国家给予一定的政策支持，促进高校的发展，高校科研能力提高，促进了技术创新水平的提高。

8.6　本 章 小 结

当前我国正处于企业产业结构优化升级的发展阶段，研究政府引导基金的技术创新引导效应显得尤为重要。据此本章建立了政府引导基金的技术创新引导效应模型对政府引导基金的技术创新引导效应进行了实证研究。首先对能够提高地区技术创新水平的影响因素进行了深入分析，继而采用固定效应模型构建政府引导基金全国层面的技术创新水平促进模型；采用混合效应模型构建政府引导基金地区技术创新水平促进模型，在此基础上，选取了 2006～2016 年 30 个省(自治区、直辖市)的面板数据对政府引导基金的技术创新引导效应进行实证研究。

研究结果表明：政府引导基金的设立除了可以发挥财政杠杆作用外，更重要的是转变政府财政职能，促进产业结构升级，支持企业技术创新，提高种子期、初创期企业的技术创新能力，整体性提高地区技术创新水平。回归结果显示：从全国层面来看，政府引导基金对技术创新水平的提高具有显著的正向促进作用；从地区层面来看，政府引导基金对本地区技术创新水平的提高有不同程度的促进作用，包括对区域创新水平相对较高的地区具有显著的促进作用，对区域创新水平相对薄弱的地区存在差异等。因此，各地在推动区域技术创新水平提高的同时，更应该结合地区的实际情况开展政策支持。

第9章 政府引导基金绩效评价及影响因素

6.2 节利用 DEA-BCC 模型对 41 支政府引导基金的运行绩效进行了小样本前测研究，发现所选样本普遍存在运行效率低下的问题。为进一步探讨导致这一问题产生的原因，本章拟运用多元线性回归模型对政府引导基金的绩效影响因素展开研究。

在影响因素分析方面，宋文光和宫颖华（2009）利用多元线性回归模型分析了基金业绩的持续性影响因素。王东（2011）通过多元线性回归模型对我国消费指数（consumer price index，CPI）进行了影响因素分析，结果显示，广义货币供应量和房地产价格指数是我国 CPI 指数的主要影响因素。胡泽文和武夷山（2012）利用多元线性回归模型分析了专利合作条约（patent cooperation treaty，PCT）专利申请量和科学引文索引（Science Citation Index，SCI）论文数量等反映科技产出能力的指标的影响因素。张钰敏（2014）也使用了多元线性回归模型分析个人对个人（peer-to-peer，P2P）网络借贷的借款利率影响因素。由此可见，专家学者们在对影响因素进行分析时，多元线性回归模型是其常用的实证分析方法，因此本章的研究也将延续使用多元线性回归模型进一步讨论政府引导基金绩效的影响因素。

9.1 选择研究对象

第 4 章对我国政府引导基金的运作模式进行了分析，在众多运行模式中，参股支持是政府引导基金最基本的运行方式，同时也是我国普遍采用的主要模式（倪正东，2016）。根据国家发展改革委发布的《中国创业投资行业发展报告 2012》显示，在被调研的 36 支政府引导基金中，有 19 支政府引导基金采用了参股支持运行模式，16 支政府引导基金采用参股支持与其他模式相结合的混合运行模式，而只有 1 支政府引导基金为其他模式（Cumming et al.，2006），如图 9-1 所示。

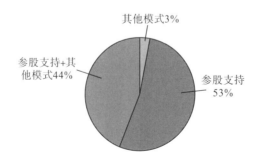

图 9-1　36 支政府引导基金运行模式分布情况

在参股支持模式下，政府与社会通过股权的形式将资本投入创投机构，便于数据的量化统计，另外，采用参股支持模式的政府引导基金数量众多，所得到的研究结论具有较为广泛的适用面。因此，本章的研究对象为采取参股支持模式运行的我国政府引导基金。

9.2　多元线性回归

多元线性回归是一种用于研究一个随机变量与另一个或多个随机变量之间相互依存关系，并利用统计分析方法和函数对这种关系的实质、特点、变化规律等进行分析解读和形式化描述的方法(Sykes，2011)。多元线性回归具有方法简单、对变量之间关系解释能力强的优点，在社会、经济、技术以及众多自然科学领域有着广泛的应用(胡泽文和武夷山，2012)。

多元线性回归的表达式为

$$Y = c_0 + c_1 X_1 + c_2 X_2 + \cdots + c_n X_n + \varepsilon \tag{9-1}$$

式中，Y 为因变量；$X_i (1 \leqslant i \leqslant n)$ 为自变量；c_0 是常数项，表示当自变量为 0 时的因变量总体平均值的估计值；$c_i (1 \leqslant i \leqslant n)$ 是对应于 X_i 的回归系数，其含义为，当其他自变量固定时，每一单位 X_i 的改变量所能引起的因变量 Y 的平均改变量，表示自变量对因变量的影响程度；ε 是随机误差项，代表包含在 Y 中，但不能被 n 个自变量的线性关系所解释的变异性。

在多元线性回归模型中，通常有全回归或逐步回归等模型构建方式，其中，全回归是指一次性将所有自变量投入回归方程中进行模型构建的方式；逐步回归则是在所有自变量中依次选择对因变量影响较大的自变量，并逐一对每步所得的模型进行检验，最终确定回归方程的方式。

9.3　样本数据选取

为分析政府引导基金绩效的影响因素，首先考虑被解释变量与解释变量的选取，熊正德等(2011)在分析战略性新兴产业金融支持效率的影响因素时，选择了 DEA 模型评价结果为被解释变量，并使用原始数据指标作为解释变量。翟华云(2012)也使用相似的方法分析了战略性新兴产业上市公司的股权融资效率影响因素。

因此，本章选择 6.2 节中分析所得的 DEA 综合效率评价值作为被解释变量 Y，同时选择所搜集到的原始数据中的 10 项指标作为解释变量 X_i，对数据相对齐全的 41 支参股支持运行模式的政府引导基金子基金进行多元线性回归分析(表 9-1)。

表 9-1　多元线性回归的变量选取

被解释变量 Y	解释变量 X_i
综合效率评价值	投资规模
	企业员工数
	研发费用
	各项增长率指标
	各项利润指标
	企业规模

9.4　多元回归分析

根据计量经济学理论，当回归模型中的变量数量较多时，为保证模型整体的显著性，剔除个别对模型造成干扰的变量，采取逐步回归法进行多元线性回归分析(黄浩和白鸿均，2008)。本章研究中，自变量为 10 个，因此采用逐步回归法进行回归分析。

9.4.1　各项检验结果

在多元线性回归模型之中，模型的构建需要经过多种检验来验证其显著性及拟合度，主要有判定系数检验(R 检验)、回归系数显著性检验(T 检验)、回归方程显著性检验(F 检验)及自相关检验(D.W 检验)等。若所构建的回归方程未能通过检验，则说明其存在着自变量与因变量间线性关系不显著或模型的变量选取中缺乏重要影响因素等问题，需要重新进行构建(方庚明，2011)。

因此，本章的研究拟采取逐步回归完成模型构建，并对所得出的回归模型进行各项检验，检验结果见表 9-2。

表 9-2　多元线性回归模型的各项检验结果

模型	R	R^2	Adjusted R^2	F	Sig.	Durbin-Watson
1	0.732	0.536	0.524	44.964	0.000	
2	0.827	0.683	0.667	40.971	0.000	
3	0.933	0.870	0.859	82.478	0.000	
4	0.972	0.944	0.938	151.912	0.000	
5	0.983	0.966	0.961	199.456	0.000	
6	0.993	0.986	0.984	413.388	0.000	
7	0.995	0.989	0.987	435.642	0.000	1.873

注：R 为相关系数；Adjusted R^2 为调整 R^2；F 为显著性统计量；Sig.为显著性水平；Durbin-Watson 为自相关检验。

由表 9-2 可知，逐步回归下的线性模型共引入 7 个自变量且通过了各种检验，最终构建的回归模型的检验结果如下。

（1）R^2 为判定系数，代表线性回归模型的拟合优度，即模型中所有自变量对因变量的解释程度。本章所构建的多元线性回归模型最终 R^2 为 0.989，说明模型的拟合优度较好，自变量能够较为充分地解释因变量。

（2）F 值为回归方程的显著性统计量，表示因变量与自变量间线性关系的显著程度，其显著性水平 Sig. 为 0.000 即表示回归模型极为显著。

（3）Durbin-Watson 值，即 DW 统计量，用于反映随机误差项的自相关程度。模型中的 DW 值为 1.873，接近 2。因此，可以认为随机误差项没有自相关关系。

综合上述分析，本章所建立的多元线性回归模型较为显著，自变量可以较好地解释因变量变异程度，且呈现出明显的线性关系，同时随机误差项不存在自相关关系。所以，本章即以此模型来分析政府引导基金的绩效影响因素。

9.4.2　变量系数检验

接下来，分析各个自变量在方程中的回归系数，如表 9-3 所示。观察表 9-3 中各项自变量的系数及其 T 检验结果可知，引入模型中的 7 个自变量分别为：投资规模、研发费用、营业利润、营业利润增长率、利润增长率、净利润总额以及净利润增长率，其系数均在 0.01 的置信水平内通过 T 检验，表明各变量均对因变量有显著影响。

表 9-3　回归系数及检验

模型		Coefficients	Std.Error	T	Sig.
1	（常量）	0.240	0.026	9.088	0.000
	利润增长率	0.055	0.008	6.706	0.000
2	（常量）	0.306	0.027	11.309	0.000
	利润增长率	0.056	0.007	8.142	0.000
	投资规模	−0.003	0.001	−4.208	0.000
3	（常量）	0.300	0.018	17.085	0.000
	利润增长率	0.053	0.004	11.834	0.000
	投资规模	−0.004	0.000	−7.939	0.000
	营业利润	0.000	0.000	7.288	0.000
4	（常量）	0.311	0.012	26.393	0.000
	利润增长率	0.056	0.003	18.589	0.000
	投资规模	−0.003	0.000	−9.450	0.000
	营业利润	0.000	0.000	11.005	0.000
	研发费用	−0.001	0.000	−6.909	0.000
5	（常量）	0.307	0.009	32.832	0.000
	利润增长率	0.042	0.004	11.034	0.000
	投资规模	−0.003	0.000	−12.121	0.000
	营业利润	0.000	0.000	14.115	0.000
	研发费用	−0.001	0.000	−8.577	0.000
	营业利润增长率	0.013	0.003	4.768	0.000

模型		Coefficients	Std.Error	T	Sig.
	（常量）	0.285	0.007	42.243	0.000
	利润增长率	0.045	0.002	18.213	0.000
	投资规模	−0.002	0.000	−5.783	0.000
6	营业利润	0.001	0.000	9.559	0.000
	研发费用	−0.001	0.000	−7.928	0.000
	营业利润增长率	0.013	0.002	7.800	0.000
	净利润总额	−0.001	0.000	−7.159	0.000
	（常量）	0.288	0.006	46.566	0.000
	利润增长率	0.040	0.003	14.375	0.000
	投资规模	−0.002	0.000	−6.885	0.000
7	营业利润	0.001	0.000	9.495	0.000
	研发费用	−0.001	0.000	−8.736	0.000
	营业利润增长率	0.013	0.002	8.077	0.000
	净利润总额	−0.001	0.000	−6.850	0.000
	净利润增长率	0.002	0.001	2.947	0.006

注：Coefficients 为回归系数；Std.Error 为标准误差。

同时，所排除的 3 个变量见表 9-4。被排除的 3 个变量分别为：企业规模、利润总额以及员工人数，其系数均没有通过置信水平 0.05 下的 T 检验，即这 3 个变量对政府引导基金的绩效没有产生显著性影响。

表 9-4　排除变量

变量	Coefficients	T	Sig.
企业规模	−0.002	−0.051	0.959
利润总额	−0.195	−0.284	0.778
企业员工数	−0.045	−1.656	0.108

注：Coefficients 为回归系数。

最终分析得出如下回归方程：

引导基金综合效率=0.288−0.002×投资规模−0.001×研发费用+0.001×营业利润+0.013×营业利润增长率+0.040×利润增长率−0.001×净利润总额+0.002×净利润增长率

9.5　回归结果分析

由逐步回归模型可知，在政府引导基金的运行过程中，对其运行效率产生影响的因素分别为投资规模、研发费用、营业利润、营业利润增长率、利润增长率、净利润总额以及净利润增长率等，下面拟针对各个变量进行分析。

(1) 投资规模。投资规模是政府引导基金绩效的主要影响因素之一，其在回归方程中的系数为-0.002，说明投资规模对样本中的政府引导基金的绩效产生了负面影响。而究其原因，投资规模反映了政府引导基金的投入力度，当投入加大时效率减小情况的产生是由于政府引导基金的投资额度超过了创投机构和创业企业的经营能力。政府引导基金投入的资本没有得到有效利用，投资增长的幅度超过了资本利用效率的增长，导致投入-产出比下降，继而使得政府引导基金的绩效出现反向增长。

(2) 研发费用。与投资规模相似，研发费用的系数为-0.001，对样本政府引导基金的绩效产生负面影响，表明研发费用的投入也没有得到有效利用，投入-产出比的降低使得绩效出现负增长。政府引导基金的社会效应也因此没有得到良好地发挥。

(3) 收益。再来观察营业利润和净利润总额两个变量，系数分别为 0.001 与-0.001，分别对政府引导基金的绩效产生了正面影响和负面影响。而就样本数据来看，收益变量所产生的双重影响显示其作为整体对政府引导基金绩效的影响出现抵消。本章认为导致此结果产生的原因可能在于样本空间较小，数据不完备，引起了回归结果的偏误。

(4) 收益增长率。收益增长率的两个变量均与政府引导基金的运行效率呈现出正向相关的关系，说明样本引导基金收益的增长显著推动了其绩效的上升。再结合上述分析可知，样本政府引导基金迫切需要由创投机构和企业的经营管理发挥出资本价值，提升对投入资本的利用效率，促进投入-产出比的提高进而优化政府引导基金的运行效果。

9.6　本 章 小 结

本章为探讨政府引导基金运行效率低下的原因，进一步利用多元线性回归模型对政府引导基金运行绩效的影响因素展开了定量研究，采用第 6 章小样本前测所使用的原始数据，运用逐步回归法构建出包括 7 个自变量在内的回归方程，并从投资规模、研发费用、收益及其增长率四个方面分析了样本政府引导基金的绩效影响因素。

通过研究发现，41 支参股支持运行模式的政府引导基金子基金在绩效方面表现为：投资与研发投入没有得到有效利用，导致了投入-产出比的低下进而使得政府引导基金综合效率降低，与之相应的是经济收益的增长对效率提升起到了显著的推动作用。因此，本章认为样本政府引导基金运行效率低下的原因在于创投机构和企业的经营管理能力不足。

第10章 贵州省政府引导基金的绩效评价

对政府引导基金进行绩效评价研究,对于考量各地区政府引导基金的发展成效具有重要作用,对于提高政府引导基金的整体发展水平具有重要意义。此外,还可进一步提高政府引导基金的引导效率,加快被投企业的发展速度。本章为案例分析,拟尝试对贵州省政府引导基金的运行绩效进行个案分析。之所以选择贵州省进行个案分析,不仅因为贵州省是笔者的家乡,还因为早在2018年贵州省财政资金在投资子基金层面就已实现了5.25倍的杠杆放大效应;在对企业形成实际投资层面实现了11.3倍的杠杆放大效应。

在对贵州省政府引导基金进行绩效评价之前,首先根据第9章的研究结论,结合政府引导基金子基金的投资记录以及受投资企业的经营情况,运用层次分析法和模糊综合评价法,设计政府引导基金的绩效评价方案,并从子基金运行的实际状况出发,构建一套行之有效的绩效评价方案,通过个案分析检验该绩效评价方案的实操性。

10.1 绩效评价设计思路

设计一套合理、科学的政府引导基金的绩效评价方案是有一定难度的。本章运用层次分析法,将影响政府引导基金运行绩效的因素逐层剖析,拟建立三层评价指标体系,逐层支配下层指标;待指标筛选完毕,邀请业界专业人士对绩效评价指标进行打分;根据打分结果运用层次分析法得到各层各指标权重;权重确定后,运用模糊综合评价法,邀请专家小组对指标数据进行打分,在原有权重下,将赋值结果与对应权重相乘得到母基金的总体绩效评分。政府引导基金绩效评价方案设计思路如图10-1所示。

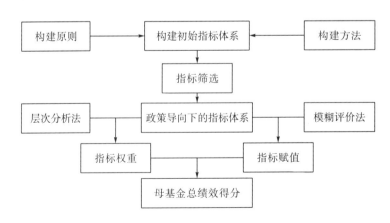

图10-1 政府引导基金绩效评价方案设计思路

10.2　构建绩效评价方案

10.2.1　层次分析法

本章拟对第 9 章所构建的政府引导基金绩效评价指标确定权重,确定政府引导基金绩效各评价指标的重要性程度。而确定指标权重的方法有很多,本章采用了在绩效评价方面运用较为广泛的层次分析法。层次分析法(analytic hierarchy process,AHP)就是将复杂的决策问题按决策过程将各种因素进行分解,形成层次化的分析模型,包括目标层、准则层、方案层。通过两两因素的相对比较,经一致性判断,确定各决策因素的重要性权重或相对优劣的排序值,从而对多目标决策过程提供决策支持。此种方法可系统地对目标进行处理,但会存在较为主观的缺点。在层次分析法的运用中,主要有下列步骤。

第一步:构建科学合理的绩效评价指标层,确定各层之间的对应关系,建立评价指标体系。本章根据政府引导基金实际情况将其分为三个层次。

第二步:构造判断矩阵。充分评价各层次指标之间对应上层指标的重要性程度,根据调查问卷邀请业内专家小组对绩效评价指标体系之间的指标进行评判。主要的评判方法是九标度法(表 10-1)。

表 10-1　九标度法

a_{ij}	表达含义
1	两指标同等重要
3	前者指标稍重要
5	前者指标重要
7	前者指标较为重要
9	前者指标极其重要
2、4、6、8	重要性介于对应上述评价中间
a_{ij} 倒数	i 指标比 j 指标相对于上层指标评价为 a_{ij},那么 j 指标比 i 指标相对于上层指标评价为 $1/a_{ij}$

第三步:计算权重向量并检验判断矩阵一致性。在上述所得的判断矩阵之后,要求得到一个判断矩阵的权重向量 W,本章主要采用的方法是用和积法来求 W,通过将矩阵进行列向量归一化处理,将矩阵归一化的数据按行向量相加得到一个单一的列向量,然后再对单一列向量进行归一化处理便得到所求判断矩阵的权重向量 W,再通过所求权重向量 W 求出对应的最大特征根 λ,用此特征根来检验判断矩阵的一致性:

$$CR = \frac{CI}{RI} \tag{10-1}$$

式中,CI 是检验判断矩阵的一致性指标,$CI = \dfrac{\lambda_{max} - n}{n - 1}$;RI 是平均随机一致性指标。CI

和 RI 之商 CR 为判断所得一致性指标值。当 CR<0.1 时，则判定判断矩阵符合一致性检验；若 CR>0.1，则需要对原始指标权重进行修改，以通过一致性检验，只有通过了一致性检验，整个结果才是符合逻辑的、可信的。RI 系数见表 10-2。

表 10-2　RI 系数表

阶数	1	2	3	4	5	6	7	8	9
RI	0.00	0.00	0.58	0.90	1.12	1.24	1.32	1.41	1.45

10.2.2　计算指标权重

根据以上权重计算步骤，计算政府引导基金的绩效指标权重。

首先对一级指标 A_1、A_2、A_3、A_4 构建矩阵，使指标之间进行互相比较，确定一级指标权重大小，对应判断矩阵为

$$A = \begin{bmatrix} 1 & 4 & 5 & 3 \\ 0.2500 & 1 & 2 & 3 \\ 0.2000 & 0.500 & 1 & 2 \\ 0.3333 & 0.3333 & 0.5000 & 1 \end{bmatrix}$$

将判断矩阵的列向量进行归一化处理得

$$\begin{bmatrix} 0.5607 & 0.6857 & 0.5882 & 0.3333 \\ 0.1402 & 0.1714 & 0.2353 & 0.3333 \\ 0.1121 & 0.0857 & 0.1176 & 0.2222 \\ 0.1869 & 0.0571 & 0.0588 & 0.1111 \end{bmatrix}$$

将归一化处理后的列向量求和得

$$\begin{bmatrix} 2.1680 \\ 0.8802 \\ 0.5377 \\ 0.4140 \end{bmatrix}$$

再将所得列向量和做归一化处理，即可得权重向量为

$$W_1 = \begin{bmatrix} 0.5420 \\ 0.2201 \\ 0.1344 \\ 0.1035 \end{bmatrix}$$

由权重向量与判断矩阵相乘计算 $\lambda_{\max}$，即

$$A \times W_1 = \begin{bmatrix} 2.4049 \\ 0.9349 \\ 0.5599 \\ 0.4247 \end{bmatrix}$$

$$\lambda_{\max} = \frac{1}{4} \times \left(\frac{2.4049}{0.5420} + \frac{0.9349}{0.2201} + \frac{0.5599}{0.1344} + \frac{0.4247}{0.1035} \right) = 4.2385$$

根据所求特征根检验判断矩阵的一致性，即 $CI = \frac{4.2385 - 4}{4 - 1} = 0.0795$，查表得 RI=0.90，

$CR = \frac{CI}{RI} = 0.0883$，0.0883＜0.1，则矩阵符合一致性检验。

1）分别对一级指标下的二级指标构建判断矩阵

计算过程有四个步骤。

（1）计算 A_1 下的 B_1、B_2、B_3。依然遵循上述步骤进行计算，即

$$A_1 = \begin{bmatrix} 1 & 3 & 2.6 \\ 0.3333 & 1 & 2 \\ 0.3846 & 0.5000 & 1 \end{bmatrix}$$

列向量归一化为

$$\begin{bmatrix} 0.5821 & 0.6667 & 0.4643 \\ 0.1940 & 0.2222 & 0.3571 \\ 0.2239 & 0.1111 & 0.1786 \end{bmatrix}$$

求和得

$$\begin{bmatrix} 1.7130 \\ 0.7734 \\ 0.5136 \end{bmatrix}$$

权重向量为

$$W_2 = \begin{bmatrix} 0.5710 \\ 0.2578 \\ 0.1712 \end{bmatrix}$$

权重向量与判断矩阵相乘得

$$A_1 \times W_2 = \begin{bmatrix} 1.7895 \\ 0.7905 \\ 0.5197 \end{bmatrix}$$

$$\lambda_{\max} = \frac{1}{3} \times \left(\frac{1.7895}{0.5710} + \frac{0.7905}{0.2578} + \frac{0.5197}{0.1712} \right) = 3.0787$$

根据所求特征根检验判断矩阵的一致性，查表得 RI=0.58，$CI = \frac{3.0787 - 3}{3 - 1} = 0.0394$，

$CR = \frac{CI}{RI} = 0.0679 < 0.1$，则矩阵符合一致性检验。

（2）计算 A_2 下的 B_4、B_5。遵循上述步骤进行计算，即 $A_2 = \begin{bmatrix} 1 & 1.8 \\ 0.5556 & 1 \end{bmatrix}$，列向量归

一化可得

$$\begin{bmatrix} 0.6428 & 0.6428 \\ 0.3572 & 0.3572 \end{bmatrix}$$

求和得

$$\begin{bmatrix} 1.2856 \\ 0.7144 \end{bmatrix}$$

权重向量为

$$W_3 = \begin{bmatrix} 0.6428 \\ 0.3572 \end{bmatrix}$$

权重向量与判断矩阵相乘得

$$A_2 \times W_3 = \begin{bmatrix} 1.2856 \\ 0.7144 \end{bmatrix}$$

$$\lambda_{\max} = \frac{1}{2} \times \left(\frac{1.2856}{0.6428} + \frac{0.7144}{0.3572} \right) = 2$$

根据所求特征根检验判断矩阵的一致性 $CI = \dfrac{2-2}{2-1} = 0$，CR=0＜0.1，则矩阵符合一致性检验。

(3)计算 A_3 下的 B_6、B_7。遵循上述步骤进行计算，即

$$A_3 = \begin{bmatrix} 1 & 1.4 \\ 0.7143 & 1 \end{bmatrix}$$

列向量归一化得

$$A_3 = \begin{bmatrix} 0.5833 & 0.5833 \\ 0.4167 & 0.4167 \end{bmatrix}$$

求和得

$$\begin{bmatrix} 1.1666 \\ 0.8334 \end{bmatrix}$$

权重向量为

$$W_4 = \begin{bmatrix} 0.5833 \\ 0.4167 \end{bmatrix}$$

权重向量与判断矩阵相乘得

$$A_3 \times W_4 = \begin{bmatrix} 1.1666 \\ 0.8334 \end{bmatrix}$$

$$\lambda_{\max} = \frac{1}{2} \times \left(\frac{1.6666}{0.5833} + \frac{0.8334}{0.4167} \right) = 2$$

根据所求特征根检验判断矩阵的一致性，$CI = \dfrac{2-2}{2-1} = 0$，CR=0＜0.1，则矩阵符合一致性检验。

(4)计算 A_4 下的 B_8、B_9、B_{10}。遵循上述步骤进行计算，即

$$A_4 = \begin{bmatrix} 1 & 2.5 & 3 \\ 0.4000 & 1 & 2.3 \\ 0.3333 & 0.4348 & 1 \end{bmatrix}$$

列向量归一化得

$$\begin{bmatrix} 0.5821 & 0.6274 & 0.4545 \\ 0.2328 & 0.2510 & 0.3485 \\ 0.1940 & 0.1091 & 0.1515 \end{bmatrix}$$

求和得

$$\begin{bmatrix} 1.6640 \\ 0.8323 \\ 0.4547 \end{bmatrix}$$

权重向量为

$$W_5 = \begin{bmatrix} 0.5639 \\ 0.2820 \\ 0.1541 \end{bmatrix}$$

权重向量与判断矩阵相乘得

$$A_4 \times W_5 = \begin{bmatrix} 1.7312 \\ 0.8620 \\ 0.4647 \end{bmatrix}$$

$$\lambda_{max} = \frac{1}{3} \times \left(\frac{1.7312}{0.5639} + \frac{0.8620}{0.2820} + \frac{0.4647}{0.1541} \right) = 3.0474$$

根据所求特征根检验判断矩阵的一致性，$CI = \dfrac{3.0474 - 3}{3 - 1} = 0.0237$，查表得 RI=0.58，

$CR = \dfrac{CI}{RI} = 0.0409$，$0.0409 < 0.1$，则矩阵符合一致性检验。

2)再分别对二级指标下的三级指标构建判断矩阵

计算过程有七个步骤。

(1)计算 B_1 下的 C_1、C_2、C_3、C_4。遵循上述步骤进行计算，即

$$B_1 = \begin{bmatrix} 1 & 0.6 & 0.4 & 0.6 \\ 1.6667 & 1 & 0.5 & 0.8 \\ 2.5000 & 2.000 & 1 & 1.3 \\ 1.6667 & 1.2500 & 0.7692 & 1 \end{bmatrix}$$

列向量归一化得

$$\begin{bmatrix} 0.1463 & 0.1237 & 0.1499 & 0.1622 \\ 0.2439 & 0.2062 & 0.1873 & 0.2162 \\ 0.3659 & 0.4124 & 0.3746 & 0.3514 \\ 0.2439 & 0.2577 & 0.2882 & 0.2703 \end{bmatrix}$$

求和得

$$\begin{bmatrix} 0.5821 \\ 0.8536 \\ 1.5042 \\ 1.0601 \end{bmatrix}$$

权重向量为

$$\boldsymbol{W}_6 = \begin{bmatrix} 0.1455 \\ 0.2134 \\ 0.3761 \\ 0.2650 \end{bmatrix}$$

权重向量与判断矩阵相乘得

$$\boldsymbol{B}_1 \times \boldsymbol{W}_6 = \begin{bmatrix} 0.5830 \\ 0.8560 \\ 1.5112 \\ 1.0636 \end{bmatrix}$$

$$\lambda_{\max} = \frac{1}{4} \times \left(\frac{0.5830}{0.1455} + \frac{0.8560}{0.2134} + \frac{1.5112}{0.3761} + \frac{1.0636}{0.2650} \right) = 4.0123$$

根据所求特征根检验判断矩阵的一致性，$CI = \dfrac{4.0123 - 4}{4 - 1} = 0.0041$，查表得 RI=0.90，

$CR = \dfrac{CI}{RI} = 0.0046 < 0.1$，则矩阵符合一致性检验。

（2）计算 $\boldsymbol{B}_2$ 下的 $\boldsymbol{C}_5$、$\boldsymbol{C}_6$。遵循上述步骤进行计算，即

$$\boldsymbol{B}_2 = \begin{bmatrix} 1 & 2.1 \\ 0.4762 & 1 \end{bmatrix}$$

列向量归一化得

$$\begin{bmatrix} 0.6774 & 0.6774 \\ 0.3226 & 0.3226 \end{bmatrix}$$

求和得

$$\begin{bmatrix} 1.3548 \\ 0.6452 \end{bmatrix}$$

权重向量为

$$\boldsymbol{W}_7 = \begin{bmatrix} 0.6774 \\ 0.3226 \end{bmatrix}$$

权重向量与判断矩阵相乘得

$$\boldsymbol{B}_2 \times \boldsymbol{W}_7 = \begin{bmatrix} 1.3548 \\ 0.6452 \end{bmatrix}$$

$$\lambda_{\max} = \frac{1}{2} \times \left(\frac{1.3548}{0.6774} + \frac{0.6452}{0.3226} \right) = 2$$

根据所求特征根检验判断矩阵的一致性，CR=0＜0.1，则矩阵符合一致性检验。

(3)计算 $\boldsymbol{B}_4$ 下的 $\boldsymbol{C}_8$、$\boldsymbol{C}_9$、$\boldsymbol{C}_{10}$。遵循上述步骤进行计算，即

$$\boldsymbol{B}_4 = \begin{bmatrix} 1 & 2.1 & 1.3 \\ 0.4762 & 1 & 0.8 \\ 0.7692 & 1.2500 & 1 \end{bmatrix}$$

列向量归一化得

$$\begin{bmatrix} 0.5821 & 0.5270 & 0.1970 \\ 0.2772 & 0.2510 & 0.1212 \\ 0.4478 & 0.3137 & 0.1515 \end{bmatrix}$$

求和得

$$\begin{bmatrix} 1.3061 \\ 0.6494 \\ 0.9130 \end{bmatrix}$$

权重向量为

$$\boldsymbol{W}_8 = \begin{bmatrix} 0.4553 \\ 0.2234 \\ 0.3183 \end{bmatrix}$$

权重向量与判断矩阵相乘得

$$\boldsymbol{B}_4 \times \boldsymbol{W}_8 = \begin{bmatrix} 1.3445 \\ 0.6978 \\ 0.9515 \end{bmatrix}$$

$$\lambda_{\max} = \frac{1}{3} \times \left(\frac{1.3445}{0.4553} + \frac{0.6978}{0.2234} + \frac{0.9515}{0.3183} \right) = 3.0083$$

根据所求特征根检验判断矩阵的一致性，$\mathrm{CI} = \dfrac{3.0083 - 3}{3 - 1} = 0.0041$，查表得 RI=0.58，

$\mathrm{CR} = \dfrac{\mathrm{CI}}{\mathrm{RI}} = 0.0071 ＜ 0.1$，则矩阵符合一致性检验。

(4)计算 $\boldsymbol{B}_5$ 下的 $\boldsymbol{C}_{11}$、$\boldsymbol{C}_{12}$。遵循上述步骤进行计算，即

$$\boldsymbol{B}_5 = \begin{bmatrix} 1 & 1.7 \\ 0.5882 & 1 \end{bmatrix}$$

列向量归一化得

$$\begin{bmatrix} 0.6296 & 0.6296 \\ 0.3704 & 0.3704 \end{bmatrix}$$

求和得

$$\begin{bmatrix} 1.2592 \\ 0.7408 \end{bmatrix}$$

权重向量为

$$W_9 = \begin{bmatrix} 0.6296 \\ 0.3704 \end{bmatrix}$$

权重向量与判断矩阵相乘得

$$B_5 \times W_9 = \begin{bmatrix} 1.2592 \\ 0.7408 \end{bmatrix}$$

$$\lambda_{\max} = \frac{1}{2} \times \left(\frac{1.2592}{0.6296} + \frac{0.7408}{0.3704} \right) = 2$$

根据所求特征根检验判断矩阵的一致性，$CI = \dfrac{2-2}{2-1} = 0$，CR=0＜0.1，则矩阵符合一致性检验。

(5)计算 B_7 下的 C_{14}、C_{15}。遵循上述步骤进行计算，即

$$B_7 = \begin{bmatrix} 1 & 3.6 \\ 0.2778 & 1 \end{bmatrix}$$

列向量归一化得

$$\begin{bmatrix} 0.7826 & 0.7826 \\ 0.2174 & 0.2174 \end{bmatrix}$$

求和得

$$\begin{bmatrix} 1.5652 \\ 0.4348 \end{bmatrix}$$

权重向量

$$W_{10} = \begin{bmatrix} 0.7826 \\ 0.2174 \end{bmatrix}$$

与判断矩阵相乘得

$$B_7 \times W_{10} = \begin{bmatrix} 1.5652 \\ 0.4348 \end{bmatrix}$$

$$\lambda_{\max} = \frac{1}{2} \times \left(\frac{1.5652}{0.7826} + \frac{0.4348}{0.2174} \right) = 2$$

根据所求特征根检验判断矩阵的一致性，$CI = \dfrac{2-2}{2-1} = 0$，CR=0＜0.1，则矩阵符合一致性检验。

(6)计算 B_8 下的 C_{16}、C_{17}。遵循上述步骤进行计算，即

$$B_8 = \begin{bmatrix} 1 & 1.9 \\ 0.5263 & 1 \end{bmatrix}$$

列向量归一化得

$$\begin{bmatrix} 0.6552 & 0.6552 \\ 0.3448 & 0.3448 \end{bmatrix}$$

求和得

$$\begin{bmatrix} 1.3104 \\ 0.6896 \end{bmatrix}$$

权重向量为

$$W_{11} = \begin{bmatrix} 0.6552 \\ 0.3448 \end{bmatrix}$$

权重向量与判断矩阵相乘得

$$B_8 \times W_{11} = \begin{bmatrix} 1.3104 \\ 0.6896 \end{bmatrix}$$

$$\lambda_{\max} = \frac{1}{2} \times \left(\frac{1.3104}{0.6552} + \frac{0.6896}{0.3448} \right) = 2$$

根据所求特征根检验判断矩阵的一致性，$CI = \dfrac{2-2}{2-1} = 0$，CR=0＜0.1，则矩阵符合一致性检验。

(7) 计算 B_9 下的 C_{18}、C_{19}、C_{20}、C_{21}。遵循上述步骤进行计算，即

$$B_9 = \begin{bmatrix} 1 & 2.4 & 2.4 & 2.5 \\ 0.4167 & 1 & 2.5 & 2.4 \\ 0.4167 & 0.4 & 1 & 2.2 \\ 0.4 & 0.4167 & 0.4545 & 1 \end{bmatrix}$$

列向量归一化得

$$\begin{bmatrix} 0.4478 & 0.5692 & 0.3777 & 0.3086 \\ 0.1866 & 0.2372 & 0.3934 & 0.2963 \\ 0.1866 & 0.0949 & 0.1574 & 0.2716 \\ 0.1791 & 0.0988 & 0.0715 & 0.1235 \end{bmatrix}$$

求和得

$$\begin{bmatrix} 1.7033 \\ 1.1134 \\ 0.7104 \\ 0.4729 \end{bmatrix}$$

权重向量为

$$W_{12} = \begin{bmatrix} 0.4258 \\ 0.2784 \\ 0.1776 \\ 0.1182 \end{bmatrix}$$

权重向量与判断矩阵相乘得

$$B_9 \times W_{12} = \begin{bmatrix} 1.8157 \\ 1.1835 \\ 0.7265 \\ 0.4853 \end{bmatrix}$$

$$\lambda_{max} = \frac{1}{4} \times \left(\frac{1.8157}{0.4258} + \frac{1.1835}{0.2784} + \frac{0.7265}{0.1776} + \frac{0.4853}{0.1182} \right) = 4.1777$$

根据所求特征根检验判断矩阵的一致性，$CI = \dfrac{4.1777 - 4}{4 - 1} = 0.0592$，查表得 RI=0.90，

$CR = \dfrac{CI}{RI} = 0.0658 < 0.1$，则矩阵符合一致性检验。

根据以上权重计算步骤结果可知，所有的绩效评价指标均符合一致性检验，将所有指标的权重进行汇总，得出政府引导基金绩效评价指标权重值，如表 10-3 所示。

表 10-3　政府引导基金绩效评价指标及权重

一级指标	二级指标	三级指标
产业导向效果指标 54.20%	产业支持 57.10%	投资中小企业资金占比 14.55%
		投资战略性新兴企业占比 21.34%
		投资种子期、初创期企业资金占比 37.61%
		重点扶持产业资金投入率 26.50%
	企业发展 25.78%	被投资企业发展状况 67.74%
		净利润增长率 32.26%
	产业环境 17.12%	投融资环境的改善 100%
效益指标 22.01%	杠杆作用 64.28%	引导社会资本进入创投领域规模 45.53%
		引导商业性资本进入创投领域规模 22.64%
		引导总社会资金进入创投领域增长率 31.83%
	引导效率 35.72%	引导资金到位率 62.96%
		实际投资进度 37.04%
价值指标 13.44%	投资效果 58.33%	基金规模增长率 100%
	退出情况 41.67%	成功退出投资项目数量 78.26%
		退出投资项目的难易程度 21.74%
风险控制效果指标 10.35%	管理状况 56.39%	投资项目决策合规性 65.52%
		投资管理报告信息披露完整性及真实性 34.48%
	合作状况 28.20%	创投机构的选取是否规范 42.58%
		基金受托机构是否符合要求 27.84%
		基金管理者专业性 17.76%
		基金管理者过往投资业绩 11.82%
	投后状况 15.41%	监督情况 100%

10.2.3　模糊综合评价法

模糊综合评价法最早是扎德(Zadeh)在 1965 年提出的,主要通过模糊数学的方法对目标进行评价。基于模糊数学,重点运用了其中的隶属度函数来构建模糊集,可以将定性指标转为定量指标来加以综合评价。在模糊综合评价法中,通过隶属度函数的计算结果可得到每个因素的单因素矩阵,再进行综合评判。因此,模糊综合评价法是一种基于模糊数学的综合评价方法。该综合评价法根据模糊数学的隶属度理论把定性评价转化为定量评价,即用模糊数学对受到多种因素制约的事物或对象做出一个总体的评价。它的特点是能够较好地解决难以量化的问题,适合解决非确定性的问题。

前文采用层次分析法对多层次的政府引导基金绩效指标给予了相应的权重,模糊综合评价法可以利用自身优点系统性地分析对象,包括政府引导基金绩效评价中量化与非量化的指标的综合体现。通过模糊综合评价法对本章的政府引导基金绩效评价指标进行赋值,结合层次分析法得到最终结果。具体操作步骤如下。

1. 确定评价指标因素集

本章共设有三层绩效评价指标,故每层分开确定指标因素集,每一层集合均可表示为 $U=\{u_1,u_2,u_3,\cdots,u_n\}$,其中 $u_i(i=1,2,3,\cdots,n)$ 为每一层的指标因素,n 为每一层上指标因素的个数。

A 层指标权重集合为:

$A=\{A_1,A_2,A_3,A_4\}=\{0.5420,0.2201,0.1344,0.1035\}$。

B 层指标权重集合为:

$A_1=\{B_1,B_2,B_3\}=\{0.5710,0.2578,0.1712\}$;

$A_2=\{B_4,B_5\}=\{0.6428,0.3572\}$;

$A_3=\{B_6,B_7\}=\{0.5833,0.4167\}$;

$A_4=\{B_8,B_9,B_{10}\}=\{0.5639,0.2820,0.1541\}$。

C 层指标权重集合为:

$B_1=\{C_1,C_2,C_3,C_4\}=\{0.1455,0.2134,0.3761,0.2650\}$;

$B_2=\{C_5,C_6\}=\{0.6774,0.3226\}$;

$B_3=\{C_7\}=\{1\}$;

$B_4=\{C_8,C_9,C_{10}\}=\{0.4553,0.2264,0.3183\}$;

$B_5=\{C_{11},C_{12}\}=\{0.6296,0.3704\}$;

$B_6=\{C_{13}\}=\{1\}$;

$B_7=\{C_{14},C_{15}\}=\{0.7826,0.2174\}$;

$B_8=\{C_{16},C_{17}\}=\{0.6552,0.3448\}$;

$B_9=\{C_{18},C_{19},C_{20},C_{21}\}=\{0.4258,0.2784,0.1776,0.1182\}$;

$B_{10}=\{C_{22}\}=\{1\}$。

2. 确定评价指标评语集

绩效评价指标评语集的确定是对每一个三级指标进行评价,并且一个三级指标对应一个评价结果。二级指标以及一级指标的评价,分别通过下级指标逐层推算所得。评价指标评语集反映的是递增或递减的不同程度的评价,一般的评价形式为

$$V = \{v_1, v_2, \cdots, v_n\}$$

根据相应评价对象,确定评价等级的个数。本章旨在评价政府引导基金的绩效指标,适量适度的评价等级个数最好,根据实际情况,将评价指标评语集设定为 5 类,依次为"优""良""中""一般""差"。

$$V = \{v_1, v_2, v_3, v_4, v_5\}$$

3. 确定隶属度函数

本章所构建的政府引导基金绩效评价指标通过发放调查问卷给专家小组进行评分,构造评价指标评语集,根据构造隶属度函数,对评语打分结果进行归一化处理,使得最终结果为 0～1。根据政府引导基金绩效评价的实际需要,构造下列隶属度函数:

$$f_1 = \begin{cases} \dfrac{u-90}{100-90} & 90 < u \leqslant 100 \\ 0 & u \leqslant 90 \end{cases} \tag{10-2}$$

$$f_2 = \begin{cases} \dfrac{u-80}{90-80} & 80 < u \leqslant 90 \\ 0 & u \leqslant 80 \end{cases} \tag{10-3}$$

$$f_3 = \begin{cases} \dfrac{u-70}{80-70} & 70 < u \leqslant 80 \\ 0 & u \leqslant 70 \end{cases} \tag{10-4}$$

$$f_4 = \begin{cases} \dfrac{u-60}{70-60} & 60 < u \leqslant 70 \\ 0 & u \leqslant 60 \end{cases} \tag{10-5}$$

$$f_5 = \begin{cases} \dfrac{u-0}{60-0} & 0 < u \leqslant 60 \\ 0 & u \leqslant 0 \end{cases} \tag{10-6}$$

式(10-2)～式(10-6)为绩效评价考核的隶属度函数,u 代表专家小组对绩效评价指标的具体评分值,根据评分结果的不同将其代入不同的隶属度函数中进行计算,如评分为 90～100 分,便采用 f_1 函数进行计算;评分为 80～90 分,便采用 f_2 函数进行计算;其余情况以此类推。

4. 模糊综合评价得分

根据上述步骤确定的绩效指标评价的隶属度函数,可以相应地求出每一指标的单因素评价矩阵,例如:

$$X_1 = \{x_1, x_2, x_3\}$$

$$R_1 = \begin{bmatrix} r_{11} & r_{12} & r_{13} & r_{14} & r_{15} \\ r_{21} & r_{22} & r_{23} & r_{24} & r_{25} \\ r_{31} & r_{32} & r_{33} & r_{34} & r_{35} \end{bmatrix}$$

$$B_1 = X_1 \times R_1 = (x_1, x_2, x_3) \times \begin{bmatrix} r_{11} & r_{12} & r_{13} & r_{14} & r_{15} \\ r_{21} & r_{22} & r_{23} & r_{24} & r_{25} \\ r_{31} & r_{32} & r_{33} & r_{34} & r_{35} \end{bmatrix} = (b_{11}, b_{12}, b_{13}, b_{14}, b_{15})$$

根据上述评价步骤解析，同理可求得 $B_2, B_3, \cdots, B_{10}$。

若 10 个子评价指标因素相对于 U 的权重为 $X=(X_1, X_2, \cdots, X_{10})$，满足 $\sum_{i=1}^{10} X_i = 1$，则二级绩效评价指标模糊综合评价为：$B=XR=(b_1, b_2, \cdots, b_{10})$。如此类推，逐级评判至上级，便得到对目标层的综合评价得分，即 $E = B \times V$。

再根据隶属度的最大原则，便得到所研究的政府引导基金绩效的综合评价水平。

10.3　贵州省政府引导基金绩效评价案例解析

根据前文所构建的政府引导基金绩效评价体系，利用层次分析法得到各项指标所对应的权重，并运用模糊综合评价法对指标进行赋值，最后得到政府引导基金的绩效评价结果。用此设计方案对贵州省政府引导基金进行绩效评价，从而检验该绩效评价方案的实操性。

10.3.1　案例说明

贵州省政府引导基金(以下简称"引导基金")自 2012 年成立以来，持续健康发展，先后五年被中国民主建国会主办、中国证券监督管理委员会和科技部支持的中国风险投资论坛以及清科集团等机构评为"2014 年全国十佳政府引导基金"，2015 年、2016 年、2017 年和 2018 年"中国政府引导基金 20 强"，"中国创投二十年最佳省级政府引导基金"，相比全国大多数政府引导基金取得了较好的运作成效，得到股权和创投市场的广泛认可。

引导基金基本情况：引导基金是经贵州省第十一届人民政府第 51 次常务会议研究决定设立的，总规模共 7 亿元，分 4 期出资到位，其中省发展改革委出资 4 亿元，省财政厅出资 3 亿元。引导基金由省编办批准专门设立贵州省创投促进中心(为省发展改革委下设正县级公益一类事业单位)作为引导基金出资人代表，履行基金运作监督管理及理事会办公室职能。引导基金根据《省人民政府办公厅贵州省创业投资引导基金管理办法》(黔府办发〔2018〕47 号)要求，委托专业基金管理公司进行管理，并从各行业选取知名专家组成评审专家委员会对不同领域的企业申请方案开展评审，引导基金理事会为引导基金投资决策机构，根据专家评审结果做出最终投资决策，把握投资方向。

引导基金在运作过程中主要采用参股模式，并且灵活采用跟进投资和风险补助等方式引导社会资金流入政策导向的领域和高潜力高风险行业。引导基金在运作过程中子基金数量快速增长，投资规模不断扩大，财政资金杠杆放大效应显著。截至 2018 年 5 月，贵州省创投中心共对外发布申请指南 13 期，累计 61 家创投企业提出引导基金参股申请。经过尽调、评审等决策流程，政府引导基金同意参股创投企业共 44 家，其中已开展投资和正在办理设立的创投企业 36 家，募资总规模达 53.605 亿元，其中社会资本认缴出资 43.4036 亿元，财政资金在投资子基金层面实现了 5.25 倍的杠杆放大效应。

截至 2018 年 5 月，引导基金支持的创投企业已完成对 50 家中小企业投资，通过带动深圳创新投资集团等其他省份创投企业跟进投资，对以上企业已形成股权投资投放资金约 17.0006 亿元（不含金融机构贷款等非股权类融资），其中引导基金参股的创投企业直接投资 5.1974 亿元，引导基金跟进投资 4826 万元，财政资金在对企业形成实际投资层面实现了 11.3 倍的杠杆放大效应。

截至本书成稿时，引导基金部分投资开始进入退出期，已有 2 家企业被主板上市公司并购盈利退出，4 家企业由大股东回购盈利退出，投资退出平均收益为 42.02%，部分项目在收回收益和本金时仍保留部分股份（总收益为 864.7 万元）。50 家被投企业中，6 家企业达到主板上市标准，6 家企业已在新三板挂牌，市值总计 69.7 亿元，其中 3 家正在申请转板，1 家正在申报挂牌新三板。已投企业在政府及市场化基金管理公司提供的法律、财务、产业资源的综合增值服务中，大部分投后估值、营业收入、净利润及管理能力均实现大幅增长。

为深入贯彻落实《国务院关于促进创业投资持续健康发展的若干意见》（国发〔2016〕53 号）文件精神，贵州省创投促进中心会同省有关单位研究起草了《关于促进创业投资持续健康发展的实施意见》（黔府发〔2017〕28 号），并由省政府于 2017 年 10 月正式发布。文件提出要扩大创投规模，推动创投开放，完善创投机制等主要任务，其有助于破解贵州省创投发展面临的瓶颈，同时也对贵州省推进供给侧结构性改革，推动大众创业万众创新，落实大扶贫、大数据、大生态三大战略行动，培育发展新动能具有重要意义。

10.3.2　数据获取与处理

贵州省创投促进中心明文规定创投项目采取公示制度，并受社会监督。本章以贵州创投促进中心的官方网站下的创投项目系统提供的数据资料作为参考，通过实地走访发展改革委、创投促进中心，以调查问卷的形式对数据进行统计分析得到绩效评价数据。

根据本章构造的隶属度函数，将评价分值代入处理得出单因素评价矩阵。由于本章的定量指标具体数值、参考数值在贵州省创投促进中心项目中属于内部机密数据，不宜公开，公开数据资料有限，则无法进行定量化评价引导基金的绩效。因此便采用模糊评价法，邀请业内专业评估人士、引导基金相关领导、发展改革委创投专员对所获贵州省引导基金参考数据以及发展改革委、创投促进中心已有的内部数据进行评价打分，通过评价分数得出对应的单因素矩阵，原始数据表见附录 H。贵州省政府引导基金绩效评价的三级指标对应单因素矩阵如表 10-4 所示。

表 10-4　贵州省政府引导基金得分评价矩阵

绩效评价三级指标	得分情况	单因素矩阵
投资中小企业资金占比 C_1	93	$\begin{bmatrix} 0.3 & 0 & 0 & 0 & 0 \\ 0.2 & 0 & 0 & 0 & 0 \\ 0 & 1 & 0 & 0 & 0 \\ 0 & 0.8 & 0 & 0 & 0 \end{bmatrix}$
投资战略性新兴企业占比 C_2	92	
投资种子期、初创期企业资金占比 C_3	90	
重点扶持产业资金投入率 C_4	88	
被投资企业发展状况 C_5	85	$\begin{bmatrix} 0 & 0.5 & 0 & 0 & 0 \\ 0 & 0.2 & 0 & 0 & 0 \end{bmatrix}$
净利润增长率 C_6	82	
投融资环境的改善 C_7	89	$\begin{bmatrix} 0 & 0.9 & 0 & 0 & 0 \end{bmatrix}$
引导社会资本进入创投领域规模 C_8	94	$\begin{bmatrix} 0.4 & 0 & 0 & 0 & 0 \\ 0.3 & 0 & 0 & 0 & 0 \\ 0.2 & 0 & 0 & 0 & 0 \end{bmatrix}$
引导商业性资本进入创投领域规模 C_9	93	
引导总社会资金进入创投领域增长率 C_{10}	92	
引导资金到位率 C_{11}	96	$\begin{bmatrix} 0.6 & 0 & 0 & 0 & 0 \\ 0 & 0.9 & 0 & 0 & 0 \end{bmatrix}$
实际投资进度 C_{12}	89	
基金规模增长率 C_{13}	87	$\begin{bmatrix} 0 & 0.7 & 0 & 0 & 0 \end{bmatrix}$
成功退出投资项目数量 C_{14}	85	$\begin{bmatrix} 0 & 0.5 & 0 & 0 & 0 \\ 0 & 0.4 & 0 & 0 & 0 \end{bmatrix}$
退出投资项目的难易程度 C_{15}	84	
投资项目决策合规性 C_{16}	91	$\begin{bmatrix} 0.1 & 0 & 0 & 0 & 0 \\ 0.1 & 0 & 0 & 0 & 0 \end{bmatrix}$
投资管理报告信息披露完整性及真实性 C_{17}	91	
创投机构的选取是否规范 C_{18}	92	$\begin{bmatrix} 0.2 & 0 & 0 & 0 & 0 \\ 0.2 & 0 & 0 & 0 & 0 \\ 0.4 & 0 & 0 & 0 & 0 \\ 0.4 & 0 & 0 & 0 & 0 \end{bmatrix}$
基金受托机构是否符合要求 C_{19}	92	
基金管理者专业性 C_{20}	94	
基金管理者过往投资业绩 C_{21}	94	
监督情况 C_{22}	95	$\begin{bmatrix} 0.5 & 0 & 0 & 0 & 0 \end{bmatrix}$

根据隶属度函数得到了三级指标与之对应的单因素矩阵，将原所求得的引导基金绩效三级指标对应权重与单因素矩阵相乘得到上一级指标对应的评价矩阵：

$$\boldsymbol{B}_1 = (0.1455, 0.2134, 0.3761, 0.265) \times \begin{bmatrix} 0.3 & 0 & 0 & 0 & 0 \\ 0.2 & 0 & 0 & 0 & 0 \\ 0 & 1 & 0 & 0 & 0 \\ 0 & 0.8 & 0 & 0 & 0 \end{bmatrix} = (0.08633, 0.5881, 0, 0, 0)$$

$$\boldsymbol{B}_2 = (0.6774, 0.3226) \times \begin{bmatrix} 0 & 0.5 & 0 & 0 & 0 \\ 0 & 0.2 & 0 & 0 & 0 \end{bmatrix} = (0.3387, 0.0645, 0, 0, 0)$$

$$\boldsymbol{B}_3 = 1 \times \begin{bmatrix} 0 & 0.9 & 0 & 0 & 0 \end{bmatrix} = (0, 0.9, 0, 0, 0)$$

$$\boldsymbol{B}_4 = (0.4553, 0.2234, 0.3183) \times \begin{bmatrix} 0.4 & 0 & 0 & 0 & 0 \\ 0.3 & 0 & 0 & 0 & 0 \\ 0.2 & 0 & 0 & 0 & 0 \end{bmatrix} = (0.3128, 0, 0, 0, 0)$$

$$\boldsymbol{B}_5 = (0.6296, 0.3704) \times \begin{bmatrix} 0.6 & 0 & 0 & 0 & 0 \\ 0 & 0.9 & 0 & 0 & 0 \end{bmatrix} = (0.3778, 0.3334, 0, 0, 0)$$

$$\boldsymbol{B}_6 = 1 \times \begin{bmatrix} 0 & 0.7 & 0 & 0 & 0 \end{bmatrix} = (0, 0.7, 0, 0, 0)$$

$$\boldsymbol{B}_7 = (0.7826, 0.2174) \times \begin{bmatrix} 0 & 0.5 & 0 & 0 & 0 \\ 0 & 0.4 & 0 & 0 & 0 \end{bmatrix} = (0, 0.4783, 0, 0, 0)$$

$$\boldsymbol{B}_8 = (0.6552, 0.3448) \times \begin{bmatrix} 0.1 & 0 & 0 & 0 & 0 \\ 0.1 & 0 & 0 & 0 & 0 \end{bmatrix} = (0.1, 0, 0, 0, 0)$$

$$\boldsymbol{B}_9 = (0.4258, 0.2784, 0.1776, 0.1182) \times \begin{bmatrix} 0.2 & 0 & 0 & 0 & 0 \\ 0.2 & 0 & 0 & 0 & 0 \\ 0.4 & 0 & 0 & 0 & 0 \\ 0.4 & 0 & 0 & 0 & 0 \end{bmatrix} = (0.2592, 0, 0, 0, 0)$$

$$\boldsymbol{B}_{10} = 1 \times \begin{bmatrix} 0.5 & 0 & 0 & 0 & 0 \end{bmatrix} = (0.5, 0, 0, 0, 0)$$

10.3.3　绩效评价得分

根据上述引导基金绩效指标的评价矩阵计算结果，在此基础上，计算一级指标的评价矩阵。

$$\boldsymbol{A}_1 = (0.571, 0.2578, 0.1712) \times \begin{bmatrix} 0.0863 & 0.5881 & 0 & 0 & 0 \\ 0.3387 & 0.0645 & 0 & 0 & 0 \\ 0 & 0.9 & 0 & 0 & 0 \end{bmatrix} = (0.1366, 0.5065, 0, 0, 0)$$

$$\boldsymbol{A}_2 = (0.6428, 0.3572) \times \begin{bmatrix} 0.3128 & 0 & 0 & 0 & 0 \\ 0.3778 & 0.3334 & 0 & 0 & 0 \end{bmatrix} = (0.3360, 0.1191, 0, 0, 0)$$

$$\boldsymbol{A}_3 = (0.5833, 0.4167) \times \begin{bmatrix} 0 & 0.7 & 0 & 0 & 0 \\ 0 & 0.4783 & 0 & 0 & 0 \end{bmatrix} = (0, 0.6076, 0, 0, 0)$$

$$\boldsymbol{A}_4 = (0.5639, 0.282, 0.1541) \times \begin{bmatrix} 0.1 & 0 & 0 & 0 & 0 \\ 0.2592 & 0 & 0 & 0 & 0 \\ 0.5 & 0 & 0 & 0 & 0 \end{bmatrix} = (0.2065, 0, 0, 0, 0)$$

从一级指标的评价矩阵可以得出：产业导向效果指标的评价矩阵中最大值为 0.5065，则产业导向效果指标得分为 0.5065；效益指标的评价矩阵中最大值为 0.3360，则效益指标得分为 0.3360；价值指标的评价矩阵中最大值为 0.6076，则价值指标得分为 0.6076，风险控制效果指标的评价矩阵中最大值为 0.2065，则风险控制效果指标得分为 0.2065。

得到一级指标的具体得分后，则通过其权重与得分相乘即可得到贵州省政府引导基金绩效评价的总得分：

$$\boldsymbol{A} = (0.542, 0.2201, 0.1344, 0.1035) \times \begin{bmatrix} 0.5065 \\ 0.3360 \\ 0.6076 \\ 0.2065 \end{bmatrix} = 0.4515$$

在以上计算中得到了一级指标的各项得分,可以看出贵州省政府引导基金在产业导向效果上做得比较好,结合政府政策对产业企业的发展起到了强有力的支持作用,其次是重视了投资项目的成功退出以及引导基金的保值增值和可持续发展,在此基础上也兼顾了引导基金的杠杆作用与有效管理,充分发挥了政府的引导作用,吸引社会各界资本,相较而言对整个基金的运作发展都采取了有效的监管措施,最终便得到了其绩效评价的总得分:0.4515(满分为 1 分)。从纵向来看属于中等水平,但实际得分在横向与其他省份比较中属于较高水准,这也就表明了贵州省政府引导基金虽然起步较晚,但是整个运作模式和管理方式都促使了引导基金朝着良好健康的方向发展。

10.4　本 章 小 结

本章首先简要阐明了政府引导基金绩效评价方案的设计思路,其次构建了科学合理的基金绩效评价指标层,采用在绩效评价方面运用较为广泛的层次分析法,计算得出政府引导基金的绩效指标权重,并利用模糊综合评价法对绩效评价指标进行赋值,构建出一套行之有效的政府引导基金绩效评价方案。本章使用此设计方案对贵州省政府引导基金进行绩效评价,最终得到贵州省政府引导基金绩效评价得分,得出贵州省政府引导基金虽然起步较晚,但是整个运作模式、管理方式都促使了引导基金朝着良好健康的方向发展的结论。

总的来看,该方案综合了各专家的意见,同时也做到了客观评价,即利用主客观相结合的方法,使得评价结果更加合理。在实际运用方面,只需收集相关专家对参评对象的打分,然后代入模型即可得出结论,其原理并不复杂,因此具有一定的实操性。

第11章 政府引导基金省域发展规模统计

本章收集了 2016～2022 年政府引导基金数据，从全国层面对政府引导基金的基金规模、基金数量、基金级别、基金分类、基金组织结构、基金募集状态、基金管理机构性质等方面进行统计分析，进而针对 31 个省(自治区、直辖市)政府引导基金的规模、数量进行统计分析。此外，本章还尝试采用趋势分析法对 2023 年和 2024 年全国政府引导基金规模进行预测。

11.1 文 献 回 顾

政府引导基金作为推动创新发展和经济建设的主要手段之一，王江璐和刘明兴(2019)指出可以通过培育和促进私募股权市场的发展来填补创新企业股权资本的空白。国内外学者对政府引导资金促进企业创新发展这一问题有较为统一的认识，杨大楷和李丹丹(2012)研究发现，政府引导基金可以在一定程度上解决信息不对称导致的"市场失灵"问题，从而促进企业创新和经济发展。黄嵩等(2020)通过风险投资基金分析了科技型初创企业的投资情况，验证了政府引导基金对企业技术创新水平的促进作用。王晗等(2018)也证实了政府引导资金对企业创新的积极作用。不同省份引导基金的引导效果不同，杨敏利等(2014)通过跨省大数据样本对政府引导基金的引导效果进行实证检验，发现不同创新成熟度水平的省份，政府引导基金的引导效果存在差异。由此可见，政府引导基金已成为推动区域创新发展和产业升级的重要力量，充分发挥政府引导基金的引导效应对促进我国协同发展、实现"双创"目标的政策效果至关重要。

当然，政府引导基金的引导作用还存在一定的局限性。施国平等(2016)认为政府引导基金的引导作用局限于部分风险投资机构，其模式为"差中差"；也有学者关注了政府引导基金推广的行业差异，Luukkonen 等(2013)比较了欧洲政府基金在全球和独立风投公司投后发展和增值活动中的表现，发现政府引导基金在重要行业的推动作用不如其他行业。为更好地关注政府引导基金的现实发展，观测政府引导基金的杠杆放大效应，本章收集了 2016～2022 年政府引导基金相关数据，从全国层面对政府引导基金的基金规模、基金数量、基金级别、基金分类、基金组织结构、基金募集状态、基金管理机构性质等方面进行统计分析，进而针对 31 个省(自治区、直辖市)的政府引导基金规模、数量进行了发展现状分析。此外，尝试采用趋势分析法对 2023 年和 2024 年全国政府引导基金规模进行预测。

11.2　样本选择和数据处理

本章选取了 2016～2022 年政府引导基金作为研究样本，对数据进行了如下处理：
①参考薛宏刚等(2021)的做法，剔除 PPP 类引导基金，只保留基金类别为产业基金和创业投资基金的政府引导基金；②剔除基金募集规模、基金级别(国家级、省级、地市级、区县级)、基金注册地区、组织形式等基金特征缺乏的数据。最终获得样本数据为 985 个(本章的数据通过清科集团数据库手动整理而得)。

11.3　全国层面发展规模统计分析

11.3.1　全国政府引导基金规模

全国政府引导基金的总规模、平均规模、基金数量见表 11-1。2016～2022 年全国政府引导基金总规模和基金平均规模整体呈下降趋势，见图 11-1。其中，基金总规模一直在下降，2017 年降幅最大；基金平均规模只在 2019 年和 2021 年略微上升，其余年份均较上一年有所下降。

表 11-1　2016～2022 年全国政府引导基金规模

年份	基金总规模/百万元	基金平均规模/百万元	基金数量/支
2016	2026889.83	8239.390	246
2017	1224001.56	7075.154	173
2018	880801.71	6429.210	137
2019	890834.21	7301.920	122
2020	529952.20	5047.164	105
2021	528303.10	5620.246	94
2022	524330.62	4854.913	108

图 11-1　2016～2022 年全国政府引导基金规模

11.3.2　全国政府引导基金分类

本节拟从基金级别、基金分类、基金组织结构、基金募集状态、基金的管理机构是否国有等方面的数量分布对 2016～2022 年全国政府引导基金进行分类分析。

(1)全国政府引导基金的基金级别数量分布见表 11-2。表 11-2 显示，2016～2022 年全国政府引导基金中地市级占比最大，区县级次之，省级再次，国家级最少；各级别基金数量均呈整体下降趋势。

表 11-2　全国政府引导基金的级别数量分布

年份	国家级/支	省级/支	地市级/支	区县级/支
2016	10	51	126	59
2017	5	29	70	69
2018	2	23	61	51
2019	3	15	60	44
2020	4	8	56	37
2021	1	18	43	32
2022	0	14	40	54

(2)全国政府引导基金的基金分类数量分布见表 11-3。表 11-3 显示，2016～2022 年全国政府引导基金都以产业基金为主；产业基金数量整体呈下降趋势；创业投资基金数量自 2017 年大幅下降后，基本维持不变。

表 11-3　全国政府引导基金的分类数量分布

年份	产业基金/支	创业投资基金/支
2016	175	71
2017	143	30
2018	114	23
2019	99	23
2020	89	16
2021	67	27
2022	87	21

(3)全国政府引导基金的基金组织结构数量分布见表 11-4。表 11-4 显示，有限合伙制是样本区间内政府引导基金的主要组织结构形式；信托制仅在 2017 年的一个政府引导基金中出现。

表 11-4　全国政府引导基金的基金组织结构数量分布

年份	有限合伙制/支	公司制/支	信托制/支
2016	206	40	0
2017	138	34	1
2018	125	12	0
2019	108	14	0
2020	87	18	0
2021	71	23	0
2022	92	16	0

　　(4) 全国政府引导基金的基金募集状态数量分布见表 11-5。表 11-5 显示，募集状态为"首期募完，正在募集"的全国政府引导基金占比最大；募集状态为"已募完"的基金次之；募集状态为"新设立"的基金再次；募集状态为"拟设立"的基金仅在 2019 年出现一例。

表 11-5　全国政府引导基金的基金募集状态数量分布

年份	已募完	首期募完，正在募集/支	新设立/支	拟设立/支
2016	86	157	3	0
2017	31	135	7	0
2018	27	101	9	0
2019	37	79	5	1
2020	43	59	3	0
2021	25	69	0	0
2022	35	73	0	0

　　(5) 全国政府引导基金的管理机构性质数量分布见表 11-6。表 11-6 显示，国有管理机构是全国政府引导基金管理机构的主要形式。

表 11-6　全国政府引导基金的管理机构性质数量分布

年份	国有/支	非国有/支
2016	206	40
2017	138	35
2018	104	33
2019	96	26
2020	85	20
2021	77	17
2022	95	13

综上所述，2016～2022 年政府引导基金年度总规模和数量整体呈下降趋势；级别主要为地市级；分类主要为产业基金；组织结构主要为有限合伙制；募集状态主要为"首期募完，正在募集"；管理机构主要为国有管理机构。

11.4　省级层面发展规模统计分析

本节分别对全国 31 个省(自治区、直辖市)2016～2022 年政府引导基金规模进行分析。需要注意的是，该部分剔除了基金级别为"国家级"的基金。

11.4.1　各省规模数据统计(总规模、数量)

(1)安徽省政府引导基金规模状况。安徽省政府引导基金规模状况见表 11-7。样本区间内，安徽省政府引导基金总规模于 2017 年达到最大值，此后开始下降，2021 年开始复苏，2022 年达到次高点；基金数量自 2018 年起开始大幅下跌，2021 年开始复苏。

表 11-7　安徽省政府引导基金规模

省份	年份	基金总规模/百万元	基金数量/支
	2016	17480	16
	2017	74521.05	15
	2018	6080	6
安徽	2019	5400	8
	2020	3900	5
	2021	9950	13
	2022	42800	10

(2)北京市政府引导基金规模状况。北京市政府引导基金规模状况见表 11-8。样本区间内，北京市政府引导基金总规模于 2019 年达到峰值，2020 年开始断崖式下降，2022 年复苏；基金数量从 2016 年起下降，2020～2022 年均只有一支政府引导基金。

表 11-8　北京市政府引导基金规模

省份	年份	基金总规模/百万元	基金数量/支
	2016	119160	11
	2017	33457.5	6
	2018	64500	5
北京	2019	40010	3
	2020	301	1
	2021	202	1
	2022	5000	1

(3) 重庆市政府引导基金规模状况。重庆市政府引导基金规模状况见表 11-9。样本区间内,重庆市政府引导基金规模整体呈上升趋势,仅在 2020 年出现下滑;基金数量自 2017 年起基本维持不变,仅在 2021 年略有增加。

表 11-9　重庆市政府引导基金规模

省份	年份	基金总规模/百万元	基金数量/支
重庆	2016	300	4
	2017	500	1
	2018	1000	1
	2019	2000	1
	2020	500	1
	2021	4000	2
	2022	40000	1

(4) 福建省政府引导基金规模状况。福建省政府引导基金规模状况见表 11-10。样本区间内,福建省政府引导基金规模于 2016 年达到最大值,没有明显上升或下降趋势;基金数量自 2017 年开始大幅下降,此后呈缓慢上升趋势。

表 11-10　福建省政府引导基金规模

省份	年份	基金总规模/百万元	基金数量/支
福建	2016	40120	13
	2017	4000	2
	2018	600	2
	2019	33187.01	3
	2020	14000	3
	2021	26200	4
	2022	16000	4

(5) 甘肃省政府引导基金规模状况。甘肃省政府引导基金规模状况见表 11-11。样本区间内,甘肃省 2019 年、2021 年、2022 年均无政府引导基金;2018 年基金规模最大;基金数量无明显变化趋势。

表 11-11　甘肃省政府引导基金规模

省份	年份	基金总规模/百万元	基金数量/支
甘肃	2016	4250	4
	2017	1010	2
	2018	40295	2
	2019	0	0
	2020	5000	3
	2021	0	0
	2022	0	0

(6)广东省政府引导基金规模状况。广东省政府引导基金规模状况如表 11-12 所示。样本区间内，广东省政府引导基金规模在 2016 年达到最大值，2019 年达到最小值，其规模整体呈下降趋势；基金数量自 2019 年起开始大幅下降，2019～2021 年这三年维持不变，2022 年略有降低。

表 11-12　广东省政府引导基金规模

省份	年份	基金总规模/百万元	基金数量/支
广东	2016	229549	21
	2017	89428	20
	2018	123252	19
	2019	8300	4
	2020	21300	4
	2021	51000	4
	2022	20000	2

(7)广西壮族自治区政府引导基金规模状况。广西壮族自治区政府引导基金规模状况见表 11-13。样本区间内，广西壮族自治区政府引导基金规模于 2019 年达到最大值，基金规模没有明显变化趋势；2021 年没有政府引导基金；基金数量没有明显变化趋势。

表 11-13　广西壮族自治区政府引导基金规模

省份	年份	基金总规模/百万元	基金数量/支
广西	2016	2600	3
	2017	9000	3
	2018	320	3
	2019	103200	4
	2020	6051	2
	2021	0	0
	2022	20000	1

(8)贵州省政府引导基金规模状况。贵州省政府引导基金规模状况见表 11-14。样本区间内，贵州省政府引导基金规模在 2016 年达到最大值，之后基金规模呈断崖式下降，其余年份无明显变化趋势；基金数量无明显变化趋势。

表 11-14　贵州省政府引导基金规模

省份	年份	基金总规模/百万元	基金数量/支
贵州	2016	305172	5
	2017	5100	2
	2018	33000	2
	2019	4150.1	3
	2020	1000	1
	2021	90025	7
	2022	10000.01	1

(9)海南省政府引导基金规模状况。海南省政府引导基金规模状况见表 11-15。样本区间内，海南省 2017 年和 2021 年没有政府引导基金；2022 年，基金规模达到最大值；基金规模整体呈上升趋势；基金数量没有明显变化趋势。

表 11-15　海南省政府引导基金规模

省份	年份	基金总规模/百万元	基金数量/支
海南	2016	350	1
	2017	0	0
	2018	800	1
	2019	1000	1
	2020	1300	3
	2021	0	0
	2022	10204	2

(10)河北省政府引导基金规模状况。河北省政府引导基金规模状况见表 11-16。样本区间内，河北省政府引导基金规模在 2021 年达到最大值；基金规模没有明显变化趋势；基金数量没有明显变化趋势。

表 11-16　河北省政府引导基金规模

省份	年份	基金总规模/百万元	基金数量/支
河北	2016	14821	7
	2017	10015	2
	2018	200	2
	2019	10670.3	6
	2020	10691	2
	2021	51600	5
	2022	6600	5

(11)河南省政府引导基金规模状况。河南省政府引导基金规模状况见表 11-17。样本区间内，河南省政府引导基金规模在 2018 年达到最大值；基金规模没有明显变化趋势；基金数量没有明显变化趋势。

表 11-17　河南省政府引导基金规模

省份	年份	基金总规模/百万元	基金数量/支
河南	2016	72065	16
	2017	6200	6
	2018	112302	5
	2019	28971.6	10
	2020	23375	6
	2021	26861	6
	2022	41121	8

（12）黑龙江省政府引导基金规模状况。黑龙江省政府引导基金规模状况见表 11-18。样本区间内，黑龙江省政府引导基金在 2016 年达到最大值；基金规模整体呈下降趋势；2020~2022 年没有政府引导基金；基金数量整体呈下降趋势。

表 11-18　黑龙江省政府引导基金规模

省份	年份	基金总规模/百万元	基金数量/支
黑龙江	2016	15504	5
	2017	1100	2
	2018	5603	3
	2019	2000	1
	2020	0	0
	2021	0	0
	2022	0	0

（13）湖北省政府引导基金规模状况。湖北省政府引导基金规模状况见表 11-19。样本区间内，湖北省政府引导基金规模在 2021 年达到最大值；基金规模 2016~2020 年呈下降趋势，2021 年复苏，2022 年与 2019 年水平相似；基金数量整体呈下降趋势，但在 2022 年开始上升。

表 11-19　湖北省政府引导基金规模

省份	年份	基金总规模/百万元	基金数量/支
湖北	2016	18080	7
	2017	7610	9
	2018	6190	4
	2019	4050	4
	2020	1434	4
	2021	51000	2
	2022	4400.51	5

（14）湖南省政府引导基金规模状况。湖南省政府引导基金规模状况见表 11-20。样本区间内，湖南省政府引导基金规模在 2018 年达到最大值；基金规模没有明显变化趋势；基金数量整体呈下降趋势。

表 11-20　湖南省政府引导基金规模

省份	年份	基金总规模/百万元	基金数量/支
湖南	2016	5765	6
	2017	7388	5
	2018	22320	7
	2019	15100	5
	2020	2600	4
	2021	13702	5
	2022	6000	1

(15)吉林省政府引导基金规模状况。吉林省政府引导基金规模状况见表 11-21。样本区间内,吉林省政府引导基金规模均较小,且 2016 年、2018 年、2020 年、2022 年均没有政府引导基金;基金规模和基金数量呈较明显的上正弦函数变化趋势,即偶数年没有政府引导基金,奇数年有政府引导基金;基金规模在奇数年呈下降趋势。

表 11-21　吉林省政府引导基金规模

省份	年份	基金总规模/百万元	基金数量/支
吉林	2016	0	0
	2017	500	1
	2018	0	0
	2019	300	1
	2020	0	0
	2021	200	1
	2022	0	0

(16)江苏省政府引导基金规模状况。江苏省政府引导基金规模状况见表 11-22。样本区间内,江苏省政府引导基金规模在 2016 年达到最大值;2016～2020 年这五年江苏省政府引导基金规模呈下降趋势,2021 年开始回升;基金数量在样本区间中维持在高位,无明显变化趋势。

表 11-22　江苏省政府引导基金规模

省份	年份	基金总规模/百万元	基金数量/支
江苏	2016	104032	25
	2017	101301	17
	2018	52055	21
	2019	21807	16
	2020	21411	19
	2021	73000.1	16
	2022	66700	20

(17)江西省政府引导基金规模状况。江西省政府引导基金规模状况见表 11-23。样本区间内,江西省政府引导基金规模在 2022 年达到最大值;基金规模没有明显变化趋势;基金数量没有明显变化趋势。

表 11-23　江西省政府引导基金规模

省份	年份	基金总规模/百万元	基金数量/支
江西	2016	47800	12
	2017	116613.7	13
	2018	2220	5
	2019	621.01	2
	2020	16853.2	12
	2021	7100	6
	2022	122500	16

(18)辽宁省政府引导基金规模状况。辽宁省政府引导基金规模状况见表 11-24。样本区间内，辽宁省政府引导基金规模在 2021 年达到最大值；2017 年和 2019 年没有政府引导基金；基金规模在 2016～2019 年这四年呈下降趋势，2019 年后开始回升，并保持上升趋势；基金数量整体呈下降趋势。

表 11-24　辽宁省政府引导基金规模

省份	年份	基金总规模/百万元	基金数量/支
辽宁	2016	15408	4
	2017	0	0
	2018	7001	2
	2019	0	0
	2020	3500	2
	2021	20000	1
	2022	10000	1

(19)内蒙古自治区政府引导基金规模状况。内蒙古自治区政府引导基金规模状况见表 11-25。样本区间内，内蒙古自治区政府引导基金规模在 2019 年达到最大值；基金规模无明显变化趋势；基金数量自 2017 年大幅下降后，整体较为平稳。

表 11-25　内蒙古自治区政府引导基金规模

省份	年份	基金总规模/百万元	基金数量/支
内蒙古	2016	30307	12
	2017	1001.2	1
	2018	1300	2
	2019	32550	4
	2020	100	1
	2021	1201	2
	2022	3000.1	2

(20)宁夏回族自治区政府引导基金规模状况。宁夏回族自治区政府引导基金规模状况见表 11-26。样本区间内，宁夏回族自治区只在 2017 年有两支政府引导基金；基金规模和基金数量均无法进行趋势分析。

表 11-26　宁夏回族自治区政府引导基金规模

省份	年份	基金总规模/百万元	基金数量/支
宁夏	2016	0	0
	2017	2100	2
	2018	0	0
	2019	0	0
	2020	0	0
	2021	0	0
	2022	0	0

(21)青海省政府引导基金规模状况。青海省政府引导基金规模状况见表 11-27。样本区间内，青海省只有 2016 年和 2017 年有政府引导基金，其余年份的政府引导基金数量均为 0，故基金规模和基金数量均无明显变化趋势。

表 11-27　青海省政府引导基金规模

省份	年份	基金总规模/百万元	基金数量/支
青海	2016	7601	3
	2017	4000	3
	2018	0	0
	2019	0	0
	2020	0	0
	2021	0	0
	2022	0	0

(22)山东省政府引导基金规模状况。山东省政府引导基金规模状况见表 11-28。样本区间内，山东省政府引导基金规模在 2018 年达到最大值；基金规模在 2018 年前呈上升趋势，在 2018 年后相对平稳；基金数量没有明显的变化趋势。

表 11-28　山东省政府引导基金规模

省份	年份	基金总规模/百万元	基金数量/支
山东	2016	1465	7
	2017	63086	10
	2018	203600	16
	2019	9250	6
	2020	10251	5
	2021	3700	4
	2022	8000	6

(23)山西省政府引导基金规模状况。山西省政府引导基金规模状况见表 11-29。样本区间内，山西省政府引导基金规模在 2022 年达到最大值；2020 年没有政府引导基金；基金规模无明显变化趋势；基金数量无明显变化趋势。

表 11-29　山西省政府引导基金规模

省份	年份	基金总规模/百万元	基金数量/支
山西	2016	3674	7
	2017	12999.61	6
	2018	15000	2
	2019	4399	6
	2020	0	0
	2021	2000	1
	2022	16000	3

(24)陕西省政府引导基金规模状况。陕西省政府引导基金规模状况见表 11-30。样本区间内，陕西省政府引导基金规模在 2016 年达到最大值；基金规模和基金数量均无明显变化趋势。

表 11-30　陕西省政府引导基金规模

省份	年份	基金总规模/百万元	基金数量/支
陕西	2016	46366	8
	2017	10000	2
	2018	17251.1	7
	2019	31541.2	4
	2020	2460	4
	2021	1000	1
	2022	13600	4

(25)上海市政府引导基金规模状况。上海市政府引导基金规模状况见表 11-31。样本区间内，上海市政府引导基金规模在 2020 年达到最大值；2020 年前，基金规模呈上升趋势；2020 年后，基金规模呈下降趋势；基金数量与基金规模的变化趋势类似。

表 11-31　上海市政府引导基金规模

省份	年份	基金总规模/百万元	基金数量/支
上海	2016	2000	1
	2017	0	0
	2018	6040	2
	2019	12100	3
	2020	38500	3
	2021	1200	1
	2022	0	0

(26)四川省政府引导基金规模状况。四川省政府引导基金规模状况见表 11-32。样本区间内，四川省政府引导基金规模在 2017 年达到最大值；基金规模没有明显变化趋势；基金数量呈较明显的下降趋势。

表 11-32　四川省政府引导基金规模

省份	年份	基金总规模/百万元	基金数量/支
四川	2016	40620	16
	2017	139861.5	8
	2018	11000	2
	2019	53622.5	8
	2020	13950	4
	2021	12310	4
	2022	10300	3

（27）天津市政府引导基金规模状况。天津市政府引导基金规模状况见表 11-33。样本区间内，天津市政府引导基金规模在 2017 年达到最大值；基金规模没有明显变化趋势；基金数量无明显变化趋势。

表 11-33　天津市政府引导基金规模

省份	年份	基金总规模/百万元	基金数量/支
天津	2016	10000	1
	2017	40136	4
	2018	450	1
	2019	2000	1
	2020	30000	1
	2021	0	0
	2022	10000	1

（28）西藏自治区政府引导基金规模状况。西藏自治区政府引导基金规模状况见表 11-34。样本区间内，西藏自治区政府引导基金规模在 2016 年达到最大值；样本区间内的其余年份中，西藏自治区均无政府引导基金，因此无法判断基金规模和基金数量变化趋势。

表 11-34　西藏自治区政府引导基金规模

省份	年份	基金总规模/百万元	基金数量/支
西藏	2016	1000	1
	2017	0	0
	2018	0	0
	2019	0	0
	2020	0	0
	2021	0	0
	2022	0	0

（29）新疆维吾尔自治区政府引导基金规模状况。新疆维吾尔自治区政府引导基金规模状况见表 11-35。样本区间内，新疆维吾尔自治区政府引导基金规模在 2022 年达到最大值；基金规模无明显变化趋势；基金数量无明显变化趋势。

表 11-35　新疆维吾尔自治区政府引导基金规模

省份	年份	基金总规模/百万元	基金数量/支
新疆	2016	1000	1
	2017	6800	2
	2018	1500	2
	2019	1852	2
	2020	0	0
	2021	1000	1
	2022	10501	4

(30)云南省政府引导基金规模状况。云南省政府引导基金规模状况见表 11-36。样本区间内，云南省政府引导基金规模在 2017 年达到最大值；基金规模无明显变化趋势；基金数量无明显变化趋势。

表 11-36 云南省政府引导基金规模

省份	年份	基金总规模/百万元	基金数量/支
云南	2016	21240	2
	2017	51213.01	5
	2018	2452	1
	2019	11802	2
	2020	1000	1
	2021	2202	2
	2022	9002	3

(31)浙江省政府引导基金规模状况。浙江省政府引导基金规模状况见表 11-37。样本区间内，浙江省政府引导基金规模在 2017 年达到最大值；基金规模无明显变化趋势；基金数量整体呈下降趋势。

表 11-37 浙江省政府引导基金规模

省份	年份	基金总规模/百万元	基金数量/支
浙江	2016	11950	17
	2017	44960	19
	2018	28470.6	10
	2019	43750.49	11
	2020	31275	10
	2021	5100	4
	2022	22602	4

11.4.2 各省统计数据比较(总规模、数量)

通过统计分析我国 31 个省(自治区、直辖市)2016～2022 年政府引导基金规模后，发现各省(自治区、直辖市)之间存在巨大差异，见表 11-38。表 11-38 的编制规则为：各年度前三位依次为当年度基金总规模或基金数量最多的前三名；后三位依次为当年度基金总规模或基金数量倒数一、二、三名。

表 11-38　各年度基金总规模或基金数量前三名和后三名

年份	基金总规模/百万元	基金数量/支
2016	305172(贵州)	25(江苏)
	229549(广东)	21(广东)
	119160(北京)	17(浙江)
	0(吉林、宁夏)	0(吉林、宁夏)
	300(重庆)	1(天津、上海、西藏、新疆、海南)
	350(海南)	2(云南)
2017	139861.5(四川)	20(广东)
	116613.7(江西)	19(浙江)
	101301(江苏)	17(江苏)
	0(海南、上海、西藏)	0(海南、上海、西藏)
	500(吉林、重庆)	1(吉林、重庆、内蒙古)
	1001.2(内蒙古)	2(甘肃、黑龙江、宁夏、福建、贵州、新疆、陕西、河北)
2018	203600.01(山东)	21(江苏)
	123252(广东)	19(广东)
	112302(河南)	16(山东)
	0(吉林、宁夏、青海、西藏)	0(吉林、宁夏、青海、西藏)
	200(河北)	1(天津、海南、重庆、云南)
	320(广西)	2(河北、福建、内蒙古、新疆、上海、辽宁、四川、山西、贵州、甘肃)
2019	103200(广西)	16(江苏)
	53622.5(四川)	11(浙江)
	43750.49(浙江)	10(河南)
	0(甘肃、辽宁、宁夏、青海、西藏)	0(甘肃、辽宁、宁夏、青海、西藏)
	300(吉林)	1(吉林、海南、天津、黑龙江、重庆)
	621.01(江西)	2(江西、新疆、云南)
2020	38500(上海)	19(江苏)
	31275(浙江)	12(江西)
	30000(天津)	10(浙江)
	0(黑龙江、吉林、宁夏、青海、山西、西藏、新疆)	0(黑龙江、吉林、宁夏、青海、山西、西藏、新疆)
	100(内蒙古)	1(内蒙古、北京、重庆、贵州、云南、天津)
	301(北京)	2(辽宁、广西、河北)
2021	90025(贵州)	16(江苏)
	73000.1(江苏)	13(安徽)
	51600(河北)	7(贵州)
	0(甘肃、广西、海南、黑龙江、宁夏、青海、天津、西藏)	0(甘肃、广西、海南、黑龙江、宁夏、青海、天津、西藏)
	200(吉林)	1(吉林、北京、陕西、新疆、上海、山西、辽宁)
	202(北京)	2(内蒙古、云南、重庆、湖北)

续表

年份	基金总规模/百万元	基金数量/支
	122500(江西)	20(江苏)
	66700(江苏)	16(江西)
	42800(安徽)	10(安徽)
2022	0(甘肃、黑龙江、吉林、宁夏、青海、上海、西藏)	0(甘肃、黑龙江、吉林、宁夏、青海、上海、西藏)
	3000.1(内蒙古)	1(北京、湖南、辽宁、天津、贵州、广西、重庆)
	4400.51(湖北)	2(内蒙古、海南、广东)

11.5 发展趋势分析

本节将基于 Excel 2016 软件对全国政府引导基金规模(size)进行趋势外推，结果见表 11-39 和图 11-2。趋势外推的期数为 2 期(即 2023 年和 2024 年)，置信区间为 99%。

表 11-39 全国政府引导基金规模趋势外推结果

年份	规模/百万元	规模趋势预测	规模置信下限	规模置信上限
2016	2026890			
2017	1224002			
2018	880801.7			
2019	890834.2			
2020	529952.2			
2021	528303.1			
2022	524330.6	524330.62	524330.62	524330.62
2023		276839.0175	−431892.507	985570.542
2024		53422.57117	−900552.4388	1007397.581

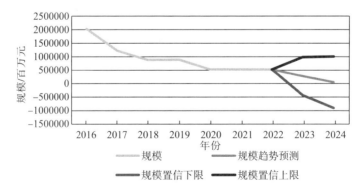

图 11-2 全国政府引导基金规模趋势外推结果

11.6　本 章 小 结

本章对 2016～2022 年政府引导基金数据进行统计分析，得出以下结论。①全国政府引导基金总规模和基金平均规模整体呈下降趋势。其中，基金总规模一直在下降，2017年降幅最大；基金平均规模只在 2019 年和 2021 年略微上升，其余年份均较上一年有所下降。②政府引导基金级别主要为地市级；分类主要为产业基金；组织结构主要为有限合伙制；募集状态主要为"首期募完，正在募集"；管理机构主要为国有管理机构。③各省级行政单位的政府引导基金规模、数量均存在巨大差异。④运用趋势外推法进行预测，结果显示：2023 年和 2024 年全国政府引导基金规模将进一步下降。

以上研究结论，有两点研究启示：①在我国经济处于高质量发展的时代背景下，全国政府引导基金规模和数量均处于整体下降发展阶段，各地政府更要利用好政府引导基金，轻量重质，侧重发挥政府引导基金的引导作用。②政府引导基金现已成为促进我国创新创业、带动实体经济高质量发展的重要引擎，中央政府应统筹各省(自治区、直辖市)政府引导基金发展，尽快缩小中、东、西部地区的差距，迎接新一轮快速发展期的到来。

第12章 政府引导基金七大区域基金类别统计

本章利用 2016~2022 年的政府引导基金数据，根据区域特性，将国内 31 个省(自治区、直辖市)划分成华东、华南、西南、西北、东北、华北和华中 7 个地区，分别从基金规模、基金级别、基金组织形式和基金管理机构 4 个方面分类别统计。

12.1 发 展 背 景

近年来，全球经济增长放缓，整体经济形势趋于平缓，政府开始将目标转向产业结构升级和经济转型。从发达国家的经验来看，新兴产业，尤其是高新技术产业在产业结构升级和经济转型中起着至关重要的作用，而创新创业企业的早期成长对新兴产业尤其是高新技术产业的发展具有重要意义。然而，由于早期运营阶段的高风险和巨大的不确定性，处于种子期、初创期的企业很难从信贷市场获得资金支持。在这种情况下，政府需要处理早期创业融资的问题，设立政府引导基金成为政府解决早期创业企业融资问题的新途径。

作为支持早期创业企业发展的政策工具，政府引导基金支持创业型企业(特别是科技型中小企业)的发展，政府引导基金具有更明显的公共政策属性和导向性。此外，政府引导基金可以充分利用金融资本的杠杆效应，吸引更多社会资本参与创业投资，从而提高财政资金利用效率。一方面，通过杠杆效应的作用，政府引导基金可以吸引更多的社会资金来支持更多的创业企业；另一方面，社会资本的参与也弥补了政府在投资管理能力和经验上的不足，从而促进资源的合理有效配置。

随着风险投资的繁荣，各类政府引导基金如雨后春笋般出现，投资规模呈爆炸式增长。但是，由于政府引导基金运作时间较短，目前政府引导基金对中小企业的投资并没有从根本上解决中小企业发展初期的资金困难，其市场化的运作策略和管理模式仍然处于探索中，尚未见规模成效。此外，在政策制定和实施方面还存在许多问题，其中最重要的问题是政府引导基金的投资时机。本章聚焦于我国政府引导基金分类问题，为扩大资本准入，提高资源配置效率，为种子期、初创期企业融资提供一定的参考，以期更好地发挥政府引导基金对创业型企业(特别是科技型中小企业)科技创新能力的推动作用。

12.2　文　献　回　顾

1. 政府引导基金的激励作用

政府引导基金旨在通过政府资本撬动社会投资，引导新兴产业发展，推动产业优化升级，提高财政资金利用效率等。政府引导基金的导向性对社会资金进入初创企业起到了关键作用。李善民等(2020)经实证研究表明，创业投资机构在获得政府引导基金资助后向科技型初创企业的投资显著增加。Cui 等(2021)研究发现，政府引导基金较早地进入发达地区的企业，被投资企业的创新能力与市场竞争力与政府引导基金的投资时机呈正相关。从区域创新投入与创新产出的角度，薛宏刚等(2021)研究得出，政府引导基金通过撬动风险投资规模增加的方式促进区域创新能力的明显提高，其中东部地区有显著持续的正向影响。逢雯婷等(2021)运用双固定面板模型分析得出，政府引导基金有效提高了区域创新水平。成程等(2021)等运用空间杜宾模型(spatial Durbin model，SDM)验证了政府引导基金可以显著促进本地经济增长、风险投资以及创新活动的发展，但周边地区政府引导基金会对本地经济增长等活动产生挤出效应。姜宏青等(2022)基于拔靴滚动因果关系检验分析得出，政府引导基金对社会资本投向创新创业企业的引导具有时代性特征。

2. 政府引导基金的运作模式和监管

政府引导基金通过市场化、专业化运作及规范"募投管退"管理，提升资金使用效率，能撬动更多资源流入相关产业，加快地方产业转型升级。陈少强等(2017)认为，对政府引导基金的监督强调对管理机构的领导进行监督、约束和激励，并建立不同层面的管理制度，从而使公共资本和私人资本达成最优合约选择。倪宣明等(2018)认为政府的微观引导路径有直接干预和间接引导两种基本方式。直接干预方式为政府通过职能部门对符合政策引导目标的初创企业进行直接投资。间接引导为政府通过搭建一个由市场中普通合伙人和有限合伙人共同参与的平台，间接引导创业基金市场。从实践上看，政府对创业投资基金市场的间接引导往往被看作是最佳模式。从而说明，政府引导基金不是商业风险投资基金，不追求更多的利润，而是对整个经济环境的优化。政策引导基金兼具政策引导与市场化运作的特点，行政式的监督管理制度难以满足政府引导基金快速发展的需求。为促进政府引导基金的发展，要加强政府引导基金管理的信息化，保证监管政策适当的灵活性和切实贯彻落实"政府引导+市场运作"。

通过对以往文献的梳理，可以发现大多数文献都将"政府引导+市场运作"作为政府引导基金的运作核心。政府不直接投资于创业企业，而是以财政出资的方式引导社会资本共同设立新的创业投资基金，一方面可以通过政府信用吸引更多的社会资本。另一方面，市场机构的参与弥补了政府机构在投资专业性方面的不足。然而，关于政府引导基金分类的文献很少，并且由于地区经济发展水平不同，政府引导基金投放规模也出现一定差异。基于以上原因，本章利用 2016~2022 年的政府引导基金数据，研究不同地区政府引导基金的特点及发展趋势，从而探明政府引导基金的杠杆放大效应。

12.3 基金分类研究

到 2022 年底，我国共设立政府引导基金 995 支，资金规模接近 6.6 万亿元，单支基金约为 66.32 亿元。2016~2022 年，国家级、省级、地市级以及区县级政府引导基金充分发挥引导作用，带动了社会投资，促进了创业企业成长。政府引导基金已经成为促进我国创新创业、带动实体经济高质量发展的重要引擎，其引导效应、杠杆放大效应得到进一步体现。

本章根据区域特性，将我国 31 个省(自治区、直辖市)，分成华东、华南、西南、西北、东北、华北和华中 7 个地区，分别从基金规模、基金级别、基金组织形式和基金管理机构四个方面进行分析。

基金规模迅速扩大使得我国政府引导基金的作用不断增强。然而，与我国风险投资区域分布类似，自 2016 年开始，我国政府引导基金存在着严重的地区发展不平衡现象。从图 12-1 可以看出，在政府引导基金规模的分布上，华东和华北地区所占份额远高于其他地区，总占比约为 60%，相关地区在创业投资发展方面具有深厚的基础，政府引导基金在这些地区能够充分发挥政府引导基金的杠杆优势；东北和西北地区占比最少，分别为 1% 和 3%，这与当前东北人才流失以及西北地区经济基础薄弱有很大的关系，直接投资可能要比通过政府引导基金的放大作用促进区域经济高质量发展的效果更显著。此外，图 12-1 还显示，基金数量分布与基金规模分布基本一致。

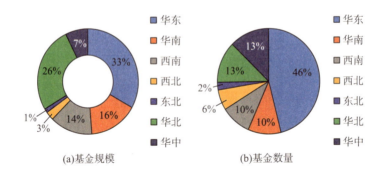

(a)基金规模   (b)基金数量

图 12-1   七大地区政府引导基金规模及数量分布

12.3.1   华东地区政府引导基金规模及类型分布

华东地区政府引导基金规模占比达到了总规模的 33%，基金数量达到了 457 个，占全国政府引导基金总量的 46%。从 2016 年起，该地区保持较高的引导基金投入水平，在 2019 年达到了峰值，基金规模达到了 1362264 百万元。在 2020 年之后出现了大幅度下滑。华东地区政府引导基金规模及类型分布见表 12-1、表 12-2、图 12-2，统计数据显示以下结论。

表 12-1 华东地区政府引导基金规模、数量、分类和募集状态

年份	基金规模/百万元	基金数量/支	基金分类/支		募集状态/支			
			产业基金	创业基金	已募完	首期	新设立	拟设立
2016	445280	98	74	24	35	61	2	0
2017	289416	76	69	7	11	62	3	0
2018	393465	62	52	10	10	48	4	0
2019	1362264	50	39	11	17	28	5	0
2020	184079	62	50	12	27	33	2	0
2021	347115	49	31	18	14	35	0	0
2022	184262	60	51	9	26	34	0	0

表 12-2 华东地区政府引导基金级别、组织形式和管理机构

年份	基金级别/支				组织形式/支			管理机构/支	
	国家级	省级	地市级	区县级	有限合伙制	公司制	信托制	非国资	国资
2016	3	7	56	32	77	21	0	20	78
2017	0	6	30	40	56	20	0	15	61
2018	0	4	34	24	57	5	0	16	46
2019	1	3	21	25	42	8	0	13	37
2020	4	0	34	24	48	14	0	13	49
2021	1	2	26	20	36	13	0	12	37
2022	0	4	22	34	48	12	0	4	56

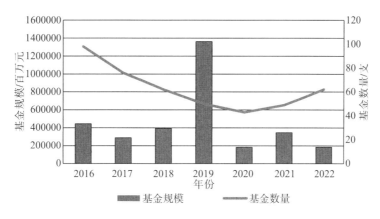

图 12-2 华东地区政府引导基金规模及数量分布

(1) 从基金类型来看，产业基金占据了大部分比例，创业基金占比较少，说明华东地区对于完整产业体系的重视程度要高于创新创业，这与华东地区优越的经济基础及科技基础有重要关系。

(2) 从基金募集状态来看，约 1/3 的政府引导基金已经募集完毕，约 2/3 的政府引导基金已经进行完首期募资，后续资金正在募集中。

（3）从基金级别来看，地市级和区县级政府引导基金较多，国家级和省级政府引导基金较少，并且多为有限合伙制的组织形式，公司制的组织形式比较少。

（4）从管理机构来看，投入的资金多通过有国资背景的管理机构进行运作和管理，非国资背景公司占比较小。

（5）江苏、山东和浙江省在政府引导基金投入规模以及投入数量方面要多于其他省份。江西省相较于其他省份更重视基金的精准程度，2016~2022 年，江西省先后投入 67 支政府引导基金帮助省内产业发展、企业创新创业。

（6）上海市作为华东地区的金融中心和经济枢纽，2016~2022 年投入约 491 亿元，共有 14 支政府引导基金。无论是基金规模还是基金数量，在华东地区上海市均落后于其他省份。对于这种情况，应该进一步研究上海市获得直接投资的情况，剖析产生该现象的原因。

12.3.2 华南地区政府引导基金规模及类型分布

华南地区包括广东、广西和海南。政府引导基金的投入规模和数量在 2016 年达到顶峰，2017 年开始，基金规模显著下降，但总体保持稳定。基金数量不断下降，在 2022 年达到了七年来的最低点。华南地区政府引导基金规模及类型分布如表 12-3、表 12-4、图 12-3 所示。统计数据显示以下结论。

表 12-3 华南地区政府引导基金规模、数量、分类和募集状态

年份	基金规模/百万元	基金数量/支	基金分类/支		募集状态/支			
			产业基金	创业基金	已募完	首期	新设立	拟设立
2016	507209	54	35	19	16	36	2	0
2017	148528	24	16	8	11	13	0	0
2018	124372	23	17	6	8	13	2	0
2019	112500	8	5	3	1	7	0	0
2020	30401	6	5	1	1	4	1	0
2021	51000	4	2	2	0	4	0	0
2022	50204	3	3	0	1	2	0	0

表 12-4 华南地区政府引导基金级别、组织形式和管理机构

年份	基金级别				组织形式			管理机构	
	国家级/个	省级/个	地市级/个	区县级/个	有限合伙制/个	公司制/个	信托制/个	非国资/个	国资/个
2016	4	13	26	11	39	15	0	9	45
2017	1	3	8	12	17	7	0	6	18
2018	0	4	10	9	19	4	0	8	15
2019	0	2	4	2	6	2	0	2	6
2020	0	3	2	1	5	1	0	2	4
2021	0	0	3	1	3	1	0	1	3
2022	0	1	2	0	3	0	0	0	3

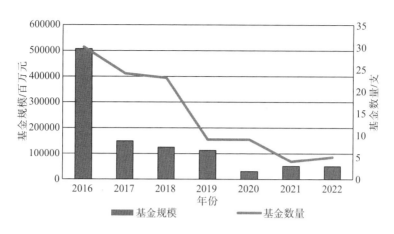

图 12-3　华南地区政府引导基金规模及数量分布

(1) 从基金分类看，产业基金占比较大，但产业基金与创业资金的差距大体上是不断缩小的。

(2) 从募集状态看，少部分政府引导资金已经全部募集完毕，大部分政府引导资金已完成首期募集，正在进行后续资金的募集。

(3) 从资金级别来看，省级、地市级和区县级政府引导基金占比较大，国家级政府引导基金数量较少，且集中在 2016 年。

(4) 从组织形式看，有限合伙制是主要的组织形式，公司制占比较小。

(5) 从管理机构看，拥有国资背景的管理机构是主要的成员，非国资管理机构占比较少。

(6) 广东省政府引导基金是华南地区政府引导基金的主导力量，2016~2022 年创建 80 支政府引导基金，累计投入 8676.39 亿元，占华南地区政府引导基金规模的 85%，为华南地区产业结构优化升级、地区创新创业的发展作出了重要贡献。政府引导基金的一个特点是服务中小企业，广东作为经济强省，中小企业规模和数量在 31 个省份中位居前列，因此政府引导基金的规模和数量在华南地区居于首位。

12.3.3　西南地区政府引导基金规模及类型分布

西南地区包括云南、贵州、四川、重庆和西藏五个省份。2016~2022 年，西南地区共创建 95 支政府引导基金，累计投入达 8713.05 亿元。2016 年达到政府引导资金投入规模的峰值，此后出现显著下降，在 2020 年触及政府引导资金规模的最低点后出现一定反弹。政府引导基金数量波动较大，在 2018 年投入政府引导基金规模较小的情况下，政府引导基金数量却达到较大值，经过这个时间节点后，政府引导基金数量不断下降，在 2020 年到达近 7 年最低点后出现一定的上升。西南地区政府引导基金规模及类型分布如表 12-5、表 12-6、图 12-4 所示，统计数据显示以下结论。

表 12-5　西南地区政府引导基金规模、数量、分类和募集状态

年份	基金规模/百万元	基金数量/支	基金分类/支		募集状态/支			
			产业基金	创业基金	已募完	首期	新设立	拟设立
2016	368342	29	21	8	5	23	1	0
2017	196675	16	14	2	2	13	1	0
2018	49470	6	6	0	1	5	0	0
2019	70575	14	14	2	1	13	0	0
2020	17671	7	6	1	6	1	0	0
2021	97248	15	14	1	5	10	0	0
2022	71324	8	8	0	0	8	0	0

表 12-6　西南地区政府引导基金级别、组织形式和管理机构

年份	基金级别				组织形式			管理机构	
	国家级/个	省级/个	地市级/个	区县级/个	有限合伙制/个	公司制/个	信托制/个	非国资/个	国资/个
2016	0	10	8	11	25	4	0	3	26
2017	0	6	7	3	15	1	0	4	12
2018	0	2	2	2	5	1	0	0	6
2019	0	2	8	4	14	0	0	4	10
2020	0	1	3	3	6	1	0	1	6
2021	0	8	4	3	14	1	0	2	13
2022	0	3	3	2	8	0	0	1	7

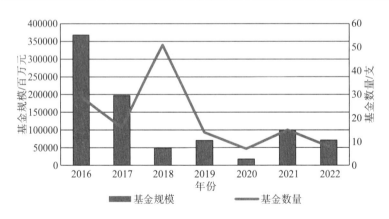

图 12-4　西南地区政府引导基金规模及数量分布

（1）从基金分类看，产业基金占据了主要的资金投入，创业基金投入较少。

（2）从募集状态看，少部分资金已经完全募集完毕，大部分资金只完成了初期资金募集，正在筹备后续资金。

（3）从基金级别来看，省级、地市级和区县级政府引导基金数量分布较为均匀。

（4）从组织形式看，主要为有限合伙制，并且绝大部分管理机构具有国资背景，这为政府引导资金的运作模式和资金安全增加了保障。

(5)贵州省政府引导基金规模约占西南地区政府引导基金规模的50%，2016～2022 年共创建 21 支政府引导基金，累计投入资金达 4474.47 亿元，资金投入规模仅次于北京、广东、江苏和浙江，位居全国第五，超过河南、上海、山东和四川等省份。7 年来，贵州省大数据产业不断发展壮大，连续数年大数据产业增长速度位居全国前列。各项基础设施迅速完善，并且在 2020 年底实现了全面脱贫，实现了产业现代化以及经济发展质量的双丰收。然而，从资金募集状态来看，资金完整投入度不高，大部分资金仅完成了首期募资，仍在进行后续资金融入。

12.3.4　西北地区政府引导基金规模及类型分布

西北地区包括甘肃、宁夏、青海、陕西和新疆五个省份，2016～2022 年，西北地区共成立 62 支政府引导基金，累计投入 1741.62 亿元，占全国政府引导基金总规模的 3%。2006 年西北地区资金规模投入达到顶峰，之后不断下滑，在 2019 年触及谷底后，迅速反弹。西北地区政府引导基金规模及类型分布如表 12-7、表 12-8、图 12-5 所示，统计数据显示以下结论。

表 12-7　西北地区政府引导基金规模、数量、分类和募集状态

年份	基金规模/百万元	基金数量/支	基金分类/支		募集状态/支			
			产业基金	创业基金	已募完	首期	新设立	拟设立
2016	55216	16	13	3	8	8	0	0
2017	23910	11	8	3	0	10	1	0
2018	23046	11	6	5	3	8	0	0
2019	1852	6	5	1	0	6	0	0
2020	7460	7	7	0	3	4	0	0
2021	7000	3	2	1	1	2	0	0
2022	24101	8	5	3	1	7	0	0

表 12-8　西北地区政府引导基金级别、组织形式和管理机构

年份	基金级别				组织形式			管理机构	
	国家级/个	省级/个	地市级/个	区县级/个	有限合伙制/个	公司制/个	信托制/个	非国资/个	国资/个
2016	0	6	7	3	13	3	0	3	13
2017	0	6	4	1	11	0	0	3	8
2018	0	1	6	4	11	0	0	3	8
2019	0	1	4	1	6	0	0	0	6
2020	0	2	3	2	7	0	0	0	7
2021	0	1	1	1	3	0	0	0	3
2022	0	1	3	4	8	0	0	0	8

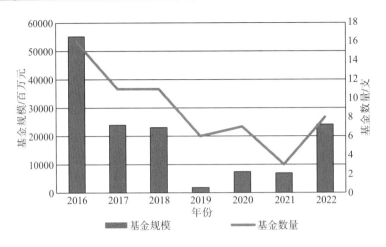

图 12-5   西北地区政府引导基金规模及数量分布

（1）从基金分类看，西北地区政府引导基金主要是产业基金，创业基金较少。

（2）从资金募集状态看，已募集完毕的资金与完成首期募资的资金数量比较均衡。

（3）从基金级别看，省级、地市级和区县级政府引导基金数量比较均衡。

（4）从组织形式看，主要为有限合伙制，并且大部分管理机构具有国资背景。

（5）陕西省在 2016～2022 年共投入资金 1222.18 亿元，占西北地区基金投入总量的 70%。

12.3.5   东北地区政府引导基金规模及类型分布

东北地区包括黑龙江、吉林和辽宁三个省份。2016～2022 年，东北地区共设立政府引导基金 24 支，累计投入 811.16 亿元，占全国政府引导基金总规模的 1%。基金投入规模波动明显，2016 年投入最高，超 300 亿元，之后剧烈波动。基金投入数量总体呈下降趋势。东北地区政府引导基金规模及类型分布如表 12-9、表 12-10、图 12-6 所示。统计数据显示以下结论。

表 12-9   东北地区政府引导基金规模、数量、分类和募集状态

年份	基金规模/百万元	基金数量/支	基金分类		募集状态			
			产业基金/个	创业基金/个	已募完/个	首期/个	新设立/个	拟设立/个
2016	30912	9	5	4	3	6	0	0
2017	1600	3	2	1	0	3	0	0
2018	12604	5	5	0	1	4	0	0
2019	2300	2	2	0	0	1	0	1
2020	3500	2	2	0	1	1	0	0
2021	20200	2	1	1	0	2	0	0
2022	10000	1	0	1	0	1	0	0

表 12-10　东北地区政府引导基金级别、组织形式和管理机构

年份	基金级别/支				组织形式/支			管理机构/支	
	国家级	省级	地市级	区县级	有限合伙制	公司制	信托制	非国资	国资
2016	0	2	7	0	9	0	0	3	6
2017	0	1	1	1	2	1	0	0	3
2018	0	2	1	2	5	0	0	3	2
2019	0	1	1	0	2	0	0	0	2
2020	0	1	1	0	1	1	0	2	0
2021	0	1	0	1	0	2	0	0	2
2022	0	0	1	0	1	0	0	1	0

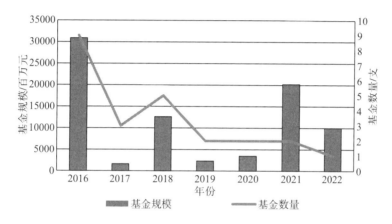

图 12-6　东北地区政府引导基金规模及数量分布

(1) 从基金分类看，产业基金占比约为 75%，创业基金占比约为 25%。

(2) 从资金募集状态看，较小部分已完成所有资金的募集，大部分资金仅完成首期资金的募集，正在进行后续融资。

(3) 从基金级别看，主要为地市级政府引导基金，省级和区县级占比较小。

(4) 从组织形式看，有限合伙制是重要的组织形式，并且具有国资背景的基金管理机构发挥了重要作用。

(5) 东北地区 2016～2022 年累计投入政府引导基金仅占基金规模的 1%，需要对导致该现象的原因做进一步研究。

12.3.6　华北地区政府引导基金规模及类型分布

华北地区包括北京、天津、河北、山西和内蒙古五个省，2016～2022 年，华北地区共建立 126 支政府引导基金，累计投入基金达 17478.3 亿元，占全国政府引导基金总规模的 26%。2016～2019 年，华北地区政府引导基金保持较高的投入水平，2020 年之后出现大幅下降。华北地区政府引导基金规模及类型分布如表 12-11、表 12-12、图 12-7 所示，统计数据显示以下结论。

表 12-11　华北地区政府引导基金规模、数量、分类和募集状态

年份	基金规模/百万元	基金数量/个	基金分类		募集状态			
			产业基金/个	创业基金/个	已募完/个	首期/个	新设立/个	拟设立/个
2016	546761	41	26	14	13	27	0	0
2017	429094	23	17	6	3	20	0	0
2018	197450	14	13	1	0	12	2	0
2019	436829	22	17	5	9	13	0	0
2020	41092	5	5	0	1	4	0	0
2021	55003	9	7	2	3	6	0	0
2022	41600	12	10	2	5	7	0	0

表 12-12　华北地区政府引导基金级别、组织形式和管理机构

年份	基金级别				组织形式			管理机构	
	国家级/个	省级/个	地市级/个	区县级/个	有限合伙制/个	公司制/个	信托制/个	非国资/个	国资/个
2016	2	13	18	7	35	5	0	5	35
2017	4	4	7	8	19	4	0	9	14
2018	2	3	1	8	13	1	0	3	11
2019	2	3	10	7	19	3	0	3	19
2020	0	0	3	2	5	0	0	1	4
2021	0	1	4	4	5	4	0	2	7
2022	0	2	4	6	10	2	0	3	9

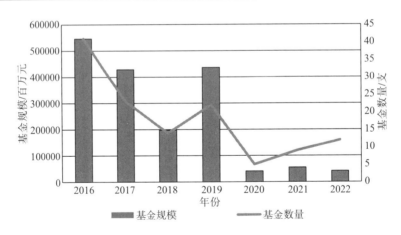

图 12-7　华北地区政府引导基金规模及数量分布

(1) 从基金分类看,产业基金占据了较大比例,创业基金占比较小。

(2) 从资金募集状态看,约 20%的资金已完成募集,80%左右的资金完成了首期募资,正在进行后续多轮筹资。

(3) 从基金级别看,省级、地市级和区县级基金分布比较均衡,国家级政府引导基金占比较小。

（4）从组织形式看，主要为有限合伙制，并且有国资背景的管理机构在资金的运作过程中发挥了主导作用。

（5）北京市政府引导基金投入规模在华北地区总规模的占比超过 90%，2016～2022 年共设立政府引导基金 38 支，累计投入资金 14238.31 亿元，远超华北地区其他省份。并且，北京市政府引导基金投入规模在全国所有省份中排名第一，超过第二名广东省约 5600 亿元。

12.3.7　华中地区政府引导基金规模及类型分布

华中地区包括河南、湖北和湖南三个省份。2016～2022 年，华中地区共成立政府引导基金 125 支，累计投入资金 4765.35 亿元，占全国政府引导基金总规模的 7%。华中地区政府引导基金波动明显，2016 年、2018 年和 2021 年资金规模显著增长，其他年份投入水平较低。华中地区政府引导基金规模及类型分布如表 12-13、表 12-14、图 12-8 所示，统计数据显示以下结论。

（1）从基金分类看，产业基金占据了绝大部分比例，创业基金占比较小。

（2）从募集状态看，与其他地区情况类似，完成度不高，大多数基金仅完成了首期募资，仍在进行后续资金的筹备。

表 12-13　华中地区政府引导基金规模、数量、分类和募集状态

年份	基金规模/百万元	基金数量/支	基金分类/支		募集状态/支			
			产业基金	创业基金	已募完	首期	新设立	拟设立
2016	95910	29	19	10	10	19	0	0
2017	21198	20	17	3	4	13	3	0
2018	140812	16	15	1	4	11	1	0
2019	48122	19	18	1	9	10	0	0
2020	27409	14	14	0	7	7	0	0
2021	91563	13	11	2	2	11	0	0
2022	51522	14	10	4	2	12	0	0

表 12-14　华中地区政府引导基金级别、组织形式和管理机构

年份	基金级别/支				组织形式/支			管理机构/支	
	国家级	省级	地市级	区县级	有限合伙制	公司制	信托制	非国资	国资
2016	0	8	14	7	26	3	0	3	26
2017	0	2	14	4	18	1	1	4	16
2018	0	7	7	2	15	1	0	3	13
2019	0	3	12	4	18	1	0	5	14
2020	0	0	8	6	12	2	0	1	13
2021	0	6	5	2	11	2	0	1	12
2022	0	3	4	7	14	0	0	0	14

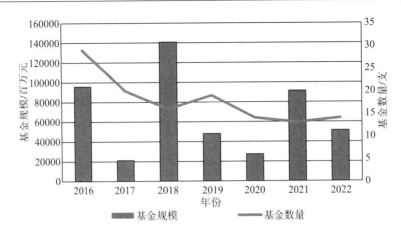

图 12-8　华中地区政府引导基金规模及数量分布

(3) 从基金级别看，地市级资金所占份额较大，省级和区县级资金所占份额较小。

(4) 从组织形式看，主要为有限合伙制，且由有国资背景的基金管理机构进行管理也是华中地区政府引导基金的一大特点。

(5) 2016～2022 年河南省共成立 57 支政府引导资金，累计投入达 3108.96 亿元，资金投入规模占华中地区资金总规模的 65.23%，在全国所有省份资金投入排名中低于北京、广东、江苏、浙江和贵州，位居第六，超过上海和山东等其他省份。

12.4　本章小结

本章将政府引导基金根据七大区域进行了分类统计，得出以下研究结论。

(1) 资金投入规模具有明显的区域特点。华东地区、华南地区和华北地区资金投入规模高于其他地区。西北地区和东北地区投入远远低于其他地区。在区域大环境不同的背景下，各区域内资金投入情况也出现了差异。以华东地区上海市为例，2016～2022 年上海市共投入政府引导基金约 2900 亿元，而北京市投入金额达 14238 亿元，差异明显。进一步地，位于西南地区的贵州省，政府引导基金投入达 4474 亿元，位列全国第五。

(2) 各地区政府引导基金投入规模在 2016～2019 年先后达到峰值，但均在 2020 年后出现不同程度的下降。这 4 年里，政府引导基金持续发挥杠杆作用，政府引导社会资金流向重点领域或扶持领域，不断实现资源的优化配置。然而，面对复杂的国际形势，在全面放开的背景下，是否应该加大政府引导资金投入，重振中小企业生存之路，值得深思。

(3) 无论是基金规模还是类型分布，政府引导基金均表现为较早进入发达地区的企业，从基金规模、基金级别、基金组织形式和基金管理机构的统计数据来看，地区间政府引导基金分布不均匀。本章对政府引导基金的分类别研究可以为后续资源配置的优化提供理论参考，为政府引导基金的优化管理提供思路和方法。

第 13 章　结论与展望

本书在学习、借鉴国内外专家学者关于政府引导基金运作机理、引导效果及其绩效评价等方面研究成果的基础之上，结合我国发展政府引导基金的实践历程，从政府引导基金的杠杆放大效应、参股支持模式下的绩效评价、模糊评价法的绩效评价方案、近七年基金分类统计数据分析四个方面获取主要研究结论，并提出相关对策建议。本章总结本书研究的不足之处，并展望未来，进一步思考政府引导基金的高质量发展路径。

13.1　主要研究结论

13.1.1　基于政府引导基金的杠杆放大效应的主要结论

本书在国内外现有研究成果的基础上，完成了以下研究：首先，以马科维茨均值-方差模型为支撑，构建了政府引导基金资金引导效应的金融经济学模型，对比分析了政府设立政府引导基金前后，参与者的最优选择，揭示了政府成立该类基金引导社会资金进入创业投资领域，特别是种子期、初创期企业的内在机制；其次，运用固定效应模型、混合效应模型对我国 31 省（自治区、直辖市）的政府引导基金的资金引导效应、技术创新促进效应进行了全国和区域差异的分析，得出以下研究结论。

（1）从理论模型的分析结果来看。政府设立政府引导基金前，由于两类投资者一般风险资产和高风险资产的投资偏好以及预期收益和风险的巨大差异，一般风险投资者将把全部资金投资于一般风险资产，风险投资者把所有资金投资于创业领域，由于社会中风险投资者相对较少，故出现了风险投资不足的现状；在政府设立政府引导基金之后，由于增加了风险、收益相对中性的创业投资引导基金子基金这种资产，一般风险投资者和风险投资者都将改变原有的最优风险资产组合。一般风险投资者将会把资产配置在一般风险资产和政府引导基金子基金上，风险投资者将把资金投资于政府引导基金子基金及风险资产上。经过数理推导可知，政府引导基金成立后投资者将改变初始的投资策略，进而可以引导社会资金进入种子期、初创期的创业企业，并且这种投资策略的转移满足效用最大化、帕累托改进。

（2）从全国层面实证分析来看。政府引导基金的回归系数为正且在固定效应模型、混合 OLS 模型及随机效应模型中表现出高度的显著性影响。这表明从全国层面来看，该类基金的设立对区域创业投资水平的提高有显著的正向资金引导作用，该结论为各地区设立政府引导基金提供了有力的佐证。通过豪斯曼检验，将模型最终设定为固定效应模型。其次，通过用被解释变量风险投资金额调整替代风险投资项目数量对研究结果的稳健性进行了检验，检验结果显示模型中被解释变量的回归系数显著性及数据方向保持一致，这证明了研究结果具有稳定性。

(3) 从地区差异分析来看。由于创业投资发展规模在全国存在地区差异性的特征，根据以往的经验，将全国 31 个省（自治区、直辖市）分为创业投资相对成熟地区和相对落后地区，运用固定效应模型进行实证分析。实证结果显示：不管是相对成熟地区还是相对落后地区，政府引导基金都和全国层面的结果保持一致，即政府引导基金对风险投资具有正向的引导作用。从控制变量来看，虽然有一些变量回归系数在创业投资发展相对落后的省份不显著，但是该类变量只是作为控制变量的出现，故不会对研究结果的主要结论产生影响。

(4) 从政府引导基金技术创新引导效应模型来看。本书分别采用了固定效应模型对政府引导基金的区域技术创新促进作用从全国和区域两个层面进行了实证检验。实证结果显示，政府引导基金的系数值始终为正且通过了显著性检验。结果表明：政府引导基金的成立对区域技术创新水平的提高具有显著的促进作用，各地在促进创新创业时要发挥好财政资金的杠杆作用，为缓解创新创业企业资金难提供有效的支持。

13.1.2　基于参股支持模式下的绩效评价的主要结论

本书从准公共产品的角度探讨了政府引导基金设立的必要性及其重要意义，并根据政府引导基金的各运行模式特点，结合我国实际情况，选择了参股支持模式政府引导基金作为研究对象，分析其在运行过程中的潜在风险，进而提出绩效评价的必要性；在此基础上，结合国内相关研究成果对政府引导基金绩效评价指标选取进行分析，运用因子分析法构建了绩效评价指标体系；进而完成了小样本前测及相关实证研究，包括基于 DEA 模型的效率分析以及基于多元线性回归模型的绩效影响因素分析，实证评价结果如下。

1. 对参股支持模式下绩效评价研究

本书利用DEA模型对我国41支参股支持模式下的政府引导基金子基金的投资记录进行了绩效评价，结果显示：政府引导基金普遍呈现出综合效率不足的问题，而导致这一问题的原因主要是纯技术效率的低下。就 41 支样本基金而言，虽然其平均规模效率为 0.715，但平均纯技术效率仅有 0.439，并且在收益额指标上存在着较大程度的产出不足，根据 DEA 模型理论，规模效率指标的含义是决策单元的实际规模与其最佳规模间的差异；纯技术效率指标的含义是当决策单元处于最优规模时，投入要素的生产效率，也就是其经营管理、技术水平能力等。

2. 对政府引导基金绩效影响因素的研究

为分析政府引导基金绩效的主要影响因素，本书利用多元线性回归模型构建包括投资规模、研发费用、收益及增长率 4 个方面变量的回归方程。通过观察各变量对政府引导基金绩效的影响程度，发现样本政府引导基金运行效率低下的原因在于创投机构和企业的经营管理能力不足，其中包含两方面的影响，一是创投机构的管理水平待提升，二是企业对资本利用不足，经营绩效需进一步加强。结合我国政府引导基金的发展现状，本书认为上述问题的产生可能是由于以下原因。

（1）政府引导基金的投资导向性明显，限制条件偏多。比如，地方政府要求创投机构管理者在不同地方均设管理公司，投资的范围限制为本地区等，在一定程度上约束了政府引导基金合作者的选择，甚至导致"择地而不择优"的情况出现，进而使政府引导基金运行效率下降。

（2）市场化水平不足。我国当前政府引导基金运作机制尚待完善，其在投资决策、激励机制和退出方式等方面还不够成熟。另外，部分政府引导基金交由国有公司或事业单位管理（张海峰等，2004），如此一来，其运作沿袭了传统的国资方式，灵活性降低，因而运营效率低下。

（3）新兴产业创新企业规模尚小。新兴产业发展时间短，企业普遍经营规模较小，其经营能力难以完全消化政府引导基金的资本投入，致使政府引导基金的投入-产出效率在投入较大而产出不足的情况下被动下降。

13.1.3　基于模糊评价法的绩效评价方案的主要结论

结合政府引导基金子基金的投资记录以及受投资企业的经营情况，本书运用层次分析法和模糊综合评价法，设计政府引导基金的绩效评价方案，从子基金运行的实际状况出发，构建了包括 4 个一级指标、10 个二级指标、22 个三级指标的政府引导基金绩效评价体系。使用此设计方案对贵州省政府引导基金进行绩效评价，最终得到贵州省政府引导基金绩效评价得分。本书所设计的政府引导基金绩效评价方案，不但综合了各专家的意见，同时也做到了客观评价，即利用主客观相结合的方法，使得评价结果更加合理。其优势主要体现在：运用了较为合理的绩效评价构建原则与方法，从层次上使得指标间的逻辑更加严密，从量上实现评价指标的适度性，从完整性上实现了指标对于相关政策指引下的全面覆盖性，包括从政策导向、政府发挥的杠杆作用、政府引导基金的价值及风险管理四个维度进行细化，充分囊括政府引导基金绩效评价的考虑内容，使得整个绩效评价体系更为科学合理。从贵州省政府引导基金绩效得分可以看出，评价结果直观，可信度较高，可操作性较强。

13.1.4　基于近七年基金分类统计数据的主要结论

（1）政府引导基金省域发展规模统计分析。本书收集了 2016～2022 年的政府引导基金数据，从全国层面对政府引导基金的基金规模、基金数量、基金级别、基金分类、基金组织结构、基金募集状态、基金管理机构性质等方面进行统计分析，进而针对 31 个省（自治区、直辖市）政府引导基金的规模、数量进行统计分析。分析发现，样本区间内，全国政府引导基金总规模和基金平均规模整体呈下降趋势；政府引导基金级别主要为地市级；分类主要为产业基金；组织结构主要为有限合伙制；募集状态主要为"首期募完，正在募集"；管理机构主要为国有管理机构。此外，各省级行政单位的政府引导基金规模、数量均存在巨大差异。运用趋势外推法进行预测发现：2023 年和 2024 年全国政府引导基金规模将进一步下降。

(2)政府引导基金七大区域基金类别统计分析。本书收集了 2016～2022 年的政府引导基金数据，根据区域特性，将全国 31 个省(自治区、直辖市)，划分成华东、华南、西南、西北、东北、华北和华中 7 个地区，分别从基金规模、基金级别、基金组织形式和基金管理机构 4 个方面分类别统计，得出以下研究结论：资金投入规模具有明显的区域特点，华东地区、华南地区和华北地区资金投入规模高于其他地区；西北地区和东北地区投入远远低于其他地区。然而，在区域大环境不同的背景下，各区域内资金投入情况也出现明显差异。无论是基金规模还是类型分布，政府引导基金均表现为较早进入发达地区的企业，从基金规模、基金级别、基金组织形式和基金管理机构的统计数据来看，地区间政府引导基金分布不均匀。

13.2　相关对策建议

为了更好地发挥政府引导基金的引导效应，解决中小企业融资难的问题，促进区域技术创新水平的提高，基于以上研究结论，本书提出以下对策建议。

13.2.1　增强政策引导效果的政策建议

1. 完善准入机制，拓宽融资渠道

政府引导基金的有效发展依赖良好的投资管理模式，需要有经验的基金管理团队对项目进行管理，那么更应当正确选择优质的基金管理公司。但是我国在政府引导基金选择合作团体上显得尤为劣势，信息不对称，无法全面地了解 VC/PE 基金管理公司，不但加大了政府引导基金投资后的风险，也给管理者的投资带来了寻租的机会。完善政府引导基金的准入机制变得更加重要，这可以促进政府引导基金健康良好地发展，尽可能消除在信息上不对称带来的劣势局面。准入机制的完善还应当通过当地政府部门、相关监管部门、创投基金业内人士共同出谋划策，让准入机制更加透明公开，优化进入市场的参与主体，提高各主体的管理水平。

国内外政府引导基金的投资主体大多是机构投资者，因为机构投资者往往资金实力雄厚，具有比个人投资者更高的专业实力，具有更高效的管理团队，可以合理地控制风险。我国的政府引导基金所吸引到的社会投资主体，包括退休基金、社保基金、私募基金、民营资本等，这些投资主体为政府引导基金带来的不仅仅是资金的流入，还能提供一定专业能力的管理经验及合理的投资规划。往往本地的政府引导基金出于加快本地的经济发展而考虑，会一定程度上限制资金对外的投资比例，合作的投资机构也有一定的限制。这样的发展会使得当地的政府引导基金无法与更加专业的、国际化的创投机构进行合作，导致融资渠道受限，资金规模下降。此外，资金比例的限制也导致当地政府引

导基金失去许多优质的投资机会。合理地控制投资比例，拓宽融资渠道才能促使政府引导基金持续健康地发展。

2. 加大政策支持力度，营造良好的创投环境

创业企业的发展离不开资金的支持，资金的支持也离不开政策的支持，政府引导基金由政府与社会资本共同建立，最终落实到被投资企业，被投资企业的发展状况决定了政府引导基金的可持续发展状况。那么为种子型、初创期企业提供强有力的政策支持，创造有利的发展条件尤其重要。以贵州为例，当地设有诸多的孵化园、创业园，地方政府对符合要求的创新企业提供多种优惠政策并准许进入园区内，对部分高新技术产业，尤其是涉及健康医疗、节能环保等的企业给予优先级。可见，搭建完善的创新创业平台，营造良好的创投环境，有助于加快所扶持产业的发展。

一个良好的创投环境才能促使创新创业企业更加健康地发展。对于创投企业的建立应当予以规范，在法律允许范围内提高工商注册的便利化水平。与此同时，对创投企业进行有效的监督管理是不可或缺的，定期或不定期对其投资运作、信息披露等进行监督，对出现违规交易、违规募集资金、从事法律禁止的交易投资行为等，对不合格的创投企业应进行清查清退，保证干净的创投环境。良好的创投环境也离不开良好的信用体系，对于创投企业管理者以及员工的信用记录应当实现全面覆盖，对于失信行为严肃处置，建立起有效科学的创投信用管理体系。总之，不仅要提高对创投企业的规范，还应当加快吸引创投人才，强化人才培训，提升对创投人才的服务水平。

3. 适当放宽限制，择优选择创投机构及投资对象

根据实证研究结果，当前我国政府引导基金面临的主要问题是运营效率低下，这与创投机构的经营管理水平以及企业的运营业绩相关。而过多的政策限制是导致政府引导基金"择地而不择优"现象发生的原因。因此，政府有必要放宽对政府引导基金的政策约束，更加注重对资本生态和产业环境的建设，促进自由竞争局面的形成，从而吸引优秀的创投机构与企业，提升政府引导基金的专业化水平。

13.2.2　增强经济、价值效果的政策建议

1. 增强政府引导基金引导功能，扩大创投规模

虽然政府引导基金在 31 个省(自治区、直辖市)对创业投资的引导效应不一致，但是研究结果显示，在 1%的显著性水平下，政府引导基金具有正向的引导作用。以贵州省为例，早在 2018 年贵州省财政资金在投资子基金层面就已实现了 5.25 倍的杠杆放大效应；在对企业形成实际投资层面实现了 11.3 倍的杠杆放大效应，可见，贵州省政府引导基金在吸引社会资本流入方面形成了不同的杠杆放大效应，实现了有效的融资引导。在政府引导基金的建立和发展过程中应加大政府信用的引导功能，扩大创投规模，通过高效的市场化运作，以各大基金平台为起点，吸引更多的社会资金投入种子期、初创期中小企业(特

别是科技型中小企业)中,对于社会资金投入的不同领域,应适当给予资金优惠政策,以一定的补贴或适当让利吸引更多的社会资本。

根据相关产业政策,将实际分配资金比例进行微调,使其符合社会资本投入并逐利的意愿,优先对符合政策引导的创投企业予以风险补偿,充分分散社会资本、商业资本逐利所考虑的风险因素,鼓励政府引导基金的子基金加大对新兴产业、高新技术产业的支持。综合运用多种模式吸引更多的社会资金流入创新创业领域,进一步引导民间资本的参与,扩大直接融资规模。此外,政府引导基金应当通过成功的项目退出案例加以公示,进一步消除机构投资者、民间资本对于创投的风险忧虑,社会资本的逐利性质不可避免,政府引导基金要适当做出利益退让。由此,必将刺激各地区积极设立政府引导基金,通过建立创业创新项目库,整合各地区双创示范基地、国家高新区、科技企业孵化器、众创空间、政府部门项目资源,从而缓解地区创业投资市场融资难的困境,促进地区技术创新水平的提高,并打造服务创投的开放平台,使得创业资本与项目之间形成有效的连接,促进创投规模的扩大。

2. 完善政府引导基金退出机制,促使政府引导基金可持续发展

政府引导基金的退出方式主要有上市、股权转让、企业回购及破产清算等。我国在政府引导基金的退出方式上一直处于严格把控状态,相关退出市场的机制不太完善,严重影响了投资者的参与积极性,这也使得政府引导基金在后期退出时出现一定的困难。一般政府引导基金通过股权转让,由投资标的企业回购股权,通过市场流通渠道进行交易出售股份。为了加快投资资金的运转速度,优化政府引导基金的退出情况,各地区应当加快完善政府引导基金退出机制的建立,实现政府引导基金的可持续发展。特别是发展成熟地区,创业投资市场已经取得了一定的发展,此时政府引导基金要加强退出机制的实施,减少政府引导基金对社会资金的"挤出效应"。

在创投领域中往往会出现并购等现象,这也成为政府引导基金较为主流的一种退出方式。企业之间的并购对自身实力及创新能力都有较大的提高,也实现了创业资本的有效退出。在未来的发展中,应当完善高新技术创新项目与大型企业之间的衔接,为种子期、初创期企业的发展创造更有利的条件,最终实现创投与产业并购。规范化并购基金的发展,促使大型龙头企业、发展较好的产业等共同设立企业产业的并购基金,为政府引导基金的市场化退出提供有利渠道,且政府引导基金对于所投资的创业企业,应鼓励其在主板、中小创等板块上市,或在其他资本市场挂牌,加强与交易市场的深度合作。

3. 灵活应用经济政策缓解创业投资市场的融资难问题

根据实证研究结果,地区的经济发展水平、金融信贷规模、技术市场发展情况等指标对创业市场融资规模以及技术创新水平的提高也具有一定的正向影响。因此,各地区在发挥政府引导基金引导效应的同时,一定要注意各地区经济政策对政府引导基金引导效应的挤出和促进作用,从而最大化地发挥资金引导效应以及技术创新促进效应。

13.2.3　增强风险控制效果的政策建议

1. 建立有效的内部管理机制

目前我国政府引导基金的管理模式还不成熟，需要建立更有效的内部管理机制。我国现行的管理模式包括：政府引导基金内部通过吸引专业人才组建专门的管理团队进行管理，以及委托给在市场上投资经验丰富、管理经验丰富的单一或多个基金管理公司共同成立管理政府引导基金的管理公司。基金公司和管理公司通常是两个独立的法人主体，两种管理模式在我国政府引导基金的运作中都存在。例如，贵州省政府引导基金较多采用委托给专业的管理公司进行基金管理的模式。这种模式能够解决第一种模式中出现的内部机制问题，有一定的约束机制可防范利益冲突。第一种模式没有第二种模式的市场化管理，主要是传统的国有企业管理模式。国有企业管理模式管理政府引导基金存在固有的弊端，但是放眼国际市场，政府引导基金的内涵便是基金中的基金。委托给专业的管理团队管理政府的财政资金以及社会资金，存在一定的风险，这也就对基金管理公司提出了更高的要求。政府引导基金的成功发展很大程度上取决于基金管理公司的良好管理和运作，如果无法识别具备专业能力、专业素质的管理团队，监管不力便会造成财政资金的损失，对整个政府引导基金的发展带来不利。因此，政府引导基金有必要建立一套有效的内部管理机制。

2. 加强投后监督管理，把控资金风险

政府引导基金不仅要做到事前事中的有效审查和监管，在资金投入被投资企业时更应当建立起高效的监督管理制度，控制资金的风险，保障资金的安全。投后管理在整个监督过程中也是非常重要的，这就要求管理团队定期对被投资企业的实际运营情况进行了解和分析，建立有效的信息共享机制，将各大创投机构进行有效连接，共享投资经验及管理经验，促使管理团队更有效地把握被投资企业以及整个行业的发展概况。在投后监督管理过程中应实时与被投资企业进行政策、技术的交流，提出一些对被投资企业健康发展的有利建议，跟进被投资企业的每个发展阶段，促进其良好发展，实现被投项目的成功。在资金的运作过程中，应当加强资金风险意识，提高对资金的管控力度，并且提高资金的运作效率，资金委托给专业的管理团队再运作，适当的监管可以防止资金的沉淀，防止出现资金投资效率低下、资金闲置等情况，加快资金的循环速度，缩短投资期限。在运作过程中对整个环节都要层层把关，项目的审核，评估机构、会计师事务所的选取等，要把资金的安全性放在第一位，进行有效的监管。

3. 完善各项配套法律，规范引导基金运作

政府推动创业投资的发展有直接和间接措施，法律作为间接措施的一种，在创业投资发展的进程中发挥了保驾护航的作用。法律可以促进政府引导基金的健康发展，进而为创业投资市场的长远发展提供持久动力。政府引导基金属于风险投资，主管部门有必要审查

监督资金预算和使用情况，督促政府引导基金加强制度建设，促使政府引导基金谨慎选择合作机构与投资对象。

4. 坚持市场化运作，提高政府引导基金子基金的夏普比率

由政府引导基金引导效应的基础模型和扩展模型可知：首先，政府引导基金子基金作为资本市场的金融产品之一，是市场化的产物。因此，必须坚持市场化的运作方式。这主要包括资金来源市场化、投资策略市场化、内部管理市场化以及政府引导基金退出方式市场化。其次，一般投资者和风险投资者的最优风险资产组合选择依赖政府引导基金子基金的夏普比率，即单位风险的收益，这表明政府引导基金引导效应的发挥依赖投资者对子基金夏普比率的预期，该值高则资金引导效应大。因此，各级政府部门在设立政府引导基金时要依靠自身的资金、人才优势，选择优秀的团队对政府引导基金子基金进行合作和管理，从而提高政府引导基金的夏普比率，进而提高基金引导效应的发挥。

为了进一步完善政府引导基金的运作机制，摒弃体制因素对其运营效率造成的影响，应着力打造市场化运作流程进而提升政府引导基金运营效率。在投资决策、基金管理以及退出方式等方面采取市场化手段，建立包括基金筛选、监测、投资组合管理以及转让退出等在内的完整流程，激发政府引导基金的灵活性，以此来强化政府引导基金的市场化运作水平。

13.3　研究不足与展望

13.3.1　研究不足

鉴于经济学模型、数据统计以及个人科研能力的局限，本书的研究不足之处主要有以下三点。

（1）在理论分析方面：本书分析的内容之一是政府引导基金的引导效应，本书认为引导效应包括资金引导以及区域技术创新能力的引导，但是在数理模型的推导时证明了政府引导基金具有资金引导作用，但是并未对区域创新能力的引导给出直接的数理证明，因此在理论分析上可能存在不足。

（2）在数据的可获得性方面：由于我国政府引导基金发展较晚，近年来才呈现出快速的规模增长，目前国内对于政府引导基金的相关数据主要来源于清科数据库旗下的私募通数据库以及 CVSources 数据库，但是两个数据库的使用费用非常高。在参考资料方面较为缺乏并且所收集到的数据较少且仅有上市公司，不足以代表政府引导基金所扶持的创新企业整体，并且有些政府引导基金可能尚未在这两类数据库中收集，这些情况的出现可能会对政府引导基金的分析结果产生一定的影响，所以本书的实证结果和观点还有待检验。

（3）在政府引导基金绩效评价体系的构建方面：本书虽然构建出了包含政策效果、经济效益等在内的绩效评价指标体系，但由于政府引导基金的涉及面颇为广泛，包括政策、经济、社会、风险等多方面内容，加之受到数据的可获取性限制，本书利用部分指标所评

价的政府引导基金绩效较为片面。因此,所构建的政府引导基金绩效评价体系有待进一步完善。

13.3.2 研究展望

2016 年 9 月国务院印发《关于促进创业投资持续健康发展的若干意见》(国发〔2016〕53 号),提出"加快推进依法设立全国性创业投资行业协会"。2017 年《国务院关于强化实施创新驱动发展战略进一步推进大众创业万众创新深入发展的意见》(国发〔2017〕37 号)(简称《意见》)落地实施。2019 年 8 月,国家发展改革委组织召开中国创业投资协会筹备会。时隔两年,参与《意见》起草的国家发展改革委等 16 部委相关负责人出席了会议。来自全国创投机构、天使投资者组织、政府引导基金、市场化母基金、银行、会计师和律师事务所、地方创投协会的多位行业代表参加了会议。筹备会的召开,意味着行业协会将在构建政企联系纽带桥梁、促进行业自律管理、推动行业信用体系建设和社会责任建设及维护行业良好市场秩序中发挥更加重要的作用。

党中央、国务院围绕实施创新驱动发展战略,高度重视创新、高位推动创新、全力支持创新,把创新作为推动和引领发展的第一动力,对创新创业给予大力支持,"双创"环境日益优化,政策更加完善,创业投资也迎来了重大发展机遇。基于以上时代背景,政府引导基金作为我国新常态时期促进"新经济"快速发展、转变财政投入方式的重要工具,在政府的大力支持与倡导下,经历了 2015~2019 年这五年的高速发展阶段,各地区政府引导基金投入规模在 2016~2019 年这四年先后达到峰值,市场规模已接近十万亿元。与此同时,政府引导基金市场化程度不断加深,管理模式日渐多元化,作为国有资本有限合伙人代表,政府引导基金基于自身的资金优势已成为股权投资基金的重要资金来源。然而,各地区政府引导基金投入规模均在 2020 年后出现不同程度的下降,中小企业发展趋于缓慢,面对复杂的国际形势,在全面放开的背景下,是否应该加大政府引导资金投入重振中小企业生存之路,值得深思。

2022 年 10 月,党的二十大召开,习近平总书记强调,"既要同党的十八大、十九大报告主题一脉相承,又要充分体现新时代、新征程、新阶段的新要求"。党的二十大提出,加快实施创新驱动发展战略,"坚持面向世界科技前沿、面向经济主战场、面向国家重大需求、面向人民生命健康,加快实现高水平科技自立自强"。由此可见,随着党的十八大、十九大、二十大的召开,政府引导基金已逐步成为我国推动创新发展和经济建设的主要手段之一。回顾 2016~2022 年,这七年充分发挥了中央、省级、地级市以及县级市政府引导基金的作用,带动了社会投资,促进了企业创业成长。显然,政府引导基金已经成为促进我国创新创业、带动实体经济高质量发展的重要引擎。

光阴荏苒,岁月如梭,新的历史时期就在眼前。围绕新一代移动通信、人工智能、生物技术、新材料等战略性新兴产业和信息等未来产业,国务院国有资产监督管理委员会 2023 年启动实施央企战略性新兴产业焕新行动、未来产业启航行动,并制定一揽子政策,表明国家大力推进新质生产力的决心,同时表明国家的金融支持将再次向战略性新兴产业倾斜。例如,陕西省政府投资签约的 9 支子基金主要投向高端装备制造、新能源、新材料、新一代信息技术、航空航天等领域；大连市政府将设立大连市政府引导母基金，首期规模为 100 亿元，主要投向科技创新、战略性新兴产业等重点产业领域；安徽省出资 500 亿元设立省新兴产业引导基金等。在 2023 年 8 月 30 日金融管理部门联合全国工商联召开的金融支持民营企业发展工作推进会上，明确提出"积极发挥地方政府专项引导基金作用"。多地政府都在积极发布百亿级规模的政府引导基金，国有资本有限合伙人仍然是一级市场绝对的出资主力。以下以上海市、广东省为例。

上海市政府在 2023 年 4 月印发《关于新时期强化投资促进加快建设现代化产业体系的政策措施》，意图通过"基金招商"的模式，聚力招引"三大先导产业"，布局发展"四个新赛道产业"，进一步扩大有效投资，增强产业发展活力。在推广高质量招商"新模式"方面，文件提出支持社会资本、园区平台、国有资本等参与设立总规模为 1000 亿元的系列产业投资基金，重点用于服务招商引资项目落地。鼓励金融机构协助开展招商，鼓励行业龙头、优质企业等通过兼并重组、产权转让等方式吸引新企业、新业务落户。加强招商项目的路演推介、产融对接服务，提供相关金融资源支持。

广东省广州市于 2010 年设立广州市创业投资引导基金，并开启了广州市政府引导基金的探索与发展之路。从基金类型来看，广州市政府引导基金种类较多，包括"新兴产业""工业转型升级""科技成果转化""国企创新""创业投资""中小企业发展"等不同领域投向的政府引导基金；从规模来看，广州市政府引导基金规模主要分布在 1 亿～100亿元，其中，市级政府引导基金规模多为 25 亿～100 亿元；区级政府引导基金规模多为5 亿～28 亿元，开发区黄埔人才基金规模相对较大，达到 50 亿元。2022 年底，深圳市"20+8"产业集群基金总体规划正式公布，将打造一个千亿级基金群。

《科创板日报》记者敖瑾在 2023 年 7 月 19 日召开的第十七届中国基金合伙人峰会现场获悉，2023 年上半年，国有控股和国有参股国有资产合伙人披露认缴出资金额达到2272.7 亿元，占新募人民币基金总额的比例达到 71.2%。财联社创投通-执中数据显示，我国在 2023 年有 456 家政府引导基金累计"出手"了 1012 起，认缴出资总量近 3598 亿元。由此可见，政府引导基金仍然发挥着推动国家经济结构调整和产业升级的重要作用，其未来发展前景较为广阔。

参 考 文 献

安秀梅, 2009. 政府绩效评估体系研究: 从政府公共支出的角度创设政府绩效评估体系[M]. 北京: 中国财政经济出版社.

巴茜, 2015. 吉林省创业投资引导基金绩效评价研究[D]. 长春: 东北师范大学.

柏榆芳, 2013. 我国政府创业投资引导基金风险管理研究[D]. 昆明: 云南财经大学.

毕功兵, 2007. 基于变量属性分类的 DEA 模型研究[D]. 合肥: 中国科学技术大学.

蔡敏, 2016. 我国战略性新兴产业创业投资引导基金绩效评价研究[J]. 市场研究(6): 17-18.

陈蕾, 2011. 基于委托代理视角的创业资本基金与政府引导基金的激励模型分析[J]. 福州大学学报(哲学社会科学版), 25(6): 54-59.

陈敏灵, 2010. 创业投资引导基金的组织运作模式研究[J]. 现代经济探讨, 342(6): 17-20.

陈其林, 韩晓婷, 2010. 准公共产品的性质: 定义、分类依据及其类别[J]. 经济学家(7): 13-21.

陈少强, 郭骊, 郏紫卉, 2017. 政府引导基金演变的逻辑[J]. 中央财经大学学报(2): 3-13.

陈士俊, 柏高原, 2010. 创业投资引导基金参股运作方式的国际比较[J]. 商业研究(5): 14-18.

陈小安, 2002. 准公共产品供给与定价的理论和实践研究[D]. 成都: 西南财经大学.

陈晓君, 2014. 江苏省风险投资引导基金发展现状研究[D]. 苏州: 苏州大学.

陈园, 2014. 创业投资引导基金目标评价体系构建: 以杭州市为例[D]. 杭州: 浙江工商大学.

成程, 李惟韬, 阳世辉, 2021. 政府引导基金对地区经济发展及溢出效应的影响分析[J]. 财经理论与实践, 42(5): 18-25.

程国琴, 2006. 政府在风险投资中的制度供给作用[J]. 工业技术经济, 25(2): 149-153.

邓绍鸿, 2016. 投中专题: 2016 年政府引导基金专题研究报告[R]. 北京: 投中研究院.

方庚明, 2011. 基于多元线性回归的公路客运量发展预测模型[J]. 工程与建设, 25(2): 164-166.

房燕, 鲍新中, 2016. 中国政府创业投资引导基金效用: 基于随机效应模型的实证研究[J]. 技术经济, 35(2): 58-62, 101.

戈登·塔洛克, 2001. 关税、垄断和偷窃的福利成本[J]. 李政军译. 经济社会体制比较, 81(1): 47-51.

郭研, 郭迪, 姜坤, 2016. 市场失灵、政府干预与创新激励: 对科技型中小企业创新基金的实证检验[J]. 经济科学(3): 114-128.

国家发展和改革委员会财政金融司, 中国投资协会创业投资专业委员会, 2012. 中国创业投资行业发展报告 2012[M]. 北京: 中国计划出版社.

胡泽文, 武夷山, 2012. 科技产出影响因素分析与预测研究: 基于多元回归和 BP 神经网络的途径[J]. 科学学研究, 30(7): 992-1004.

黄浩, 白鸿钧, 2008. 计量经济学[M]. 厦门: 厦门大学出版社.

黄嵩, 倪宣明, 张俊超, 等, 2020. 政府引导基金能促进技术创新吗?: 基于我国科技型初创企业的实证研究[J]. 管理评论, 32(3): 110-121.

贾广超, 2016. 基于模糊 DEA 的科技型中小企业创业投资引导基金绩效评价研究[D]. 贵阳: 贵州财经大学.

姜宏青, 高剑龙, 陈中天, 2022. 政府投资基金可以引导社会资本投向吗?: 基于拔靴分样本滚动窗口因果关系检验的新证据[J]. 财务研究, 45(3): 44-54.

蒋蔚, 2009. 我国政府背景风险投资机构的行为与绩效研究[D]. 上海: 上海交通大学.

李朝晖，2010. 美国 SBIC 融资担保模式对我国政策性创业投资引导基金的启示[J]. 金融理论与实践(3)：104-108.

李洪江，2010. 政府导向型创业投资引导基金绩效评价指标体系研究[J]. 科技管理研究，30(15)：45-49.

李洪江，鲍晓燕，2011. 政府导向型创业投资引导基金绩效评价研究[J]. 商业研究(6)：112-116.

李善民，梁星韵，王大中，2020. 中国政府引导基金的引导效果及作用机理[J]. 南方经济(8)：1-16.

李万寿，2005. 关于建立产业投资引导基金的政策建议[J]. 宏观经济研究(2)：47-49.

李艳梅，2016. 对学校实施绩效管理的思考[J]. 成才(9)：3-5.

李毅辉，2013. 地方创业投资引导基金运作模式探讨[J]. 现代管理科学(11)：79-81.

李湛，张华，2013. 浅谈政府创业投资引导基金的监督和激励机制设计[J]. 商业会计(12)：5-7.

理查德·威廉姆斯，2002. 组织绩效管理[M]. 蓝天星翻译公司译. 北京：清华大学出版社.

梁娟，孔刘柳，2011. 创业投资引导基金绩效管理模式探析[J]. 科技管理研究，31(12)：180-182.

刘春晓，刘红涛，孟兆辉，2015. 政府创业投资引导基金参股基金绩效评价研究[J]. 上海金融(10)：61-65，39.

刘桂英，2008. 基于因子分析法和 DEA 法的中国开放式基金的业绩评价[D]. 长沙：中南大学.

刘健钧，2007. 借鉴国际经验发展我国创业投资引导基金[J]. 中国金融(21)：32-34.

刘健钧，2009. 《创业投资引导基金指导意见》解读[J]. 证券市场导报(1)：9-14，76.

卢慧颖，2008. 优化我国创业投资的税收政策选择[D]. 成都：西南财经大学.

罗明忠，苏启林，2004. 政府介入风险投资的经验教训[J]. 南方金融(5)：44-46.

骆克任，2002. 社会经济定量研究与 SPSS 和 SAS 的应用[M]. 北京：电子工业出版社.

孟兆辉，李蕾，谭祖卫，等，2014. 政府创业投资引导基金委托管理模式及激励约束机制比较分析[J]. 科技进步与对策，31(17)：11-15.

倪宣明，黄嵩，石思睿，2018. 政府对创业投资基金市场的引导路径探析[J]. 上海金融，450(1)：69-74.

倪正东，2016. 2016 年中国政府引导基金发展报告[R]. 北京：清科研究中心.

庞国存，2013. 中国创业投资引导基金运作模式研究[D]. 沈阳：辽宁大学.

庞跃华，曾令华，2011. 创业投资引导基金运作模式的国际比较与中国选择[J]. 湖南大学学报(社会科学版)，25(3)：34-38.

逄雯婷，王振宇，陈奕诺，2021. 政府引导基金、地方财政差异和区域创新水平的作用机制研究[J]. 地方财政研究，202(8)：75-85.

钱苹，张帏，2007. 我国创业投资的回报率及其影响因素[J]. 经济研究，42(5)：78-90.

秦智鹏，2014. 我国战略性新兴产业创业投资引导基金绩效指标体系研究[D]. 北京：对外经济贸易大学.

清科研究中心，2016. 2016 年中国股权投资市场回顾与展望[R]. 北京：清科研究中心.

沈琦，2015. 政府创业投资引导基金运作模式优化研究：以苏州市吴江区为例[D]. 杨凌：西北农林科技大学.

施国平，党兴华，董建卫，2016. 引导基金能引导创投机构投向早期和高科技企业吗?：基于双重差分模型的实证评估[J]. 科学学研究，34(6)：822-832.

施钰，2013. 政府引导基金的绩效行为与实证分析[D]. 上海：上海交通大学.

石琳，2013. 创业投资引导基金绩效评价研究[D]. 上海：东华大学.

宋文光，宫颖华，2009. 基于多元回归方法的基金业绩持续性影响因素分析[J]. 统计与决策，25(1)：127-128.

隋薇薇，2008. 以国有资本为投资主体的风险投资评估体系[J]. 上海经济研究，20(3)：47-51.

孙悦，2009. 中国地方政府创业投资引导基金研究[D]. 北京：中央财经大学.

唐瑞，2012. 政府创投引导基金绩效评价研究[D]. 广州：广东工业大学.

王东，2011. 基于多元回归模型的 CPI 影响因素分析：以 2009、2010 数据为例[J]. 中国市场(23)：153-154.

王晗, 刘慧侠, 董建卫, 2018. 政府引导基金参股创投基金能促进企业创新吗?: 基于零膨胀负二项分布模型的实证研究[J]. 研究与发展管理, 30(2): 93-102.

王江璐, 刘明兴, 2019. 我国政府引导基金的现状分析与政策建议[J]. 福建师范大学学报(哲学社会科学版)(6): 78-86, 170.

王利明, 王吉林, 2010. 国内创业投资引导基金运作的现状、问题及对策研究[J]. 现代管理科学(2): 112-114.

王松奇, 王元, 2002. 中国创业投资发展报告[M]. 北京: 经济管理出版社.

王松奇, 徐义国, 2002. 政府扶持与创业投资发展[J]. 财贸经济(1): 11-18.

王燕, 2010. 创业投资引导基金的国内外比较与建议[J]. 科技信息(25): 375-376.

王哲, 陈志强, 张红梅, 2016. 新兴产业创业投资引导基金绩效评价研究[J]. 科技创业月刊, 29(7): 23-24, 27.

韦孟, 2015. 创业投资引导基金市场化运作的风险控制研究[D]. 青岛: 中国海洋大学.

夏远林, 2017. 创业投资政府引导基金绩效评价方案设计[D]. 杭州: 浙江大学.

谢燕, 2014. 区域创业投资引导基金运作协同机制研究[D]. 广州: 华南理工大学.

熊彼特, 2012. 经济发展理论[M]. 邹建平译. 北京: 中国画报出版社.

熊正德, 詹斌, 林雪, 2011. 基于 DEA 和 Logit 模型的战略性新兴产业金融支持效率[J]. 系统工程, 29(6): 35-41.

休谟, 1997. 人性论[M]. 关文运译. 北京: 商务印书馆.

薛宏刚, 王浩, 管艺洁, 2021. 政府引导基金能否促进区域创新能力的提高?[J]. 兰州大学学报(社会科学版), 49(4): 68-77.

杨大楷, 李丹丹, 2012. 政府支持对中国风险投资业影响的实证研究[J]. 山西财经大学学报, 34(5): 52-60.

杨敏利, 李昕芳, 仵永恒, 2014. 政府创业投资引导基金的引导效应研究[J]. 科研管理, 35(11): 8-16.

于凤坤, 2007. 政府创业投资引导基金的实践与作用[J]. 中国科技投资(9): 70-71.

于羽, 2013. 政府引导基金绩效评价研究[D]. 天津: 天津财经大学.

曾媛, 2010. 重庆市风险投资引导基金风险管理研究[D]. 重庆: 重庆大学.

翟华云, 2012. 战略性新兴产业上市公司金融支持效率研究[J]. 证券市场导报(11): 20-25.

张海峰, 曹洪军, 张伟, 2004. 政府在创业投资发展中的地位与职能[J]. 前沿(5): 75-79.

张珏敏, 2014. 信息不对称下 P2P 网络借贷行为的实证研究[D]. 成都: 西南财经大学.

张鑫, 2016. 科技型中小企业创业投资引导基金运作管理模式的影响因素研究[J]. 沿海企业与科技(4): 32-34.

张勇, 2012. 创业投资引导基金风险防范机制的构建[J]. 江西社会科学, 32(5): 69-72.

张增磊, 2017. 政府引导基金国际经验借鉴及启示[J]. 地方财政研究(10): 105-112.

章彰, 傅巧灵, 2000. 政府干预与创业投资的发展[J]. 财经理论与实践, 21(3): 25-27.

赵海龙, 2011. 不同要约次序下政府引导基金的投资效率分析: 基于不完全契约理论的视角[J]. 现代财经(天津财经大学学报), 31(10): 84-93.

赵建刚, 2016. 中国政府引导基金发展现状的研究[J]. 生产力研究(10): 31-33.

郑德琳, 2017. 政府投资基金市场化进程难题与政策建议: 以广东为例[J]. 经济研究参考(41): 102-105.

周小川, 2004. 周小川: 完善法律制度 改进金融生态[N]. [2004-12-7]. 金融时报. http://lianghui.china.com.cn/chinese/OP-c/722190. htm.

周小川, 2005. 独家专访: 周小川谈 "金融生态" [N]. [2005-3-28]. 新浪网. https://news.sina.com.cn/o/2005-03-28/23325488122s. shtml.

朱立群, 李朝晖, 2015. 我国创业投资引导基金的运作绩效评价[J]. 会计之友(2): 72-75.

滋维・博迪, 亚历克斯・凯恩, 艾伦 J. 马库斯, 2012. 投资学[M]. 汪昌云等译. 北京: 机械工业出版社.

左志刚, 2011. 政府干预风险投资的有效性: 经验证据及启示[J]. 财经研究, 37(5): 123-133.

Abu-Mostafa Y S, B Lebaron, Andrew S S, et al., 2000. Computational Finance[M]. Massachusetts: MIT Press.

Arrow K J, 1962. The economic implications of learning by doing[J]. The Review of Economic Studies, 29(6): 155-173.

Audretsch D B, Link A N, Scott J T, 2002. Public/private technology partnerships: Evaluating SBIR-supported research[J]. Research Policy, 31(1): 145-158.

Bartzokas A, Mani S, 2004. Financial Systems, Corporate Investment in Innovation, and Venture Capital[M]. Northampton: Edward Elgar Publishing.

Boyns N, Cox M, Spires R, Hughes A, et al., 2003. Research into the enterprise investment scheme and venture capital trust[R]. Cambridge UK: Inland Revenue.

Brander J A, Amit R, Antweiler W, 2002. Venture capital syndication: Improved venture selection versus the value-added hypothesis[J]. Journal of Economics and Management Strategy, 11(3): 423-452.

Carvell S A, Kim J Y, Ma Q Z, et al., 2013. Economic and capital market antecedents of venture capital commitments(1960-2010)[J]. International Entrepreneurship & Management Journal, 9(2): 167-182.

Cornelius B, Persson O, 2006. Who's who in venture capital research[J]. Technovation, 26(2): 142-150.

Cui J, Zhang S Q, Yin X N, et al., 2021. Determinants of investment timing of government venture capital guiding funds in China[J]. Discrete Dynamics in Nature and Society: 7140807.

Cumming D J, 2003. The structure, governance and performance of the U.K. venture capital trusts[J]. Journal of Corporate Law Studies, 3(2): 401-427.

Cumming D J, 2005. Agency costs, institutions, learning and taxation in venture capital contracting[J]. Journal of Business Venturing, 20(5): 573-622.

Cumming D J, 2007. Government policy towards entrepreneurial finance: Innovation investment funds[J]. Journal of Business Venturing, 22(2): 193-235.

Cumming D J, Macintosh J G, 2007. Mutual funds that invest in private equity? An analysis of labour-sponsored investment funds[J]. Cambridge Journal of Economics, 31(3): 445-487.

Cumming D, Fleming G, Schwienbacher A, 2006. Legality and venture capital exits[J]. Journal of Corporate Finance, 12(2): 214-245.

Holmstrom B, Milgrom P, 1987. Aggregation and linearity in the provision of intertemporal incentives[J]. Econometrica, 55(2): 303.

Hood N, 2000. Public venture capital and economic development: The Scottish experience[J]. Venture Capital, 2(4): 313-341.

Huang C F, Litzenberger R H, 1988. Foundations for financial economics[J]. The Review of Financial Studies, 1(4): 447-449.

Humphery-Jenner M, 2012. Stimulating venture activity through government investment in venture funds[J]. European Business Organization Law Review, 13(1): 103-124.

Jääskeläinen M, Maula M, Murray G, 2007. Profit distribution and compensation structures in publicly and privately funded hybrid venture capital funds[J]. Research Policy, 36(7): 913-929.

Koppel J G S, 2008. The challenge of administration by regulation: Preliminary findings regarding the U. S. Government's venture capital funds[J]. Journal of Public Administration Research and Theory: J-PART, 9(4): 641-666.

Keuschnigg C, Nielsen S B, 2001. Public policy for venture capital[J]. International Tax & Public Finance, 8(4): 557-572.

Koenker R, Bassett G, 1978. Regression quantiles[J]. Econometrica, 46(1): 33-50.

Leleux B, Surlemont B, 2003. Public versus private venture capital: Seeding or crowding out ? A pan-European analysis[J]. Journal of Business Venturing, 18(1): 81-104.

Lerner J, 1999. The Government as venture capitalist: The long-run impact of the SBIR program[J]. Journal of Business, 72(3): 285-318.

Lerner J, 2010. The future of public efforts to boost entrepreneurship and venture capital[J]. Small Business Economics, 35(3): 255-264.

Luukkonen T, Deschryvere M, Bertoni F, 2013. The value added by government venture capital funds compared with independent venture capital funds[J]. Technovation, 33(4/5): 154-162.

McGlue D, 2002. The funding of venture capital in Europe: Issues for public policy[J]. Venture Capital, 4(1): 45-58.

Minola T, Giorgino M, 2011. External capital for NTBFs: The role of bank and venture capital[J]. International Journal of Entrepreneurship and Innovation Management, 14(2/3): 222-247.

Munari A F, 2009. Assessing the impact of public venture capital programs in the United Kingdom: Do regional characteristics matter?[J]. Department of Management Universià degli Studi di Bologna(7): 145-198.

Munari A F, Toschi B L, 2015. Assessing the impact of public venture capital programmes in the United Kingdom: Do regional characteristics matter?[J]. Journal of Business Venturing, 30(2): 205-226.

Murray G C, 1998. A policy response to regional disparities in the supply of risk capital to new technology-based firms in the European Union: the European seed capital fund scheme[J]. Regional Studies, 32(5): 405-419.

Nightingale P, Cowling M, Dannreuther C, et al., 2009. From funding gaps to thin markets: UK government support for early-stage venture capital[J] London, BVCA and NESTA: 40.

Rin M D, Nicodano G, Sembenelli A, 2006. Public policy and the creation of active venture capital markets[J]. Journal of Public Economics, 90(8/9): 1699-1723.

Romer P M, 1990. Endogenous technological change[J]. Journal of Political Economy, 98(5): 71-102.

Sahlman W A, 1990. The structure and governance of venture capital organizations[J]. Journal of Financial Economics, 27(2): 473-521.

Samuelson P A, 1954. The pure theory of public expenditure[J]. The Review of Economics & Statistics, 6(4): 1-29.

Song H, Ni X M, Zhang J C, et al., 2020. Can government-sponsored venture capital promote the technological innovation: An empirical study of Chinese high-tech start-up enterprises[J]. Management Review 32, 3(2020): 110.

Sykes A O, 2011. An introduction to regression analysis[OL]. [2011-8-23]. http://www.law.uchicago.edu/files/files/20.Sykes_. Regression.pdf.

Terttu L, Matthias D, Fabio B, 2013. The value added by government venture capital funds compared with independent venture capital funds[J]. Technovation: The International Journal of Technological Innovation, Entrepreneurship and Technology Management, 33. 4a5.

Venckuviene V, Snieska V, 2014. Government sponsored venture capital funds and their relation to innovations in Lithuanian SMES[J]. Economics & Management, 19(1): 54-62.

William S A, 1990. The structure and governance of venture capital organizations[J]. Journal of Financial Economics: 17-18.

Zhang H M, Chen Y Z, Wang Z, 2016. Research on the performance evaluation of government venture capital fund based on factor analysis and DEA model[J]. Journal of Risk Analysis & Crisis Response, 6(1): 15.

附　　录

附　录　A

机构名称	企业名称	投资规模/万元	企业规模/万元	营业利润/万元	营业利润增长率	利润总额/万元	利润增长率	净利润总额/万元	净利润增长率	研发费用/万元	员工人数/名	β值
博宁资本	视纪印象	25	383.44	39.46	0.69	41.25	0.64	36.76	0.46	14.45	155	−0.9782
津杉资本	楚江新材	27.3	4963.64	55.12	−0.15	94.05	0.13	75.88	0.34	160.92	4429	1.4927
达晨创投	久其软件	21.67	6990.32	137.05	1.09	151.31	1.00	129.78	0.86	169.09	1894	1.5463
北京拉卡拉投资	蓝标电商	40	2753.80	645.82	9.49	658.06	8.72	652.97	9.47	—	447	
深创投	水贝传媒	1.56	225.56	15.11	0.37	13.68	0.18	11.65	0.19	—	17	
经纬中国	恺英网络	101.34	793.65	87.67	10.22	126.56	1.26	107.33	1.24	201.3	985	1.175
力合清源创投	蓝天电子	15	250.10	32.34	1.84	33.18	1.82	27.85	1.82	10.31	336	
南车创投	金力永磁	5	296.55	20.80	0.63	24.91	0.35	20.68	0.30	37.75	1053	
海通开元	泰力松	50.07	65.10	4.42	1.88	4.93	1.36	4.24	1.34	6.57	312	
惠通高创	捷安高科	4.3	422.35	18.50	0.87	23.09	1.15	19.88	1.19	8.43	327	0.0634
迈朴资本	大唐科技	20	625.44	57.56	1.09	50.82	0.36	50.75	0.58	1.92	—	
科发资本	锦澄科技	10	1997.40	125.57	1.79	126.78	1.75	94.55	1.59	1.43	92	
海通开元	运维电力	3.59	85.55	0.59	1.40	0.83	1.64	0.81	1.57	6.28	660	
青岛驰骋	泰华智慧	35.4	65.94	27.16	5.81	28.67	4.69	24.65	4.79	32.61	476	
东方富海	和力辰光	30.76	221.77	0.99	1.34	1.01	1.36	1.05	1.38	225.73	58	
基石资本	母婴之家	42.93	862.07	52.90	−0.09	54.55	−0.11	45.73	−0.08	—	—	
力合清源创投	精智达	4.5	228.72	−18.78	−0.15	−18.78	−0.16	−18.67	−0.15	2.97	51	
中国风投	中科华联	5.15	444.44	1.18	−0.31	35.09	0.50	33.82	0.71	6.12	180	
亚商资本	信中利	94	95.68	2.65	14.23	4.29	2.04	3.06	4.69	—	146	−1.0791
汉理资本	派森诺	11	43.80	−0.16	0.89	0.94	2.42	0.88	2.34	2.2	166	
青岛驰骋	亨达股份	10	202.43	14.85	−0.27	15.42	−0.28	12.97	−0.30	23.02	1573	−0.1259
启迪创投	云端时代	18	210.08	5.42	−0.62	9.69	−0.45	8.51	−0.45	18.36	125	—
贵州科风投	森瑞新材	10	38.01	4.56	0.51	4.91	0.39	4.16	0.41	19.17	415	0.8684
银河吉星创投	加一健康	29	150.00	13.35	2.16	14.44	1.96	12.45	2.45	1.13	109	—

续表

机构名称	企业名称	投资规模/万元	企业规模/万元	营业利润/万元	营业利润增长率	利润总额/万元	利润增长率	净利润总额/万元	净利润增长率	研发费用/万元	员工人数/名	β值
华夏海纳	三和视讯	4.38	200.00	12.62	14.34	13.64	11.12	10.57	54.03	1.16	41	13.2707
厚持资本	华索科技	5	55.94	0.19	1.98	0.19	1.98	0.24	2.28	3.89	122	0.3139
富坤兴业	蓝泰源	10	57.01	-8.71	-2.18	-8.71	-2.18	-8.71	-2.18	8.13	98	-3.112
越秀产业基金	凯基生物	17.3	90.01	-1.89	-1.06	0.56	3.17	0.64	8.04	4.2	57	—
达晨创投	昆山佰奥	18	134.87	1.03	1.11	2.27	1.24	2.34	1.25	5.86	331	—
上海真金创投	御康医疗	14	340.14	37.99	-0.06	41.09	-0.02	35.30	0.09	4.84	310	—
国泰创投	微瑞思创	8	100.00	15.06	11.94	15.01	11.94	14.99	12.92	2.09	94	—
力合清源创投	多维度	7.6	8810.22	631.95	0.50	669.94	0.18	507.47	0.49	1.7	75	—
湖北高投	默联股份	10	60.00	-1.07	0.56	-0.92	0.63	-0.61	0.75	3.06	63	—
艾云创管	真灼科技	7	280.22	19.10	-0.04	21.35	0.04	21.26	-0.05	5.19	88	—
誉华投资	龙利得	20	889.51	105.56	-0.11	115.90	-0.02	97.41	-0.02	14.94	413	—
上海永宣	蜂派科技	1.8	7058.18	256.97	0.07	263.39	0.08	244.84	0.10	5.73	45	—
鲁信集团	中青旅	120.7	500.00	44.91	0.12	47.34	0.16	41.31	0.17	11.22	7504	0.0144
浙商创投	小冰火人	7.5	222.41	30.92	1.44	32.61	1.57	23.67	1.18	—	—	—
滨复华耀资本	璧合科技	6	351.35	73.52	0.13	73.87	0.14	55.49	0.15	3.85	47	-1.1385
甘肃国投	中天羊业	10.06	333.61	2899.40	2.38	2478.60	2.36	1557.20	1.69	1.06	166	—
湖北高投	瀛通通讯线材	34.78	435.00	41.11	1.01	48.07	0.87	42.28	0.84	25.41	3783	—
联升资本	瑞杰科技	20	383.44	39.46	0.69	41.25	0.64	36.76	0.46	3.94	—	—
深创投	五洲新春	16.5	4963.64	55.12	-0.15	94.05	0.13	75.88	0.34	24.57	—	—
IDG资本	宝钢包装	96.8	6990.32	137.05	1.09	151.31	1.00	129.78	0.86	60.18	—	—
海通开元	华胜天成	116.46	2753.80	645.82	9.49	658.06	8.72	652.97	9.47	8.58	5024	—
君联资本	安硕信息	30.15	225.56	15.11	0.37	13.68	0.18	11.65	0.19	16.76	400	—
启迪创投	联飞翔	0.81	793.65	87.67	10.22	126.56	1.26	107.33	1.24	4.23	—	—
复聚卿云	福建国航	27.4	250.10	32.34	1.84	33.18	1.82	27.85	1.82	—	—	—
德同资本	来伊份	28.37	296.55	20.80	0.63	24.91	0.35	20.68	0.30	—	—	—
中科招商	硕贝德	27	65.10	4.42	1.88	4.93	1.36	4.24	1.34	17.5	664	—
德同资本	博腾股份	17.07	422.35	18.50	0.87	23.09	1.15	19.88	1.19	19.5	—	—
君联资本	安洁科技	32.5	625.44	57.56	1.09	50.82	0.36	50.75	0.58	6.48	740	—
青云创投	迪森热能	16.08	1997.40	125.57	1.79	126.78	1.75	94.55	1.59	7.91	656	—
启迪创投	世纪瑞尔	4.35	85.55	0.59	1.40	0.83	1.64	0.81	1.57	8.99	166	—
浙商创投	华策影视	34.05	65.94	27.16	5.81	28.67	4.69	24.65	4.79	—	40	—
国科投资	贝因美	37.5	221.77	0.99	1.34	1.01	1.36	1.05	1.38	102.05	—	—

附　录　B

序号	创投机构	企业名称	收益额	收益增长率	投入量
1	博宁资本	视纪印象	-0.16315	-0.33941	-0.27268
2	津杉资本	楚江新材	-0.43483	-0.43557	1.98871
3	达晨创投	久其软件	-0.25227	-0.12661	1.76612
4	经纬中国	恺英网络	1.23662	2.128	1.81685
5	力合清源创投	蓝天电子	-0.22425	-0.45769	-0.38858
6	南车创投	金力永磁	-0.03063	0.60266	-0.1121
7	海通开元	泰力松	-0.20727	-0.0146	0.01336
8	惠通高创	捷安高科	-0.19174	-0.42148	-0.50705
9	科发资本	锦澄科技	-0.23258	-0.12852	-0.53585
10	海通开元	运维电力	-0.21008	-0.2718	-0.42166
11	青岛驰骋	泰华智慧	-0.16516	-0.31246	0.0207
12	东方富海	和力辰光	-0.17729	0.23348	0.84748
13	力合清源创投	精智达.	-0.23893	-0.12685	-0.59671
14	中国风投	中科华联	-0.19031	0.80014	-0.50838
15	汉理资本	派森诺	-0.24972	-0.17571	-0.48048
16	青岛驰骋	亨达股份	-0.17714	-0.57799	-0.04433
17	启迪创投	云端时代	-0.31615	-0.54023	-0.3626
18	贵州科风投	森瑞新材	-0.20132	-0.45123	-0.35902
19	银河吉星创投	加一健康	-0.29453	1.21669	-0.22564
20	华夏海纳	三和视讯	-0.23707	-0.0398	-0.61002
21	厚持资本	华索科技	-0.19864	-0.60796	-0.58429
22	富坤兴业	蓝泰源	-0.22203	-0.65576	-0.51596
23	越秀产业基金	凯基生物	-0.23335	-0.40468	-0.47104
24	达晨创投	昆山佰奥	-0.23135	0.02693	-0.35721
25	上海真金创投	御康医疗	-0.47952	4.42274	-0.12381
26	国泰创投	微瑞思创	-0.24683	-0.00001	-0.54856
27	力合清源创投	多维度	-0.24937	-1.10257	-0.61883
28	湖北高投	默联股份	-0.26747	0.1254	-0.51579
29	艾云创管	真灼科技	-0.24045	-0.21455	-0.54888
30	誉华投资	龙利得	-0.16647	-0.52007	-0.29029
31	上海永宣	蜂派科技	-0.25443	2.6378	-0.4612
32	鲁信集团	中青旅	0.86858	-0.63306	3.61449
33	滨复华耀资本	壁合科技	-0.24077	-0.36566	-0.59466
34	甘肃国投	中天羊业	-0.18657	-0.5359	-0.51241
35	湖北高投	瀛通通讯线材	-0.10589	-0.60615	0.69847
36	海通开元	华胜天成	0.04188	-0.59605	2.85107
37	君联资本	安硕信息	-0.16294	-0.46546	-0.14246
38	中科招商	硕贝德	-0.20991	-0.12724	-0.14375
39	君联资本	安洁科技	-0.09968	-0.49098	-0.11809
40	青云创投	迪森热能	5.97522	-0.15403	-1.13057
41	启迪创投	世纪瑞尔	-0.13224	-0.29378	-0.51438

附　录　C

序号	创投机构	企业名称	收益额	收益增长率	投入量
1	博宁资本	视纪印象	0.144112	0.224309	0.2627168
2	津杉资本	楚江新材	0.106231	0.208645	0.69163678
3	达晨创投	久其软件	0.131686	0.258971	0.64941792
4	经纬中国	恺英网络	0.339286	0.626217	0.65903993
5	力合清源创投	蓝天电子	0.135593	0.205042	0.24073394
6	南车创投	金力永磁	0.16259	0.377759	0.29317416
7	海通开元	泰力松	0.13796	0.277216	0.31697028
8	惠通高创	捷安高科	0.140126	0.210941	0.21826363
9	科发资本	锦澄科技	0.134431	0.25866	0.2128011
10	海通开元	运维电力	0.137569	0.235321	0.23445963
11	青岛驰骋	泰华智慧	0.143832	0.228698	0.31836247
12	东方富海	和力辰光	0.142141	0.317625	0.47517861
13	力合清源创投	精智达	0.133546	0.258932	0.20125773
14	中国风投	中科华联	0.140325	0.409926	0.21801136
15	汉理资本	派森诺	0.132042	0.250973	0.22330318
16	青岛驰骋	亨达股份	0.142162	0.185447	0.30602816
17	启迪创投	云端时代	0.122779	0.191598	0.24566159
18	贵州科风投	森瑞新材	0.13879	0.206095	0.24634062
19	银河吉星创投	加一健康	0.125794	0.477777	0.27163893
20	华夏海纳	三和视讯	0.133805	0.273111	0.19873321
21	厚持资本	华索科技	0.139164	0.180565	0.20361344
22	富坤兴业	蓝泰源	0.135902	0.172779	0.21657366
23	越秀产业基金	凯基生物	0.134324	0.213677	0.22509368
24	达晨创投	昆山佰奥	0.134603	0.283981	0.24668392
25	上海真金创投	御康医疗	0.1	1	0.29095312
26	国泰创投	微瑞思创	0.132445	0.279592	0.21039038
27	力合清源创投	多维度	0.13209	0.1	0.19706221
28	湖北高投	默联股份	0.129567	0.30002	0.2166059
29	艾云创管	真灼科技	0.133334	0.244647	0.21032969
30	誉华投资	龙利得	0.143649	0.194882	0.2593767
31	上海永宣	蜂派科技	0.131385	0.709257	0.22696004
32	鲁信集团	中青旅	0.287969	0.176477	1
33	滨复华耀资本	璧合科技	0.133289	0.220033	0.20164655
34	甘肃国投	中天羊业	0.140847	0.192303	0.21724699
35	湖北高投	瀛通通讯线材	0.152096	0.18086	0.44691574
36	海通开元	华胜天成	0.1727	0.182505	0.85520141
37	君联资本	安硕信息	0.144142	0.203777	0.28741575
38	中科招商	硕贝德	0.137592	0.258868	0.28717108
39	君联资本	安洁科技	0.152962	0.19962	0.29203804
40	青云创投	迪森热能	1	0.254505	0.1
41	启迪创投	世纪瑞尔	0.148422	0.231741	0.21687334

附 录 D

1. 基于基础模型的投资者最优风险资产组合推导

1) 一般风险投资者的最优风险资产组合

由于该类投资者是风险规避者，其期望收益和风险表现出如下特征，虽然风险资产比一般风险资产的收益高，但是其方差远远大于一般风险资产，即表现出 $\sigma_R^2 \ll \sigma_V^2$，这时有

$$W_{i,R}^* = \frac{\left[E(r_R) - r_f\right]}{\left[E(r_R) - r_f\right] + \left[E(r_V) - r_f\right] \times \lim\limits_{\sigma_R^2 \ll \sigma_V^2} \dfrac{\sigma_R^2}{\sigma_V^2}} \tag{D1}$$

根据极限的运算可知 $\lim\limits_{\sigma_R^2 \ll \sigma_V^2} \dfrac{\sigma_R^2}{\sigma_V^2} = 0$，代入式(D1)得出在没有政府参与情况下，一般投资者的投资决策为 $W_{i,R}^* = 1$，根据式(6-7)可知，此时 $W_{i,V}^* = 0$。故有，在没有政府参与下，一般风险投资者的最优风险资产组合为

$$\begin{cases} W_{r,R}^* = 1 \\ W_{r,V}^* = 0 \end{cases} \tag{D2}$$

虽然在现实经济环境中，存在一般风险投资者投资风险资产的情况，但考虑到我国一般投资者大部分资金都是投资于风险相对小的成熟期、稳定期企业，因此为保证研究结果的有效性和简化性，本书仍然假定式(D2)成立且符合一般性。

根据式(6-9)可以计算出此时对于一般风险投资者来说，其风险资产组合的期望和方差为

$$\begin{cases} E(r_{r,P}) = E(r_{i,R}) \\ \sigma_{r,P}^2 = \sigma_{i,R}^2 \end{cases} \tag{D3}$$

2) 风险投资者的最优风险资产组合

对于风险投资者来说，虽然风险资产的方差高于一般风险资产，但是投资成功带来的预期收益远远高于一般风险资产，即表现出 $E(r_V) \gg E(r_R)$。由于无风险资产的收益 r_f 为常数，进而可以推断出 $\left[E(r_V) - r_f\right] \gg \left[E(r_R) - r_f\right]$。这时有

$$W_{v,V}^* = \frac{\sigma_R^2}{\lim\limits_{\left[E(r_V) - r_f\right] \gg \left[E(r_R) - r_f\right]} \dfrac{\left[E(r_R) - r_f\right]}{\left[E(r_V) - r_f\right]} \times \sigma_V^2 \times \sigma_R^2} \tag{D4}$$

根据极限的运算，可知 $\lim\limits_{\left[E(r_V) - r_f\right] \gg \left[E(r_R) - r_f\right]} \dfrac{\left[E(r_R) - r_f\right]}{\left[E(r_V) - r_f\right]} \times \sigma_V^2 = 0$，此时有 $W_{v,V}^* = 1$，根据式(6-8)可知，在没有政府参与的前提下，风险投资者的最优风险资产组合为

$$\begin{cases} W_{v,V}^* = 1 \\ W_{v,R}^* = 0 \end{cases} \tag{D5}$$

虽然在现实经济环境中，风险投资者出于流动性、安全性的考虑，会将一部分资金配置在一般风险资产，但是为了追逐高回报的收益，这部分资产份额通常来讲非常小，从而可以忽略不计。因此，在保证研究结果的有效性和简化性的前提下，本书仍然假定式(D5)成立且符合一般性。

根据式(6-10)可以计算出此时对于风险投资者来说，其风险资产组合的期望和方差为

$$\begin{cases} E(r_{v,P}) = E(r_{v,V}) \\ \sigma_{v,P}^2 = \sigma_{v,V}^2 \end{cases} \tag{D6}$$

附　录　E

2. 基于扩展模型的投资者最优风险资产组合推导

1) 一般风险投资者的最优风险资产组合

通过式(6-18)可知，对于一般风险投资者来说，虽然把资金完全投放于政府引导基金子基金能够获得高于一般金融资产的收益，但是本书认为，投资者在流动性偏好、风险偏好的影响下仍然会把一部分资金配置在一般风险资产中，但此时的一般风险资产配置的份额要小于基础模型中的份额。因此，通常的投资策略是把资金配置在一般风险资产与子基金上。这样既获得了高于一般风险资产收益的超额收益，又降低了单靠投资风险投资的风险。

求解最优风险资产组合的问题，可以借鉴基础模型中的相关方法。因此对于求解一般风险投资者的最优风险资产组合可用式(E1)表示：

$$\text{MAX} S_{r,P} = \frac{E(r_{r,P}) - r_f}{\sigma_{r,P}^2} \tag{E1}$$

$$\text{s.t.} \begin{cases} E(r_{r,P}) = W_{r,R} * E(r_{r,R}) + W_{r,G} * E(r_{r,G}) \\ \sigma_{r,P}^2 = W_{r,R}^2 * \sigma_{r,R}^2 + W_{r,G}^2 * \sigma_{r,G}^2 + 2W_{r,R} * W_{r,G} * \text{Cov}(r_{r,R}, \ r_{r,G}) \\ W_{r,R}^* + W_{r,G}^* = 1 \end{cases}$$

为了更好地把最优解下的各资产权重与非最优解下的权重进行区别，后文凡涉及最优解的问题，都用加 "*" 上标表示。对式(E1)运用拉格朗日乘数法可以求出最优解下的权重为 W_R^*、W_G^*，表达式为

$$\begin{cases} W_{r,R}^* = \dfrac{\left[E(r_{r,R}) - r_f\right] \times \sigma_G^2 - \left[E(r_G) - r_f\right] \times \text{Cov}(r_R, \ r_G)}{\left[E(r_R) - r_f\right] \times \sigma_G^2 + \left[E(r_G) - r_f\right] \times \sigma_R^2 - \left[E(r_R) - r_f + E(r_G) - r_f\right] \times \text{Cov}(r_R, \ r_G)} \\ W_{r,G}^* = 1 - W_{r,R}^* \end{cases} \tag{E2}$$

由式 (E2) 可知， $\sigma_{r,R}^2 \approx \sigma_{r,G}^2$ ，以及 $\mathrm{Cov}(r_R, \ r_G) = \rho_{R,G}\sigma_{r,R} \times \sigma_{r,G}$ ，可以得到如下简化式：

$$
\begin{cases}
W_{r,R}^* = \lim_{\sigma_{r,R}^2 \to \sigma_{r,G}^2} \dfrac{1 - \dfrac{\left[E(r_R) - r_f\right]}{\left[E(r_G) - r_f\right]} \times \rho_{R,G}}{\left(1 - \rho_{R,G}\right)\left\{1 + \dfrac{\left[E(r_R) - r_f\right]}{\left[E(r_G) - r_f\right]}\right\}} = \lim_{\sigma_{r,R}^2 \to \sigma_{r,G}^2} \dfrac{A}{B} \\
W_{r,G}^* = 1 - W_R^*
\end{cases}
\tag{E3}
$$

要分析 W_R^* 所属的区间，就要分析 A、B 的情况。下面将分别分析这两个表达式的数值特征。

对于 A，我们知道政府引导基金的子基金既结合了一般金融资产的收益和风险，又结合了政府引导基金的情况，故对于 $\rho_{R,G}$ 必定有 $\rho_{R,G} \in (0,1)$ 成立，并且由假设 (5) 中分析可以得出 $\left[E(r_G) - r_f\right] > \left[E(r_R) - r_f\right] > 0$ 成立，故有 $A > 0$ 成立；同时有 $B > 0$ 成立。

$$
A - B = 1 - \frac{\left[E(r_R) - r_f\right]}{\left[E(r_G) - r_f\right]} \times \rho_{R,G} - \left(1 - \rho_{R,G}\right)\left\{1 + \frac{\left[E(r_R) - r_f\right]}{\left[E(r_G) - r_f\right]}\right\}
\tag{E4}
$$

对式 (6-12) 进行化简得

$$
\lim_{E(r_{r,R}) \approx E(r_{r,G})} A - B = \rho_{R,G} - \frac{\left[E(r_R) - r_f\right]}{\left[E(r_G) - r_f\right]} = \rho_{R,G} - 1 < 0
\tag{E5}
$$

由以上分析可以得出， $B > A > 0$ 成立，因此有

$$
\begin{aligned}
W_R^* &= \lim_{\sigma_{r,R}^2 \to \sigma_{r,G}^2} \frac{1 - \dfrac{\left[E(r_R) - r_f\right]}{\left[E(r_G) - r_f\right]} \times \rho_{R,G}}{\left(1 - \rho_{R,G}\right)\left[1 + \dfrac{\left[E(r_R) - r_f\right]}{\left[E(r_G) - r_f\right]}\right]} = \lim_{\sigma_{r,R}^2 \to \sigma_{r,G}^2} \frac{A}{B} = C \\
W_{r,G}^* &= 1 - W_{r,R}^*
\end{aligned}
\tag{E6}
$$

式中， $C \in (0,1)$ ，进而 $W_{r,G}^* \in (0,1)$ 。

2) 风险投资者的最优风险资产组合

通过式 (6-19) 可知，对于风险投资者来说：首先，一部分资金为一般风险资产可以保持一定的流动性，但是这部分资产相对于整个风险资产总额是非常小的，因此这部分在研究中可以忽略不计；其次，一部分资金配置于政府引导基金子基金，可以同时获得高于一般风险资产的收益和风险相对较小的组合效果，因此，这部分资金会占有一定的份额；最后，风险投资追逐高风险高收益的投资特性仍然会保持一定资金投资于创业领域。为保证研究结果的有效性和研究简化性，本书假定风险投资者通常的投资策略是把资金分别投资于创业投资、子基金，从而在获得相对较高收益的前提下，降低相应的风险。并且不管其

怎么投资，资金最终都会投向创业投资领域。

求解最优风险资产组合的问题，可以借鉴基础模型中的相关方法。因此对于求解风险投资者的最优风险资产组合可用式(E7)表示：

$$\text{MAXS}_{v,P} = \frac{E(r_{v,P}) - r_f}{\sigma_{v,P}^2} \qquad (E7)$$

$$\text{s.t.} \begin{cases} E(r_{v,P}) = W_G * E(r_G) + W_V * E(r_V) \\ \sigma_{v,P}^2 = W_G^2 * \sigma_G^2 + W_V^2 * \sigma_V^2 \\ W_{v,G} + W_{v,V} = 1 \end{cases}$$

对方程(E7)运用拉格朗日乘数法可以求出最优解下的权重为 $W_{v,V}^*$、$W_{v,G}^*$，表达式如下：

$$\begin{cases} W_V^* = \dfrac{\left[E(r_V) - r_f\right] \times \sigma_G^2}{\left[E(r_V) - r_f\right] \times \sigma_G^2 + \left[E(r_G) - r_f\right] \times \sigma_V^2} \\ W_G^* = 1 - W_V^* \end{cases} \qquad (E8)$$

对式(E8)进行化简得

$$\begin{cases} W_V^* = \dfrac{1}{1 + \dfrac{\left[E(r_G) - r_f\right] \times \sigma_V^2}{\left[E(r_V) - r_f\right] \times \sigma_G^2}} \\ W_G^* = 1 - W_V^* \end{cases} \qquad (E9)$$

令 $\displaystyle\lim_{E(r_G) \approx E(r_V)} \frac{\left[E(r_G) - r_f\right]}{\left[E(r_V) - r_f\right]} = 1$，$\dfrac{\sigma_V^2}{\sigma_G^2} = D$，且 $1 > D > 0$，且有 $\dfrac{\left[E(r_G) - r_f\right] \times \sigma_V^2}{\left[E(r_V) - r_f\right] \times \sigma_G^2} = 1 \times D = E$，且 $E \in (0,1)$，因此风险投资者的最优风险资产组合为

$$\begin{cases} W_V^* = \dfrac{1}{1 + E} \\ W_G^* = 1 - W_V^* \end{cases} \qquad (E10)$$

令 $W_V^* = \dfrac{1}{1 + E} = M$，则有 $M \in (0,1)$；$W_G^* \in (0,1)$。

因此，对于风险投资者在政府参与设立政府引导基金后，最优风险资产的配置情况是将其资产在子基金与风险资产中进行配置。

附　录　F

基础模型及扩展模型的比对分析推导过程如下所示。

1. 期望效用分析推导过程

1) 一般风险投资者的效用分析

$$
\begin{aligned}
\Delta U_{\mathrm{r}} &= \dot{U}_{\mathrm{r}} - U_{\mathrm{r}} \\
&= W_i^0 C \times \left[1 + E\left(r_{\mathrm{R}}\right)\right] + W_i^0 \times (1-C) \times \left[1 + E\left(r_{\mathrm{G}}\right)\right] \\
&\quad - \frac{1}{2} P_i \left[c^2 \times \sigma_{\mathrm{R}}^2 + (1-C)^2 \times \sigma_{\mathrm{G}}^2 + 2C(1-C) \times \rho_i \sigma_{\mathrm{R}} \sigma_{\mathrm{G}}\right] \\
&\quad - W_i^0 \left[1 + E\left(r_{\mathrm{R}}\right)\right] + \frac{1}{2} P_i \sigma_{\mathrm{R}}^2
\end{aligned}
\tag{F1}
$$

由假设中分析可知 $\sigma_{\mathrm{r,R}}^2 \approx \sigma_{\mathrm{r,G}}^2$ 进而对式 (F1) 化简得

$$
\lim_{\sigma_{\mathrm{r,R}}^2 \approx \sigma_{\mathrm{r,G}}^2} \Delta U_{\mathrm{r}} = \lim_{\sigma_{\mathrm{r,R}}^2 \approx \sigma_{\mathrm{r,G}}^2} W_i^0 \times (1-C) \times \left[E\left(r_{\mathrm{G}}\right) - E\left(r_{\mathrm{R}}\right)\right] + P_i C \times \sigma_{\mathrm{R}}^2 (1-\rho_i)(1-C)
$$

$$
\text{s.t.}
\begin{cases}
\sigma_{\mathrm{r,R}}^2 \approx \sigma_{\mathrm{r,G}}^2 \\
1 > C > 0 \\
E\left(r_{\mathrm{G}}\right) > E\left(r_{\mathrm{R}}\right) \\
P_i > 0 \\
W_i^0 > 0 \\
1 - \rho_i > 0
\end{cases}
\tag{F2}
$$

由式 (F2) 可知，$\displaystyle\lim_{\sigma_{\mathrm{r,R}}^2 \approx \sigma_{\mathrm{r,G}}^2} \Delta U_{\mathrm{r}} > 0$ 成立，进而 $\dot{U}_{\mathrm{r}} > U_{\mathrm{r}}$ 成立，这表明，政府设立政府引导基金成立子基金后，一般风险投资者通过最优风险资产的配置后，效用得到了提高。提高的效用大致等于 $W_i^0 \times (1-C) \times \left[E\left(r_{\mathrm{G}}\right) - E\left(r_{\mathrm{R}}\right)\right] + P_i C \times \sigma_{\mathrm{R}}^2 (1-\rho_i)(1-C)$。

2) 风险投资者的效用分析

$$
\begin{aligned}
\Delta U_{\mathrm{v}} &= \dot{U}_{\mathrm{v}} - U_{\mathrm{v}} \\
&= W_{\mathrm{v}}^0 \times M \times \left[1 + E\left(r_{\mathrm{v}}\right)\right] + W_{\mathrm{v}}^0 \times (1-M) \times \left[1 + E\left(r_{\mathrm{G}}\right)\right] \\
&\quad - \frac{1}{2} P_{\mathrm{v}} \left[M^2 \times \sigma_{\mathrm{v}}^2 + (1-M)^2 \times \sigma_{\mathrm{G}}^2\right] - W_{\mathrm{v}}^0 \left[1 + E\left(r_{\mathrm{v,v}}\right)\right] + \frac{1}{2} P_{\mathrm{v}} \sigma_{\mathrm{v,v}}^2 \\
&= W_{\mathrm{v}}^0 \left[(1-M) E\left(r_{\mathrm{v,G}}\right) - E\left(r_{\mathrm{v,v}}\right)\right] + \frac{1}{2} P_{\mathrm{v}} \left(1-M^2\right)\left(\sigma_{\mathrm{v,v}}^2 - \sigma_{\mathrm{G}}^2\right)
\end{aligned}
\tag{F3}
$$

又因为 $E\left(r_{\mathrm{v,G}}\right) \approx E\left(r_{\mathrm{v,v}}\right)$，进而有如下式子成立：

$$\lim_{E(r_{v,G}) \approx E(r_{v,V})} \Delta U_V = \frac{1}{2} P_v \left(1 - M^2\right) \left(\sigma_{v,V}^2 - \sigma_{v,G}^2\right)$$

$$\text{s.t.} \begin{cases} P_v > 0 \\ \sigma_{v,V}^2 > \sigma_{v,G}^2 \end{cases} \tag{F4}$$

由式 (F4) 可知 $\lim\limits_{E(r_{v,G}) \approx E(r_{v,V})} \Delta U_V > 0$ 成立，进而可知 $\dot{U}_V > U_V$ 成立，这表明，政府引导基金成立子基金后，风险投资者通过最优资产配置后，效用得到了提高，提高的效用大致等于 $\frac{1}{2} P_v \left(1 - M^2\right) \left(\sigma_{v,V}^2 - \sigma_{v,G}^2\right)$。

2. 社会福利分析推导过程

根据基础模型中的分析可知：

$$\lim_{\substack{\sigma_{r,R}^2 \approx \sigma_{r,G}^2 \\ E(r_{v,G}) \approx E(r_{v,V})}} \Delta \dot{U}_S^* = \lim_{\substack{\sigma_{r,R}^2 \approx \sigma_{r,G}^2 \\ E(r_{v,G}) \approx E(r_{v,V})}} \left(\Delta U_r + \Delta U_V\right)$$

$$= W_i^0 \times \left(1 - C\right) \times \left[E(r_G) - E(r_R)\right] + P_i C \times \sigma_R^2 \left(1 - \rho_i\right)\left(1 - C\right)$$

$$+ \frac{1}{2} P_v \left(1 - M^2\right)\left(\sigma_{v,V}^2 - \sigma_{v,G}^2\right)$$

$$\text{s.t.} \begin{cases} \sigma_{r,R}^2 \approx \sigma_{r,G}^2 \\ 1 > C > 0 \\ E(r_G) > E(r_R) \\ P_i > 0 \\ W_i^0 > 0 \\ 1 - \rho_i > 0 \\ P_v > 0 \\ \sigma_{v,V}^2 > \sigma_{v,G}^2 \\ E(r_{v,G}) \approx E(r_{v,V}) \end{cases} \tag{F5}$$

由式 (F5) 可知 $\lim\limits_{E(r_{v,G}) \approx E(r_{v,V})} \Delta \dot{U}_S^* > 0$ 成立，进而可知 $\Delta \dot{U}_S^* > \Delta U_S$ 成立，这表明，政府设立政府引导基金成立子基金后，社会福利得到了提高，其数值大致等于 $W_i^0 \times \left(1 - C\right) \times \left[E(r_G) - E(r_R)\right] + P_i C \times \sigma_R^2 \left(1 - \rho_i\right)\left(1 - C\right) + \frac{1}{2} P_v \left(1 - M^2\right)\left(\sigma_{v,V}^2 - \sigma_{v,G}^2\right)$。

附　录　G

省份	年份	风险投资项目数/个	风险投资金额/亿元	政府引导基金规模/亿元	政府引导基金个数/个	地方GDP/亿元	金融机构人民币存款余额/亿元	金融机构人民币贷款余额/亿元	进出口总额/亿美元	高校在校生数量/人	常住人口总数/万人	专利授权数量/件
北京市	2006	172	414.50	5	1	8117.80	31313.80	15632.70	1580.37	554702	1601	11238
	2007	216	177.70	18	1	9846.80	35369.70	17812.50	1930.00	567875	1676	14954
	2008	223	226.50	22.2	2	11115.00	42107.60	19985.00	2716.93	575639	1771	17747
	2009	175	861.68	1	1	12153.00	54275.50	25421.80	2147.91	577154	1860	22921
	2010	326	455.42	2.5	4	14113.60	64453.90	29563.80	3016.61	577828	1961.9	33511
	2011	375	550.44	109	1	16251.90	72655.40	33367.00	3895.83	578633	2018.6	40888
	2012	290	365.96	200	4	17879.40	81389.60	36441.30	4081.07	581844	2069.3	50511
	2013	382	195.97	40.06	2	19800.80	87990.60	40506.70	4299.40	589234	2114.8	62671
	2014	903	863.86	1857.60	6	21330.80	95370.50	45458.70	4155.40	594614	2151.6	74661
	2015	1144	1603.92	468.1	8	23014.60	123767.40	50559.50	3194.16	593448	2170.5	94031
	2016	926	1475.17	3869.50	15	24899.30	132791.90	56618.90	2999.32	588000	2172.9	100578
天津市	2006	1	0.49	0	0	4462.74	6564.47	5182.76	645.73	357400	1075	4159
	2007	15	18.47	0	0	5252.76	7930.31	6241.07	715.50	371100	1115	5584
	2008	10	4.53	20	1	6719.01	9606.36	7383.29	805.39	386400	1176	6621
	2009	8	3.94	0	0	7521.85	13548.56	10645.32	639.44	406000	1228.16	7216
	2010	15	3.52	0	0	9224.46	16142.69	13111.57	822.01	429200	1299.29	10998
	2011	23	13.62	0	0	11307.28	17197.51	15242.17	1033.91	449700	1354.58	13982
	2012	20	31.82	50	1	12893.88	19675.68	17392.06	1156.23	473100	1413.15	20003
	2013	8	1.50	0	0	14442.01	22684.59	19453.31	1285.28	489900	1472.21	24856
	2014	19	9.63	2	1	15726.93	23959.42	21715.99	1339.12	505800	1516.81	26351
	2015	30	25.61	52	8	16538.19	27145.93	24500.91	1143.47	512900	1546.95	37342
	2016	29	15.81	161	4	17885.39	30067.03	28754.04	1026.51	513800	1562.12	39700
上海市	2006	94	95.80	0	0	10572.24	23535.24	14826.93	2274.89	466300	1964.11	16602
	2007	152	140.55	2.4	1	12494.01	27044.75	16607.77	2829.73	484900	2063.58	24481
	2008	122	107.21	0	0	14069.87	31897.77	18987.39	3221.38	502900	2140.65	24468
	2009	102	71.79	0	0	15046.45	39935.07	24108.16	2777.31	512800	2210.28	34913
	2010	142	103.38	69.08	4	17165.98	46678.13	27970.18	3688.69	515700	2302.66	48215
	2011	182	228.33	0	1	19195.69	51315.12	30644.58	4374.36	511300	2347.46	47960
	2012	157	111.14	3	1	20181.72	55732.05	33814.10	4367.58	506600	2380.43	48215
	2013	222	179.61	5	2	21818.15	60321.03	37033.88	4413.98	504800	2415.15	48680
	2014	422	330.86	20	2	23567.70	64659.94	40375.78	4666.22	506600	2425.68	50488
	2015	588	714.89	58	4	24964.99	92710.97	45150.28	4470.24	511600	2415.27	60623
	2016	423	436.78	10	1	27466.15	97346.52	46188.74	4617.76	514700	2419.7	64230

省份	年份	风险投资项目数/个	风险投资金额/亿元	政府引导基金规模/亿元	政府引导基金个数/个	地方GDP/亿元	金融机构人民币存款余额/亿元	金融机构人民币贷款余额/亿元	进出口总额/亿美元	高校在校生数量/人	常住人口总数/万人	专利授权数量/件
重庆市	2006	4	5.29	0	0	3907.23	5519.75	4388.28	54.70	405118	2808	4590
	2007	13	4.75	0	0	4676.13	6576.68	5131.69	74.45	445800	2816	4994
	2008	19	22.66	0	0	5793.66	8021.95	6320.81	95.21	485013	2839	4820
	2009	9	23.86	20	2	6530.01	10933.00	8766.06	77.09	523279	2859	7501
	2010	24	24.92	0	0	7925.58	13454.98	10888.15	124.26	565868	2884.62	12080
	2011	23	11.88	0.05	1	10011.37	15832.81	13001.39	292.18	613026	2919	15525
	2012	19	9.38	0	0	11409.60	18934.83	15131.22	532.04	670174	2945	20364
	2013	15	12.55	0	0	12783.26	22202.10	17381.55	687.04	707610	2970	24828
	2014	10	28.81	180.5	4	14262.60	24501.54	20011.50	954.50	740534	2991.4	24312
	2015	25	30.51	518.03	8	15719.72	28094.37	22393.93	751.19	716600	3016.55	38900
	2016	0	2.99	365.5	12	17558.76	31216.45	24785.19	673.82	732500	3048.43	42700
河北省	2006	5	11.96	0	0	11504.39	12551.62	7411.88	185.26	827127	6898	4131
	2007	11	15.49	0	0	13650.36	14355.59	8397.82	255.38	902165	6943	5358
	2008	14	11.43	0	0	16059.82	17709.02	9453.30	384.19	1000033	6989	5496
	2009	6	5.49	5	3	17285.60	22361.37	13123.80	296.11	1030262	7034	6839
	2010	10	18.68	0	0	20449.12	26099.00	15755.74	419.31	1105000	7194	10061
	2011	12	18.30	10	1	24585.91	29563.77	18143.99	535.99	1153941	7241	11119
	2012	10	0.84	1.03	2	26647.64	34257.16	21317.96	505.48	1168800	7288	15315
	2013	5	2.62	7.51	2	28518.73	39444.45	24423.22	548.83	1174400	7333	18186
	2014	10	4.93	17	3	29427.20	43764.02	28052.29	598.83	1164341	7383.75	20132
	2015	10	2.85	13.4	10	29806.10	48927.59	32608.47	514.82	1179172	7424.92	30130
	2016	6	0.25	506.8	23	31827.90	55513.30	37352.20	495.77	1216000	7470.05	31826
山西省	2006	1	0.27	0	0	4960.01	8577.46	4788.51	66.28	446428	3374.55	4131
	2007	4	3.02	8	1	6125.78	10041.85	5394.47	115.70	484490	3392.58	5358
	2008	6	6.37	0	0	7427.10	12766.72	5960.33	143.90	526756	3410.64	5496
	2009	5	5.75	0	0	7356.38	15698.47	7814.74	85.54	547391	3427.36	6839
	2010	7	80.80	0	0	9188.83	18575.65	9634.32	125.78	562924	3574.11	10061
	2011	2	7.74	0.02	1	11214.20	20920.43	11169.35	147.60	594469	3593.28	4974
	2012	4	11.57	52.5	2	12126.58	24050.58	13106.21	150.43	637330	3610.83	7237
	2013	2	1.38	2.04	2	12665.25	26105.35	14887.53	157.98	676817	3629.8	8565
	2014	0	2.31	41	4	12761.49	26779.47	16432.75	162.49	713218	3647.96	8372
	2015	2	3.23	23.1	5	12766.49	28346.10	18458.66	147.15	740245	3664.12	9863
	2016	2	0.32	0	2	12928.30	30371.37	20228.58	177.32	785000	3681.64	10062

续表

省份	年份	风险投资项目数/个	风险投资金额/亿元	政府引导基金规模/亿元	政府引导基金个数/个	地方GDP/亿元	金融机构人民币存款余额/亿元	金融机构人民币贷款余额/亿元	进出口总额/亿美元	高校在校生数量/人	常住人口总数/万人	专利授权数量/件
辽宁省	2006	2	3.27	0	0	9304.50	13596.80	9117.20	483.90	720548	4210.4	7399
	2007	7	9.10	0	0	11164.30	15117.80	10403.90	594.70	777758	4231.7	9615
	2008	14	5.25	0	0	13668.60	18223.20	11794.60	724.40	820374	4246.1	10665
	2009	14	11.51	0	0	15212.50	22758.60	15549.60	629.20	852154	4256	12200
	2010	26	11.28	11	2	18457.30	27372.50	18689.80	806.70	880247	4251.7	17093
	2011	20	15.26	32.1	3	22226.70	30832.40	21621.00	959.60	902211	4255	19176
	2012	7	30.22	0	2	24846.40	34567.30	24730.20	1039.90	934078	4244.8	21216
	2013	5	1.45	0	0	27213.20	38667.80	27944.00	1142.80	968034	4238	21656
	2014	9	15.56	0	0	28626.60	41133.10	31250.50	1138.60	998281	4244.2	19525
	2015	12	8.10	303	5	28669.00	46843.50	34734.60	960.90	1005650	4229.7	25182
	2016	4	2.80	365.08	9	22037.88	50717.40	37290.60	865.21	1098000	4377.8	25104
吉林省	2006	0	0.63	0	0	4275.12	4963.71	3870.33	79.14	435100	2679.5	2319
	2007	1	0.75	0	0	5284.69	5318.59	4306.01	102.99	470200	2696.1	2855
	2008	7	3.25	10	1	6426.10	6362.48	4835.89	133.41	504100	2710.5	2974
	2009	2	3.13	0	0	7278.75	8318.00	6234.66	117.47	531000	2719.5	3274
	2010	10	13.05	2	1	8667.58	9606.70	7205.94	168.46	544400	2723.8	4343
	2011	6	4.71	0	0	10568.83	10874.19	8126.17	220.47	562800	2726.5	4290
	2012	7	10.13	1	1	11939.24	12706.13	9155.60	245.72	578900	2701.5	5923
	2013	7	6.62	0	0	13046.40	14781.42	10696.52	258.53	599500	2678.5	6219
	2014	3	0.02	0	0	13803.14	16400.10	12587.26	263.78	618200	2671.3	6696
	2015	6	2.15	102	2	14063.13	18499.59	15203.11	189.38	632700	2662.1	8878
	2016	7	6.53	100.5	2	14886.23	21154.72	17210.47	196.58	702000	2733.03	9995
黑龙江省	2006	2	3.98	0	0	6211.80	6923.40	3971.90	1025.20	584112	3823	3622
	2007	1	0.33	0	0	7104.00	7559.70	4256.40	1315.50	634902	3824	4303
	2008	2	0.98	0	0	8314.40	8993.80	4532.70	1590.40	678139	3825	4574
	2009	2	4.68	2	1	8587.00	11022.80	5988.30	1108.00	708935	3826	5079
	2010	5	2.02	5	1	10368.60	12835.70	7230.50	255.00	719117	3833.4	6803
	2011	10	15.46	0	0	12582.00	14328.40	8548.70	385.10	711198	3834	12236
	2012	2	1.90	0	0	13691.60	16326.60	9906.70	378.20	704538	3834	20261
	2013	1	6.00	0	0	14454.90	18131.80	11359.40	388.80	717856	3835	19819
	2014	2	0.31	10	1	15039.40	19254.80	13391.70	389.00	730614	3833	15412
	2015	4	22.64	0	0	15084.00	21429.80	16644.90	209.74	735200	3812	18942
	2016	11	2.99	246.03	10	15386.09	22394.80	18086.20	165.40	739786	3831.22	18046

省份	年份	风险投资项目数/个	风险投资金额/亿元	政府引导基金规模/亿元	政府引导基金个数/个	地方GDP/亿元	金融机构人民币存款余额/亿元	金融机构人民币贷款余额/亿元	进出口总额/亿美元	高校在校生数量/人	常住人口总数/万人	专利授权数量/件
江苏省	2006	37	14.79	0.1	2	21742.05	25860.47	18485.02	2839.95	1395300	7655.66	19352
	2007	71	41.13	0	1	26018.48	30450.54	22092.10	3496.71	1568800	7723.13	31770
	2008	59	31.81	2.85	2	30981.98	37017.48	26160.72	3922.68	1677400	7762.48	44595
	2009	61	45.98	16.22	5	34457.30	48550.29	35296.73	3388.32	1767300	7810.27	87286
	2010	122	88.95	21.5	3	41425.48	58984.14	42121.04	4657.93	1774900	7869.34	13580
	2011	119	76.92	29.29	9	49110.27	65723.56	47868.30	5397.59	1793800	7898.8	138382
	2012	89	76.41	341.51	15	54058.22	75481.51	54412.30	5480.93	1810700	7919.98	199814
	2013	68	27.37	20.96	13	59753.37	85604.08	61836.53	5508.44	1830400	7939.49	269944
	2014	109	91.80	20	4	65088.32	93735.61	69572.67	5637.62	1849300	7960.06	239645
	2015	156	174.23	693.2	17	70116.40	107873.00	78866.30	5456.10	1872000	7976.3	250000
	2016	110	159.98	2000.10	42	76086.20	121106.60	91107.60	5417.91	1908000	7998.6	231000
浙江省	2006	20	16.45	0	0	15718.47	24413.94	20153.94	1391.47	746994	4629.43	30968
	2007	41	20.34	2.5	1	18753.73	28504.46	24144.42	1768.56	809391	4659.34	42069
	2008	56	26.39	20.2	13	21462.69	34806.43	28958.36	2111.09	868036	4687.85	52955
	2009	60	28.75	14.67	7	22998.24	44336.49	37997.98	1877.35	909877	4716.18	79945
	2010	102	75.67	50.4	7	27747.65	53441.45	45288.07	2515.33	932858	4747.95	114643
	2011	113	169.76	32.83	7	32363.38	59727.91	51276.64	3093.78	959328	4781.31	130190
	2012	101	187.08	11.3	5	34739.13	64886.28	56982.64	3124.03	986661	4799.34	188431
	2013	88	22.06	19.2	5	37756.58	71986.58	62597.56	3157.89	1017430	4826.89	202350
	2014	147	68.16	5.3	3	40173.03	77145.38	68566.32	3550.49	1038727	4859.18	188544
	2015	255	326.23	967.33	35	42886.00	84397.05	74051.63	3474.00	1030917	5539	235000
	2016	229	409.37	1060.75	39	46485.00	93089.94	79901.70	3581.69	1038313	5590	221000
安徽省	2006	2	0.89	0	0	6148.73	7100.37	5132.02	122.49	663700	6110	2234
	2007	14	5.83	0	0	7360.92	8406.57	6042.51	159.2978	730500	6118	3413
	2008	4	11.46	0	0	8851.66	10303.30	6948.70	156.352	808300	6135	4346
	2009	17	35.34	11.25	5	10062.82	13306.53	9289.40	204.35	877800	6131	8594
	2010	24	23.68	0.3	1	12359.33	16366.10	11452.29	242.77	939000	5957	16012
	2011	33	25.08	1	4	15300.65	9404.30	13729.83	313.38	991300	5968	32681
	2012	16	9.12	20.03	2	17212.05	22977.30	16294.28	393.25	1023000	5988	43321
	2013	9	4.80	300.3	3	19229.34	26739.30	19088.80	456.34	1052100	6030	48849
	2014	17	37.63	52	3	20848.75	29817.73	22088.30	492.73	1080500	6083	48380
	2015	17	14.58	1384.50	21	22005.63	34482.90	25489.05	488.08	1130700	6144	59039
	2016	8	0.66	370.8	28	24117.90	40856.20	30180.70	443.80	1197000	6195.5	60982

续表

省份	年份	风险投资项目数/个	风险投资金额/亿元	政府引导基金规模/亿元	政府引导基金个数/个	地方GDP/亿元	金融机构人民币存款余额/亿元	金融机构人民币贷款余额/亿元	进出口总额/亿美元	高校在校生数量/人	常住人口总数/万人	专利授权数量/件
福建省	2006	8	7.19	0	0	7583.85	8836.26	6447.72	626.59	461300	3585	6412
	2007	20	17.10	0	0	9248.53	10040.15	8065.67	744.51	509500	3612	7761
	2008	19	15.16	0	0	10823.01	11804.40	9585.92	848.21	562600	3639	7937
	2009	20	8.92	6.01	2	12236.53	14702.34	12360.32	796.49	606300	3666	11282
	2010	44	24.82	0.01	1	14737.12	18309.45	15231.36	1087.80	647800	3693	18063
	2011	44	20.73	5.67	4	17560.18	21055.49	18165.19	1435.22	674800	3720	21857
	2012	19	3.74	2.6	2	19701.78	24283.68	21209.82	1559.38	701400	3748	30497
	2013	24	15.91	6.7	4	21868.49	28043.82	24487.53	1693.22	730500	3774	37511
	2014	27	34.42	3.74	2	24055.76	30747.61	28417.70	1774.08	748500	3806	37857
	2015	77	57.37	472.1	26	25979.82	35576.06	32132.96	1688.46	758500	3839	61621
	2016	52	19.18	1844.05	24	28519.15	39275.82	36356.06	1668.20	756400	3874	67142
江西省	2006	4	7.55	0	0	4820.53	5213.76	3460.80	61.94	770525	4339.1287	1536
	2007	7	12.92	0	0	5800.25	5900.06	4026.74	94.49	781686	4368.4125	2069
	2008	4	6.52	0	0	6971.05	7206.56	4544.84	136.18	764182	4400.1038	2295
	2009	6	1.70	0	0	7655.18	9352.80	6416.20	127.79	793488	4432.1581	2915
	2010	16	12.03	0	0	9451.26	11907.79	7843.28	216.05	816484	4462.2489	4351
	2011	7	18.41	10	1	11702.82	14322.05	9301.95	314.69	819356	4488.4367	5550
	2012	8	2.57	0	0	12948.88	16839.02	11080.15	334.14	851119	4503.9321	7985
	2013	5	1.80	0	0	14410.19	19582.71	13111.73	367.47	861849	4522.1468	9970
	2014	3	14.14	0	0	15714.63	21754.91	15696.83	427.31	916415	4542.1607	13831
	2015	3	1.00	90	4	16723.78	24785.1457	18348.00	424.00	984489	4565.6316	24161
	2016	9	0.09	905.4	33	18364.40	28893.10	21721.80	426.54	1039000	4592.3	31472
山东省	2006	11	20.34	0	0	21900.19	19633.99	15709.60	952.88	1338122	9282	15937
	2007	22	22.54	0	0	25776.91	22072.24	17545.15	1226.18	1440378	9346	22821
	2008	28	22.74	0	0	30933.28	26930.18	20053.91	1581.45	1534009	9392	26688
	2009	26	23.47	10	2	33896.65	34697.78	25961.32	1386.04	1592974	9449	34513
	2010	40	47.17	55.3	5	39169.92	41104.96	30722.64	1889.51	1631373	9536	51490
	2011	56	84.42	6	2	45361.85	46345.41	35179.00	2359.92	1645589	9591	58843
	2012	30	24.55	26.03	6	50013.24	54301.53	40021.49	2455.45	1658490	9580	75522
	2013	13	14.68	28.75	9	55230.32	62077.88	44761.26	2671.59	1698545	9612	76976
	2014	19	18.71	124.27	13	59426.59	67498.29	50058.64	2771.15	1796665	9747	72818
	2015	30	10.12	981.71	52	63002.33	74524.16	55437.00	2417.49	1900612	9847.16	98101
	2016	22	4.46	1345.20	24	67008.20	85683.50	65243.50	2502.10	1995900	9946.64	101010

续表

省份	年份	风险投资项目数/个	风险投资金额/亿元	政府引导基金规模/亿元	政府引导基金个数/个	地方GDP/亿元	金融机构人民币存款余额/亿元	金融机构人民币贷款余额/亿元	进出口总额/亿美元	高校在校生数量/人	常住人口总数/万人	专利授权数量/件
河南省	2006	4	20.66	0	0	12362.79	11492.55	8567.33	97.96	97.41	9392	5242
	2007	15	17.41	0	0	15012.46	12576.42	9545.48	128.05	109.52	9360	6998
	2008	16	19.29	0	1	18018.53	15255.42	10368.05	174.79	125.02	9429	9133
	2009	6	3.09	0	1	19480.46	19175.06	13437.43	134.38	136.88	9487	11425
	2010	28	32.38	0	1	23092.36	23148.83	15871.32	177.92	145.67	9405	16539
	2011	16	10.55	5	1	26931.03	26646.15	17506.24	326.42	150.01	9388	19259
	2012	11	2.57	5	1	29599.31	31648.50	20031.44	517.50	155.9	9406	26833
	2013	10	6.32	5.28	8	32191.30	37591.70	23511.41	599.57	161.83	9413	29482
	2014	12	54.02	12.5	2	34938.24	41374.91	27228.27	650.33	167.97	9436	33366
	2015	18	1.67	145	14	37010.25	47629.91	31432.62	749.83	176.69	9480	47766
	2016	7	4.17	1090.10	18	40160.01	53977.62	36501.17	769.32	187.48	9532.42	49145
湖北省	2006	6	0.84	0	0	7617.47	9570.97	6430.44	117.62	1092274	5693	6412
	2007	22	15.98	0	0	9333.40	11093.03	7496.46	148.96	1163686	5699	6616
	2008	11	11.21	13	2	11328.92	13439.52	8465.64	207.06	1184915	5711	8374
	2009	29	8.08	2.06	1	12961.10	17505.86	11659.37	172.51	1249061	5720	11357
	2010	32	35.21	0.52	2	15967.61	21568.31	14136.58	259.32	1249061	5723.8	17362
	2011	34	32.17	0.01	2	19632.26	23949.15	15662.54	335.87	1296920	5758	19035
	2012	24	33.55	30	6	22250.45	28006.36	18004.54	319.64	1340298	5779	24475
	2013	12	3.90	0	0	24791.83	32636.15	20796.86	363.89	1421434	5799	28760
	2014	29	6.02	2.02	3	27379.22	36153.65	24239.96	430.64	1419699	5816	28290
	2015	52	24.25	3277.00	15	29550.19	40896.52	28338.90	455.86	1408738	5851.5	38781
	2016	43	36.30	273.3	10	28519.15	47284.95	34530.72	450.39	1523900	5885	67142
湖南省	2006	10	4.26	0	0	7688.67	7719.43	5173.87	73.53	819500	6342	5608
	2007	17	8.15	0	0	9439.60	9083.27	6037.40	96.90	890500	6355	5687
	2008	23	27.56	0	0	11555.00	10895.49	6989.42	125.66	948600	6380	6133
	2009	23	7.27	0	0	13059.69	13948.00	9369.81	101.51	1013800	6406	8309
	2010	34	54.38	21	3	16037.96	16553.78	11303.76	146.89	1044300	6568.3722	13873
	2011	35	33.05	1.52	1	19669.56	19334.70	13186.68	190.00	1067900	6595.6	16064
	2012	22	5.62	0	1	22154.23	23037.07	15336.52	219.41	1080500	6638.9	23212
	2013	9	11.53	83.36	8	24621.67	26756.64	17774.99	251.64	1100800	6690.6	24392
	2014	16	8.53	6	3	27037.32	30073.36	20356.39	310.27	1135000	6737.2	26637
	2015	16	15.79	535.5	8	28902.21	36009.09	23738.58	293.67	1179800	6783	34075
	2016	14	17.86	376.15	20	31244.70	41996.70	27532.30	287.50	1225000	6822	34050

续表

省份	年份	风险投资项目数/个	风险投资金额/亿元	政府引导基金规模/亿元	政府引导基金个数/个	地方GDP/亿元	金融机构人民币存款余额/亿元	金融机构人民币贷款余额/亿元	进出口总额/亿美元	高校在校生数量/人	常住人口总数/万人	专利授权数量/件
广东省	2006	67	277.08	0	0	26587.76	43262.20	25935.19	5272.07	1008600	9304	43516
	2007	114	141.75	0	1	31777.01	46555.52	26776.12	6340.35	1119700	9449	56451
	2008	125	55.84	10	1	36796.71	53591.06	30224.01	6834.92	1216400	9544	62031
	2009	116	44.80	41	3	39492.52	66766.49	38893.06	6111.18	1334100	9638	83621
	2010	184	99.59	6.22	4	46036.25	78285.89	46099.26	7848.96	1426600	10440.94	119346
	2011	222	143.04	0.03	2	53246.18	86849.26	52167.25	9133.34	1527300	10505	128415
	2012	148	113.87	30.1	4	57147.75	97463.20	58540.62	9839.47	1616800	10594	153598
	2013	162	221.21	36.78	8	62474.79	111881.34	66888.77	10918.22	1709900	10644	170430
	2014	306	153.83	29.1	14	67809.85	118907.82	76096.24	10765.84	1794200	10727	179953
	2015	510	480.29	1763.50	32	72812.55	153551.79	89289.27	10227.96	1856400	10849	241176
	2016	416	434.36	3366.50	54	79512.05	179829.19	110928.41	10146.14	1892900	10999	259032
海南省	2006	3	0.08	0	0	1065.67	1513.69	993.78	39.74	90138	835.88	248
	2007	9	21.36	0	0	1254.17	1833.21	1086.89	73.57	108296	845.03	265
	2008	5	16.07	0	0	1503.06	2305.46	1219.68	105.24	126355	854.18	341
	2009	6	3.98	0	0	1654.21	3107.26	1728.81	89.10	144628	864.07	606
	2010	12	7.38	0	0	2064.50	4166.03	2266.55	108.17	150800	868.55	714
	2011	4	82.07	10	1	2522.66	4449.99	2793.79	127.56	156700	877.38	765
	2012	3	3.84	0	0	2855.54	5042.83	3381.60	143.30	168200	886.55	1084
	2013	3	10.79	0	0	3177.56	5878.60	3978.15	149.81	172100	895.28	1331
	2014	0	0.75	0	0	3500.72	6363.57	4684.32	158.60	184733	903.48	1597
	2015	3	21.77	2.5	1	3702.76	7508.84	5685.14	869.10	214541	910.82	2060
	2016	4	30.25	44.5	6	4044.51	9120.17	7687.65	748.30	205700	917.13	1938
四川省	2006	6	1.97	0	0	8690.24	11802.14	7833.32	110.21	860640	8169	7138
	2007	22	47.01	0	0	10562.39	13980.36	9200.93	143.85	918438	8127	9935
	2008	19	30.50	0	0	12601.23	18661.04	11163.39	220.38	991072	8138	13369
	2009	19	14.21	0	0	14151.28	24976.45	15680.33	242.27	1035934	8185	20132
	2010	40	33.23	100	1	17185.48	30504.10	19485.70	327.78	1086215	8042	32212
	2011	51	50.57	64.37	4	21026.68	34732.90	22029.90	477.84	1139316	8050	28446
	2012	34	19.40	0.8	1	23872.80	41130.80	25560.40	591.25	1223680	8076.2	42220
	2013	36	19.25	0	0	26392.07	47667.30	29542.70	645.93	1270818	8107	46171
	2014	55	14.23	2	4	28536.66	53935.75	34750.72	702.52	1328329	8140.2	47120
	2015	112	27.77	212.55	11	30053.10	59184.80	38011.80	515.93	1387889	8204	64953
	2016	3	0.30	1143.70	27	9935.00	65638.40	42828.10	493.30	1447000	8262	62445

省份	年份	风险投资项目数/个	风险投资金额/亿元	政府引导基金规模/亿元	政府引导基金个数/个	地方GDP/亿元	金融机构人民币存款余额/亿元	金融机构人民币贷款余额/亿元	进出口总额/亿美元	高校在校生数量/人	常住人口总数/万人	专利授权数量/件
贵州省	2006	2	4.03	0	0	2338.98	3300.08	2696.11	16.17	221500	3690	1337
	2007	5	1.07	0	0	2884.11	3826.37	3128.63	22.73	241700	3632	1727
	2008	4	5.49	0	0	3561.56	4736.93	3569.27	33.70	267500	3596	1728
	2009	5	4.19	0	0	3912.68	5898.26	4656.50	23.07	299100	3537	2084
	2010	2	0.48	0	0	4602.16	7363.92	5747.53	31.47	323300	3479	3086
	2011	8	3.79	0	0	5701.84	8742.79	6841.92	48.88	344100	3469	3386
	2012	6	7.21	4.12	2	6852.20	10540.06	8274.78	66.32	383800	3484.07	6054
	2013	4	3.43	100.03	4	8086.86	13265.01	10104.30	82.90	419000	3502.22	7915
	2014	5	0.04	0.02	3	9266.39	15263.26	12368.30	107.71	460400	3508.04	10107
	2015	5	0.25	219	5	10502.56	19438.64	15051.94	122.21	500900	3529.5	14115
	2016	64	26.28	3003.50	21	11734.43	23770.90	17857.80	60.50	573900	3555	10425
云南省	2006	2	0.66	0	0	3988.14	6131.25	4803.51	62.32	268100	4483	1637
	2007	6	2.23	0	0	4772.52	7170.87	5671.66	87.80	302100	4514	2139
	2008	6	1.74	0	1	5692.12	8418.94	6594.33	95.99	343500	4543	2021
	2009	5	3.33	10	1	6169.75	11119.64	8779.63	80.19	389500	4571	2923
	2010	7	17.62	0	0	7224.18	13411.49	10568.78	133.68	436900	4601.6	3823
	2011	9	13.43	5.91	2	8893.12	15356.86	12114.59	160.53	487600	4631	4199
	2012	5	5.43	1	2	10309.47	17966.38	13848.10	210.05	512200	4659	5853
	2013	4	4.78	150	1	11832.31	20691.55	15782.46	258.29	548600	4686.6	6804
	2014	2	0.91	100	1	12814.59	22338.00	17975.74	296.22	577000	4713.9	8124
	2015	6	0.30	200	2	13717.88	25035.09	20842.86	245.27	614600	4741.8	11658
	2016	6	8.97	1364.00	7	14869.95	27281.83	23530.86	213.85	581117	4770	12032
陕西省	2006	5	0.32	0	0	4743.61	7452.53	4463.21	53.60	726200	3699	2473
	2007	12	14.17	0	0	5757.29	8501.39	5121.16	68.88	776500	3708	3451
	2008	16	17.82	15	2	7314.58	10790.87	6056.82	83.29	839700	3718	4392
	2009	9	2.98	0	0	8169.80	13860.43	8276.64	84.05	893700	3727	6087
	2010	23	28.76	10	1	10123.48	16456.05	9971.56	120.83	927800	3735	10034
	2011	13	3.05	50.01	2	12512.30	19227.09	11865.26	146.23	964800	3743	11662
	2012	13	18.40	0.05	1	14453.68	22657.74	13865.61	147.99	1026300	3753	14908
	2013	6	0.90	0	1	16205.45	25577.19	16219.84	201.29	1077600	3764	20836
	2014	11	3.51	3.53	3	17689.94	28111.34	18837.20	271.74	1099600	3775	22820
	2015	26	1.74	501.5	2	18021.86	32415.24	21760.61	306.52	1099700	3793	33350
	2016	13	0.41	823	12	19165.39	35255.50	23921.80	319.40	1076300	3812.62	48455

续表

省份	年份	风险投资项目数/个	风险投资金额/亿元	政府引导基金规模/亿元	政府引导基金个数/个	地方GDP/亿元	金融机构人民币存款余额/亿元	金融机构人民币贷款余额/亿元	进出口总额/亿美元	高校在校生数/人	常住人口总数/万人	专利授权数量/件
甘肃省	2006	0	0.10	0	0	2277.35	3316.96	2112.08	38.25	263691	2546.79	832
	2007	1	0.20	0	0	2703.98	3747.11	2403.63	54.96	295992	2548.19	1025
	2008	2	4.85	0	0	3166.82	4728.82	2731.89	60.94	331895	2550.88	1047
	2009	2	1.78	0	0	3478.07	5881.82	3649.62	38.62	361490	2554.91	1257
	2010	2	1.26	0	0	4135.86	7115.37	4433.05	73.70	381526	2559.98	1868
	2011	4	2.66	0.2	1	5002.41	8394.04	5468.81	87.51	405306	2564.19	2383
	2012	7	28.24	8.5	3	5675.18	10033.40	6829.42	88.99	431069	2577.55	3664
	2013	4	0.65	0	1	6330.69	12029.66	8430.08	102.81	442963	2582.18	4737
	2014	0	0.74	2.5	1	6836.82	13921.36	10681.63	86.49	452300	2590.78	5097
	2015	3	0.39	93.5	11	6790.32	16141.19	13292.18	79.53	450463	2599.55	6912
	2016	1	0.03	26	3	7152.04	17411.68	15650.47	72.92	457200	2609.95	7975
青海省	2006	2	5.22	0	0	648.50	896.78	723.18	6.52	37146	547.7	97
	2007	0	13.24	0	0	797.35	1092.65	873.15	6.12	39066	551.6	222
	2008	0	21.25	0	0	1018.62	1383.68	1025.63	6.88	55792	554.3	228
	2009	0	11.13	0	1	1081.27	1785.78	1399.02	5.86	58229	557.3	368
	2010	2	1.00	0	0	1350.43	2319.64	1822.65	7.89	60384	563.47	264
	2011	4	8.61	5	1	1670.44	2825.83	2231.52	9.24	58661	568.17	538
	2012	0	4.93	0	0	1893.54	3528.41	2791.68	11.60	61858	573.17	527
	2013	3	8.75	0.5	1	2122.06	4102.54	3398.17	14.03	63918	577.79	502
	2014	1	0.50		0	2303.32	4529.87	4171.73	17.19	67533	583.42	619
	2015	0	0.28	40	3	2417.05	5212.90	4988.02	19.53	68200	588.43	1217
	2016	1	1.11	85.01	4	2572.49	5570.17	5579.76	16.42	74600	593.46	1357
内蒙古自治区	2006	0	0.10	0	0	4944.25	4036.56	3205.19	59.47	252917	2415.1	978
	2007	1	0.18	0	0	6423.18	4953.70	3767.74	77.45	284057	2428.8	1313
	2008	4	20.35	0	0	8496.20	6341.03	4527.86	89.33	316700	2444.3	1328
	2009	1	6.00	0	0	9740.25	8373.70	6292.52	67.64	351928	2458.2	1494
	2010	4	0.61	0	0	11672.00	10278.69	7919.47	87.19	371388	2472.2	2096
	2011	7	55.92	30.01	2	14359.88	12063.72	9727.70	119.39	384440	2481.7	2262
	2012	9	6.15	0	0	15880.58	13612.72	11284.20	112.57	391434	2489.9	3090
	2013	4	6.50	0	1	16916.50	15205.69	12944.17	119.92	399201	2497.6	3836
	2014	5	21.80	0	0	17770.19	16217.60	14947.10	145.54	406414	2504.8	4031
	2015	5	5.07	20.05	4	17831.51	18077.60	17140.70	127.84	420807	2511	5522
	2016	2	11.70	353.05	16	18632.60	21165.60	19361.00	125.15	437000	2520.1	5846

续表

省份	年份	风险投资项目数/个	风险投资金额/亿元	政府引导基金规模/亿元	政府引导基金个数/个	地方GDP/亿元	金融机构人民币存款余额/亿元	金融机构人民币贷款余额/亿元	进出口总额/亿美元	高校在校生数量/人	常住人口总数/万人	专利授权数量/件
广西壮族自治区	2006	5	12.34	0	0	4746.16	4971.86	3595.25	66.74	387400	4719	1438
	2007	5	4.99	0	0	5823.41	5749.94	4287.79	92.77	434300	4768	1907
	2008	8	10.06	0	0	7021.00	7024.10	5066.68	132.42	484200	4816	2229
	2009	6	4.22	0	0	7759.16	9583.13	7268.41	142.06	528300	4856	2702
	2010	11	19.86	0	0	9569.85	11735.48	8871.03	177.06	567500	4610	3635
	2011	8	18.05	0	0	11720.87	13453.20	10408.54	233.31	600100	4645	4401
	2012	0	0.42	10	1	13035.10	15856.00	11941.44	294.74	629200	4682	5902
	2013	2	29.02	10	1	14449.90	18267.25	13653.38	328.37	644200	4719	7884
	2014	4	0.45	104.5	4	15672.89	20078.97	15585.46	405.53	701900	4754	9663
	2015	1	4.73	30	4	16803.12	22566.96	17656.76	512.62	751200	4796	13571
	2016	5	0.20	290.15	10	18245.07	25257.56	20175.77	510.06	810300	4838	14852
西藏自治区	2006	0	0.95	0	0	290.76	544.55	203.71	3.28	23327	285.08	81
	2007	3	16.03	0	0	341.43	642.44	223.47	3.93	26767	288.83	68
	2008	1	0.90	0	0	394.85	827.85	218.98	7.65	29409	292.33	93
	2009	0	0.85	0	0	441.36	1027.24	248.01	4.02	30264	295.84	71
	2010	2	0.79	0	0	507.46	1295.54	301.49	8.36	31109	300.22	76
	2011	1	0.75	0	0	605.83	1661.24	408.75	13.59	32374	303.3	101
	2012	1	0.20	5	1	701.03	2050.58	663.76	34.24	33452	307.62	170
	2013	0	0.16	0	0	815.67	2499.08	1076.69	33.19	33562	312.04	121
	2014	0	0.12	0	0	920.83	3082.38	1618.72	22.55	34902	317.55	146
	2015	0	0.21	0	0	1026.39	3663.85	2120.33	9.08	34203	323.97	198
	2016	44	14.03	10	1	1148.00	4371.55	3045.77	30.09	35034	330.54	506
宁夏回族自治区	2006	0	0.00	0	0	725.90	1131.22	983.37	14.37	55931	603.7305	290
	2007	1	1.41	0	0	919.11	1278.52	1184.57	15.84	62411	610.2518	296
	2008	1	0.00	0	0	1203.92	1590.58	1402.56	18.82	70454	617.6939	606
	2009	1	0.10	0	0	1353.31	2058.49	1917.40	12.02	78400	625.2023	910
	2010	5	9.56	0	0	1689.65	2573.64	2398.70	19.10	83415	632.955	1081
	2011	3	2.40	0	0	2102.21	2966.87	2860.58	22.86	91383	639.4549	613
	2012	0	1.53	5	1	2341.29	3495.41	3330.58	22.17	100188	647.1908	842
	2013	2	0.66	0	0	2577.57	3868.47	3947.29	32.18	108463	654.1938	1211
	2014	5	2.59	0	0	2752.10	4209.06	4578.49	54.36	115562	661.5376	1424
	2015	1	3.60	20	2	2911.11	4805.15	5117.82	37.91	119410	667.88	1865
	2016	1	0.64	0	0	3150.06	5442.00	5668.00	34.98	114752	674.15	2677

省份	年份	风险投资项目数/个	风险投资金额/亿元	政府引导基金规模/亿元	政府引导基金个数/个	地方GDP/亿元	金融机构人民币存款余额/亿元	金融机构人民币贷款余额/亿元	进出口总额/亿美元	高校在校生数量/人	常住人口总数/万人	专利授权数量/件
新疆维吾尔自治区	2006	5	2.90	0	1	3045.26	4040.78	2412.69	91.03	207672	2050	1187
	2007	3	0.41	0	0	3523.16	4614.62	2685.00	137.16	226012	2095.19	1534
	2008	5	12.55	0	0	4183.21	5399.34	2826.53	222.17	241288	2130.81	1493
	2009	4	11.47	0	1	4277.05	6845.97	3782.92	138.28	253272	2158.63	1867
	2010	11	11.49	0	0	5437.47	8870.72	4973.16	171.28	263835	2181.58	2562
	2011	15	8.03	0	0	6610.05	10387.00	6270.21	228.22	272818	2208.71	2642
	2012	13	41.64	0	0	7505.31	12330.89	7914.00	251.71	284172	2232.78	3440
	2013	5	5.70	0	0	8443.84	14088.83	9840.46	275.62	295292	2264.3	4998
	2014	0	5.79	0	0	9273.46	15055.39	11671.39	276.69	307664	2298.47	5238
	2015	2	5.87	15	2	9324.80	17123.95	13041.00	196.78	322713	2359.73	8761
	2016	0	5.96	2565.00	6	9617.23	18747.64	14552.71	179.63	319900	2398.08	7116

注：风险投资金额、风险投资项目数来源于万德数据库；政府引导基金数据来源于私募通数据库；其余数据来自各省统计年鉴、专利局以及中国人民银行网站。

附　录　H

政府创业投资引导基金绩效评价指标筛选

问卷编号：

政府引导基金绩效评价指标重要性判定

尊敬的专家，您好！

本次问卷旨在进一步优化政府创业投资引导基金(简称"政府引导基金")绩效评价指标，请您从专业的角度给予我们一定的帮助，在相应位置打√即可。

本次问卷结果仅用于学术研究，诚挚地感谢您的配合和支持！

以下为绩效评价三级指标：

投资中小企业资金占比

　　较重要〇　　　重要〇　　　一般〇　　　较不重要〇　　　不重要〇

投资战略性新兴企业占比

　　较重要〇　　　重要〇　　　一般〇　　　较不重要〇　　　不重要〇

投资种子期、初创期企业资金占比

　　较重要〇　　　重要〇　　　一般〇　　　较不重要〇　　　不重要〇

重点扶持产业资金投入率

　　较重要〇　　　重要〇　　　一般〇　　　较不重要〇　　　不重要〇

政府引导基金投资政策导向创业企业的就业人数增长率

　　较重要〇　　　重要〇　　　一般〇　　　较不重要〇　　　不重要〇

被投资企业发展状况

　　较重要〇　　　重要〇　　　一般〇　　　较不重要〇　　　不重要〇

净利润增长率

　　较重要〇　　　重要〇　　　一般〇　　　较不重要〇　　　不重要〇

营业收入增长率

　　较重要〇　　　重要〇　　　一般〇　　　较不重要〇　　　不重要〇

企业员工人数增长率

　　较重要〇　　　重要〇　　　一般〇　　　较不重要〇　　　不重要〇

当地税收增长率

　　较重要〇　　　重要〇　　　一般〇　　　较不重要〇　　　不重要〇

投融资环境的改善

较重要〇　　　　重要〇　　　　一般〇　　　　较不重要〇　　　　不重要〇

引导社会资本进入创投领域规模

较重要〇　　　　重要〇　　　　一般〇　　　　较不重要〇　　　　不重要〇

引导商业性资本进入创投领域规模

较重要〇　　　　重要〇　　　　一般〇　　　　较不重要〇　　　　不重要〇

引导总社会资金进入创投领域增长率

较重要〇　　　　重要〇　　　　一般〇　　　　较不重要〇　　　　不重要〇

引导资金到位率

较重要〇　　　　重要〇　　　　一般〇　　　　较不重要〇　　　　不重要〇

实际投资进度

较重要〇　　　　重要〇　　　　一般〇　　　　较不重要〇　　　　不重要〇

基金规模增长率

较重要〇　　　　重要〇　　　　一般〇　　　　较不重要〇　　　　不重要〇

基金投资项目年回报率

较重要〇　　　　重要〇　　　　一般〇　　　　较不重要〇　　　　不重要〇

成功退出投资项目数量

较重要〇　　　　重要〇　　　　一般〇　　　　较不重要〇　　　　不重要〇

退出投资项目的难易程度

较重要〇　　　　重要〇　　　　一般〇　　　　较不重要〇　　　　不重要〇

投资项目决策合规性

较重要〇　　　　重要〇　　　　一般〇　　　　较不重要〇　　　　不重要〇

投资管理报告信息披露完整性及真实性

较重要〇　　　　重要〇　　　　一般〇　　　　较不重要〇　　　　不重要〇

创投机构的选取是否规范

较重要〇　　　　重要〇　　　　一般〇　　　　较不重要〇　　　　不重要〇

基金受托机构是否符合要求

较重要〇　　　　重要〇　　　　一般〇　　　　较不重要〇　　　　不重要〇

基金管理者专业性

较重要〇　　　　重要〇　　　　一般〇　　　　较不重要〇　　　　不重要〇

基金管理者过往投资业绩

较重要〇　　　　重要〇　　　　一般〇　　　　较不重要〇　　　　不重要〇

监督情况

较重要〇　　　　重要〇　　　　一般〇　　　　较不重要〇　　　　不重要〇

问卷编号：

政府引导基金绩效评价指标权重确定

尊敬的专家，您好！

本次问卷旨在确定政府引导基金绩效评价指标的权重，请您从专业的角度给予我们一定的帮助。

本次问卷结果仅用于学术研究，诚挚地感谢您的配合和支持！

重要程度打分介绍：

1.同等重要；3.稍重要；5.重要；7.较为重要；9.极其重要。

介于两者之间则打分2、4、6、8。

注：效益指标——主要指规模效益，引导效率；

价值指标——主要指基金回报，保值增值。

一、一级指标

	同等重要	稍重要	重要	较为重要	极其重要
"产业导向效果指标"比"效益指标"					
"产业导向效果指标"比"价值指标"					
"产业导向效果指标"比"风险控制效果指标"					
"效益指标"比"价值指标"					
"效益指标"比"风险控制效果指标"					
"价值指标"比"风险控制效果指标"					

二、二级指标

1. 产业导向效果指标

	同等重要	稍重要	重要	较为重要	极其重要
"产业支持"比"企业发展"					
"产业支持"比"产业环境"					
"企业发展"比"产业环境"					

2. 效益指标

	同等重要	稍重要	重要	较为重要	极其重要
"杠杆作用"比"引导效率"					

3. 价值指标

	同等重要	稍重要	重要	较为重要	极其重要
"投资效果"比"退出情况"					

4. 风险控制效果指标

	同等重要	稍重要	重要	较为重要	极其重要
"管理状况"比"合作状况"					
"管理状况"比"投后状况"					
"合作状况"比"投后状况"					

三、三级指标

1. 产业支持

	同等重要	稍重要	重要	较为重要	极其重要
"投资中小企业资金占比"比"投资战略性新兴企业占比"					
"投资中小企业资金占比"比"投资种子期、初创期企业资金占比"					
"投资中小企业资金占比"比"重点扶持产业资金投入率"					
"投资中小企业资金占比"比"引导基金投资政策导向创业企业的就业人数增长率"					
"投资战略性新兴企业占比"比"投资种子期、初创期企业资金占比"					
"投资战略性新兴企业占比"比"重点扶持产业资金投入率"					
"投资战略性新兴企业占比"比"引导基金投资政策导向创业企业的就业人数增长率"					
"投资种子期、初创期企业资金占比"比"重点扶持产业资金投入率"					
"投资种子期、初创期企业资金占比"比"引导基金投资政策导向创业企业的就业人数增长率"					
"重点扶持产业资金投入率"比"引导基金投资政策导向创业企业的就业人数增长率"					

2. 企业发展

	同等重要	稍重要	重要	较为重要	极其重要
"被投资企业发展状况"比"净利润增长率"					
"被投资企业发展状况"比"营业收入增长率"					
"被投资企业发展状况"比"企业员工人数增长率"					
"净利润增长率"比"营业收入增长率"					
"净利润增长率"比"企业员工人数增长率"					
"营业收入增长率"比"企业员工人数增长率"					

3. 产业环境

	同等重要	稍重要	重要	较为重要	极其重要
"当地税收增长率"比"投融资环境的改善"					

4. 杠杆作用

	同等重要	稍重要	重要	较为重要	极其重要
"引导社会资本进入创投领域规模"比"引导商业性资本进入创投领域规模"					
"引导社会资本进入创投领域规模"比"引导总社会资金进入创投领域增长率"					
"引导商业性资本进入创投领域规模"比"引导总社会资金进入创投领域增长率"					

5. 引导效率

	同等重要	稍重要	重要	较为重要	极其重要
"政府引导资金到位率"比"实际投资进度"					

6. 投资效果

	同等重要	稍重要	重要	较为重要	极其重要
"基金规模增长率"比"基金投资项目年回报率"					

7. 退出情况

	同等重要	稍重要	重要	较为重要	极其重要
"成功退出投资项目数量"比"退出投资项目的难易程度"					

8. 管理状况

	同等重要	稍重要	重要	较为重要	极其重要
"投资项目决策合规性"比"投资管理报告信息披露完整性及真实性"					

9. 合作状况

	同等重要	稍重要	重要	较为重要	极其重要
"创投机构的选取是否规范"比"基金受托机构是否符合要求"					
"创投机构的选取是否规范"比"基金管理者专业性"					
"创投机构的选取是否规范"比"基金管理者过往投资业绩"					
"基金受托机构是否符合要求"比"基金管理者专业性"					
"基金受托机构是否符合要求"比"基金管理者过往投资业绩"					
"基金管理者专业性"比"基金管理者过往投资业绩"					

问卷编号：

贵州省政府引导基金绩效评价表

尊敬的专家，您好！

本次问卷旨在使用构建好的政府引导基金绩效评价体系对贵州省政府引导基金（简称"引导基金"）进行评价打分，请您从专业的角度给予我们一定的帮助。

本次问卷结果仅用于学术研究，诚挚地感谢您的配合和支持！

评定分数分为五等：90～100 为"优"；80～90 为"良"；70～80 为"中"；60～70 为"一般"；0～60 为"差"。

序号	指标	评分
1	投资中小企业资金占比	
2	投资战略性新兴企业占比	
3	投资种子、初创期企业资金占比	
4	重点扶持产业资金投入率	
5	引导基金投资政策导向创业企业的就业人数增长率	
6	被投资企业发展状况	
7	净利润增长率	
8	营业收入增长率	
9	企业员工人数增长率	
10	当地税收增长率	
11	投融资环境的改善	
12	引导社会资本进入创投领域规模	
13	引导商业性资本进入创投领域规模	
14	引导总社会资金进入创投领域增长率	
15	引导资金到位率	
16	实际投资进度	
17	基金规模增长率	
18	基金投资项目年回报率	
19	成功退出投资项目数量	
20	退出投资项目的难易程度	
21	投资项目决策合规性	
22	投资管理报告信息披露完整性及真实性	
23	创投机构的选取是否规范	
24	基金受托机构是否符合要求	
25	基金管理者专业性	
26	基金管理者过往投资业绩	
27	监督情况	